| 2009 |

사랑은 아무나 한다

| 2009 |

사랑은 아무나 한다

이대동창문인회 엮음

개미

| 책머리에 |

사랑! 영원히 마르지 않는 원초적인 샘물

— 세상에서 가장 애틋한 이야기들

올해는 이화여자대학교 창립 123주년이며 이대동창문인회가 생긴 지 23주년이 되는 해입니다.

유수한 문인들을 많이 배출한 이대동창문인회는 회원들의 뜨거운 열정과 따뜻한 결속감으로 수필집을 거의 매년 발간하여, 올해로 스물두 번째의 수필집을 내놓게 되었습니다.

이번에는 인간의 영원한 테마인 〈사랑〉을 주된 소재로 삼았습니다.

우리들의 근원적인 존재는 애정, 증오, 연민 등 다양한 형태의 사랑에서 비롯된 것이라고 할 수 있습니다. 그래서 사랑은 인간의 고향이고 영원한 그리움입니다.

특히 문학은 가슴 속 깊은 곳에 자리잡고 있는 고독한 영혼의 표출이기에, 사랑은 필요 불가결의 화두가 되지 않을 수 없습니다.

문인들은 이성보다는 감성이 발달한 사람들이고, 보다 풍부한 사랑의 감정을 듬뿍 지니고 있으므로 문학이라는 외길에 들어서게 된 것이 아닌가 싶습니다.

젊은 날, 우리들은 유난히 감수성이 빼어났고, 사랑에 대하여 순수한 꿈과 열정을 지니고 있었습니다.

그러기에 우리 이대동창문인들의 가슴 속에는 나름대로 더께처럼 가라앉아 있는 아름답고, 행복하고, 안타깝고, 슬픈 사랑을 간직하고 있을 것입니다.

이제 가슴을 열고 자신의 내면을 들여다보며 사랑에 대한 진솔한 마음을 문학적으로 형상화 해보는 것도 작가로서 한 번쯤 해볼 만한 일이라고 생각했습니다.

굳이 자기 이야기가 아니더라도 시, 소설, 영화 혹은 친구, 이웃들에게서 보아온 애틋한 사랑 이야기들, 또 살아가면서 다양하게 느끼는 사랑의 감정들을 수필로 써 보는 것도 보람되지 않을까 싶었습니다.

이대 동창문인들이 쓴 각양각색의 순수하고 진솔한 사랑 이야기!

이곳에 수록되어 있는 사랑에 대한 수필들은 우리 모두의 가슴 속에 샘물처럼 고여 있는 맑고 순수하고 솔직한 이야기들을 펴서 올린 것입니다.

우리들의 삶이 아무리 슬프고, 고통스럽고, 힘들지라도 사랑은 영원하고 아름다우며 희망을 주는 것이 틀림없기에…….

사랑에 대한 수필집을 발간하면서 전에 없이 가슴이 벅차오릅니다.

힘든 주제를 진솔하게 써주신 이대동창문인들에게 한없는 애정과 감사의 말씀을 드립니다.

2009년 11월

이대동창문인회 회장 김선주

| 차례 |

제1부
사랑, 그 모호한 경계에 대하여

제2부
은행나무 두 그루

제3부
서른두 번째 남자

제4부

짐승보다 못한 넘!

제5부
남과 여, 그들의 이중주

제 1 부

사랑, 그 모호한 경계에 대하여

그 중에 제일은 사랑이니라

전숙희
| 수필가, 문과 38 |

내가 여고시절 그리고 이화여전 초기, 아버님(전주부 목사님)은 목사가 되시고자 신학대학에 입학하셨고, 어머님은 6남매나 되는 아이들과 아버님의 뒷바라지와 생계비를 돕기 위해 자기 몸과 솜씨로 할 수 있는 하숙업을 하셨다. 당시는 일제치하였고 대학을 지망하는 젊은이들은 지방에서 서울로 상경해 하숙생활을 하며 학업을 계속했다. 그때 우리는 계동(종로구)에 있는 방이 많은 집에 살고 있었다. 하숙업은 고급사업이었고 음식솜씨까지 좋은 어머니의 사업은 늘 만원이었다.

따라서 우리 가족은 방을 하나라도 줄여야만 했다. 그래서 동생들은 한 방에서 새우잠을 잘 수밖에 없었지만 당시 유명한 이화여전 영문과에 입학까지 한 나는 부모형제들에게서도 특별대우를 받았다. 그래서 뜰 아래 조그만 방 하나를 독차지하게 되었다. 건너다 보이는 안채와 사랑방 쪽에는 언제나 검은 둥글 모자를 쓴 고등학교 남학생들이 한 방에 두세 명씩 우글거렸다. 그 중에 제일 좋은 방은 큰 안방 옆에 넓은 마루가 있고 그 옆에 붙은 건넌방이었다. 그 방에는 키가 크고 좀 멋지게 보이는 학생이 친구와 둘이서 살고 있었다.

어머니는 새벽부터 일어나 반찬과 국을 끓여 학생들이 학교에 늦지 않도록 상을 차려 놓으면 큰 대문 앞 행랑채에 세 식구가 살고 있던 어멈(지금의 가정부)이 한방에 김이 무럭무럭 오르는 따끈한 겸상 하나씩을 들어다 넣어주곤 했다. 그때 건넌방 학생은 새벽이면 더 일찍 일어나 앞마당에 나와 세수를 하고 들어가면 기분이 좋은지 늘 몸을 왔다갔다 흔들며 노래를 흥얼거렸다. 그리고 아침 식사를 마치고 나면 모자를 집어 쓰고 친구와 둘이서 학교로 가는 것이 일상생활인 것 같았다.

그 당시 신촌은 간이기차를 타거나 걸어서 가려면 아현 고개를 넘어 숲이 우거지고 애기능이 있는 산을 넘어서 가야만 하는 산골 마을이었다. 이화여전은 이 대자연 속에 미래 한국 여성교육의 개발을 위해 미국선교회가 마련한 한국 최초의 여성만의 전문대학이었다. 그 산을 넘어 걸어다니기를 좋아한 나는 늘 지각이 많았다. 당시 나는 학교생활도 자랑스럽고 즐거웠지만 집으로 돌아오는 마음도 무언지 가볍고 기쁘기만 했다.

아침이면 나도 모르게 일찍 일어나 놋대야에 물을 떠다 방안에서 세수하고 머리 빗고 있노라면 어김없이 건넌방에서 노래 소리가 들려왔다. 노래는 유행가 같기도 하고 명곡의 한 절 같기도 하고 노랫말은 안 들렸지만 그의 매력적인 음성과 몸짓은 당시 나무문이 아닌 창호지문 밖으로는 그림자를 통해서도 잘 보이고 잘 들렸다. 솔직히 말해 결국 나는 그 목소리와 몸짓을 통해 그 남자에 반했고 나 혼자만의 방문은 새벽이면 숫제 공기순환을 핑계로 반쯤 열어놓고 건넌방의 음성뿐 아니라 일거일동을 살피며 조금은 흥분한 상태로 그러나 행복한 나날을 보냈다.

몇 달 후 여름방학이 지나고 초가을이 왔을 때 내 방에는 예쁜 봉투에 편지 한 장이 놓여있었다. 뜯어보니 건넌방 학생의 짧은 편지였다. 학교 관계 등 부득이한 사정으로 며칠 후 학교 앞으로 방을 옮겨야만 할 형편이어서 어느 날 어디로 이사한다는 주소와 제발 앞으로는 한 달에 한 번이고 두 달에 한 번이라도 직접 마주 앉아 서로의 감정이라도 실컷 이야기하며 살고 싶다고 했다. 이사할 집의 주소와 자기 이름 석자도 분명히 적었다. 즉 밖에서 오랜만에 한 번씩이라도 긴 대화와 자유로운 두 사람만의 만남을 원한다는 편지였다.

'그렇다면 언제나 모른 척하던 그 남자도 나를 은근히 사모하고 있었단 말인가?'

그러나 그 사람이 내 곁을 떠난다는 절망에 나는 눈물이 쏟아졌다. 결국 그 사람은 내 곁을 떠나갔고 나는 견디다 못해 자존심 다 버리고 다방이나 전화도 어려웠던 그 시절, 하숙집 근처 골목이나 음식점에서 만나 그리움을 풀곤 했다. 내 첫사랑도 아니고 단지 꽃송이가 피어나듯 순수한 어린 날의 사랑에 대한 그리움, 죄책감이 가슴 깊이 새겨졌던 짧은 한 토막 에피소드였다.

그후 60여 년을 지나는 사이 나는 결혼을 했고 아들딸 4남매도 낳아 기르고 전쟁도 치르고 회갑도 고희도 지나면서 처음에는 젊음에 대한 그리움과 지나간 가지가지의 사랑을 생각하면서 혼자 누워 웃기도 하고 눈물짓기도 하면서 아, 아, 삶은 고락(苦樂)간에 아름다운 것이구나! 넉넉한 마음으로 살아가고 있을 때 나는 방배동 집에서 한 장의 정중한 편지를 받았다. 하얀 고급 봉투에 붓글씨로 쓴 봉투였다. 발신인에는 H.S.Y.라는 애매한 글자만 쓰여있었다. 주소도 없었다. 이상한 예감이 들었다. 나는 가위로 조심스럽게 봉투를 오리고 들여다 보았다. 편지는 단 한 장이었다. 얼핏 꺼내 글씨를 보며 읽어 내려갔다.

전숙희 씨

저는 교동 시절 20대 초반부터 일생을 사모하던 '함○○'이라는 사람입니다. 이제는 이름도 다 잊으셨겠지만 저는 전 선생의 그 후 인생을 다 잘 알고 있습니다. 그리고 내 생의 마지막으로 한번만 꼭 만나고 싶습니다.

부디 승낙해 주십시오. 언제든지 날짜와 장소를 알려주시면 나가서 잠시만이라도 뵙는 것이 저의 소원입니다. 아래 전화나 주소로 연락주시면 곧 나가뵙겠습니다. 보름 이상 연락이 없으시면 사절로 알고 체념하겠습니다.

나는 그 이름 석자를 보자 잠시 가슴이 두근거렸다. '이런 일도 있을까? 반세기 이상 무소식으로 잊고 살던 사람이 왜 갑자기 만나자고 하는

가.' 솔직히 말해 나도 만나보고 싶었다. 나는 언제 어디서를 곰곰이 생각하다가 우리집에서 가까운 팔레스호텔에서 내주에 만나면 어떨까 하고 전화보다는 정중하게 편지 한 장에 장소와 시간을 적어 그의 사무실 주소로 부쳤다.

기다리는 그 한 주일 동안, 까맣게 잊었던 사람이었지만 여러 가지 의문과 약간의 그리움으로 나 역시 그 날이 기다려졌다. 혹시 불치의 병에라도 걸려 젊은 날의 무도회의 수첩이라도 열 듯 이 세상 떠나기 전 다시 한번 보고 싶어진 마음이 아닐까.

드디어 그 날이 왔다. 오후 세 시, 내가 정한 그 조그만 호텔 3층에 있는 와인바를 향해 걸어갔다. 얼마나 변했을까? 그리고 나 역시 이전 노년(老年)으로 완전히 변한 모습을 보이고 싶지 않았지만 그래도 무조건 만나고 싶은 마음에 먼저 가서 기다리고 싶어 엘리베이터도 없는 그 호텔 3층을 걸어 올라갔다.

홀 안은 한산하고 조용했다. 깊숙한 홀 안쪽에 자리를 잡으려 늘 입고 다니는 검은 외투차림으로 몇 발자국 걸어들어 가는데 그 앞에서 한 남자가 일어서 기다리고 있었다. "먼저 왔습니다. 앉으시지요." 귀에 익은 굵은 음성이 조용히 들리며 그는 나의 외투 입은 팔을 부착해 앉혀주었다. "감사합니다. 꼭 나오실 줄 알고 기다렸습니다." 우리는 늘 만나던 사람들처럼 편안히 마주보고 앉아서 서로의 얼굴과 목소리부터 살폈다. 이상하게도 변한 것은 아무것도 없는 것 같았다. 그의 둥근 얼굴, 날카로운 시선, 부드러운 목소리, "숙희 씨도 하나도 변함이 없군요. 제게는 60년 전의 아름답던 모습 그대로 보일 뿐입니다."

우리는 앞에 놓인 붉은 와인잔을 들어 마주 부딪치며 비로소 긴장을 풀고 서로 쳐다보며 웃었다. 나는 은근히 살피던 그의 모습에서 아무런 병색을 찾을 수 없었다. 기뻤다. 우리는 그 자리에서 한 시간쯤 이런저런 신변의 이야기들을 하며 가을 오후의 한가로운 시간을 함께 했다. 그리고 그것은 진정 우리 생의 마지막 만남이었다.

그는 열심히 살았고 그가 존경하던 예술가는 되지 못했으나 사업가(油田)로 성공해 상당한 부를 이룬 것 같았다. 그러고 보니 신문지상에서 종종 그의 이름을 본 것 같았다. 원래 그는 평안북도 선천의 재산가의 아들이었고 학문도 경제를 전공했었다. 그 사람은 내가 그만 일어나자는 말에 묻지도 않고 이런 말을 했다.

"제게는 아들이 하나 있는데 지금은 홍콩에서 사업을 하고 있습니다. 며칠 후 그 곳을 다녀 혼자서 가까운 여행이나 몇 군데하고 오려고 합니다."

어쩐지 그 말이 명랑하기보다는 조금은 우울하게 들렸다. 그리고 우리는 같이 일어나 이별인사를 했다. 그는 돌아온 후 다시 만나자는 말은 하지 않고 검은 외투를 입고 일어선 채 자기 두 팔로 나를 품안에 꼭 껴안았다. 숨이 막히도록. 그리고 이런 말을 했다.

"숙희 씨는 그때나 지금이나 변함없이 아름답습니다. 영원한 저의 사랑입니다."

우리는 반쯤 눈물을 흘리며 헤어졌고 그 후 다시는 서로 연락이 없었다.

강 선배와 동행한 세월
— 희곡작가 강성희 여사 영전에 바침

신동춘
| 시인, 영문학과 53 |

지난 5월 26일 오후 2시 충남 연기군 두메산골 산사에서 강성희 선배님의 서거소식을 접하자 무언가에 세게 얻어맞은 것 같았다. 꼭 했어야할 숙제가 있었는데. "왜 안와? 보고 싶지 않아?" 열흘 전 산에 올라오기 직전에 받은 전화다. "산에서 내려오면 바로 갈게요." 대답하긴 했는데 100일 기도가 끝나자면…… 하고 머리를 굴리니 착잡했다. 이젠 빗나간 약속이 귓가를 맴도는데 발인 전날 밤을 영안실에서 새고 장지에 갈 작정으로 부랴부랴 상경했다. 신촌으로 가는 길이 왜 그렇게 먼지, 병원에 들어서서도 영안실을 찾노라고 잠깐 헤맸다.

액자 속의 영정이 화안하게 웃으며 반긴다. "이제야 왔구나, 울지 마. 언젠가 우리 모두 다시 만날 건데 뭐." 헌화도 미처 못 하고 벽에 이마를 비비며 복받치는 오열을 삭히노라고 허우적거리는데 잔잔한 물살처럼 등을 토닥거리는 음성. 본래 아름다운 얼굴이지만 그날의 얼굴은 더없이 아름다웠다. 지난해 수필집에서 보아서 낯이 익은데 그날따라 더욱 빛났다.

쉴 자리도 마뜩치 않고 장지가 멀고 오르막길을 한창 올라가야 한다면서 가족들이 만류하는데 고집을 세우면 폐가 될 것 같아 돌아오는 하행열차에서 차창 밖을 휙휙 지나가는 야경을 바라보며 강 선배와의 해우를 떠올리고 그 그늘에 머물었던 짧지 않은 세월을 더듬었다.

강성희라는 이름이 처음으로 내 삶에 입력되기는 1970년대 초반이다. 42세 되던 한창 어려웠던 시절에 맏이(하성민)가 배명고등학교에 입학했으며 미술 특활 동아리에서 하영식 선생 지도를 받게 된 것이 이승 인연의 출발이다. 하 선생이 그의 스승 유경채 화백의 부인인 희곡작가 강성희 여사에게 나의 첫 시집 『어느 날』을 전했는데 그 시집에는 아들이 그리다 버린 그림을 보고 쓴 시가 실려 있었다. 그것이 강 선배의 눈을 끌었다. 이윽고 희곡집이 날아오고 이어서 문학지에 발표된 작품들이 뒤를 이었다. 나는 부지런히 독후감을 써 보냈다. 그 후 『순교자(殉教者)』의 저자 김은국(金恩國) 작가가 펜클럽 초청으로 내한했을 때 우리는 비로소 만났다. 장소는 중앙우체국 뒷골목 중국대사관 회의실로 기억한다. 그런 모임을 갖자면 주최자 측은 항상 청중 수가 적을까 신경을 쓰게 마련인데 나는 시간만 되면 그런 자리를 잘 찾아다녔다. 강 여사 역시 그런 모임에 잘 나타나는 편이어서 자연스럽게 만나곤 했다. 알고 보니 학교에서는 보질 못했지만 이화대학 한해 윗반이었다. 게다가 고등학교도 같은 정동의 이화고녀이니 나는 깍듯이 강 여사를 선배로 모셨고 선배 또한 후배를 끔찍이 챙기셨다. 그 때는 학제가 개편되기 전이라 여고가 아니고 고녀였다. 선후배 관계는 대학보다 여학교가 딱 부러지는 터, 학년은 한 해 위지만 나이는 정확하게 11년 연상이다. 고녀에서 일본 오챠노미즈(お茶の水: 東京女子大學의 전신)로, 그리고 해방 후 새삼 이대에 들어온 학구파인데 나 역시 이북 철원고녀에서 월반을 했으며 38선을 넘어도 6 · 25를 겪어도 학령을 갉아먹지 않은 공부벌레였다.

차츰 가까와지면서 강 선배의 공연은 물론 예술가가 수두룩한 가족들의 발표회를 빠지지 않고 참석했다. 수업 때문에 첫날 못가면 다음 날이라도 갔다. 유경채 화백의 그림과 지금은 고인이 된 셋째 아드님의 조각 작품은 그렇게 해서 보게 되었을 뿐만 아니라 큰 감동을 받았다. 유경채 화백의 추모수상집에도 상세하게 묘사했듯이 제1회 대한민국미술대상 수상작 『폐허』에 내비친 작가의 작품 동기라 할까, 추상의 문턱을 방황하는 예술가의 진면목에 흠뻑 빠져버렸다. 또한 아드님의 조각작품은 저택 현관 앞에서 지금껏 나를 반겨주고 있다. 참으로 "인생은 짧고 예술은" 어쩌구의 본보기가 아닌가 싶다. 시청으로, 마로니에 광장으로, 그리고 남산과 안국동으로, 전철이 없었으니 버스와 택시로 쓸려 다니던 시절의 후일담이다.

그러나 뭐니뭐니 해도 이광수와 모윤숙의 로맨스를 소재로 한 『흰 꽃마을, 1985년』의 낭만적인 장면들은 지금까지도 내 안막에 각인된 채 남아있다. 읽은 작품 중에서 기억에 남는 것에는 『할렘의 어느 날』이 있고 필리핀에서 공연되었다는 『이 세상 크기만 한 자유』는 포스터만 보았다. 아세아인의 미술전인가 하는 이를테면 타이틀이 붙는 출품작이었다. 여든이 넘어서도 집필은 계속 되었다. 해마다 한 권씩 내는 것을 일삼았다.

특기할 사실은 이대동창문인회를 일굴 때 보여준 열정이다. 2대 회장이었지만 부회장 때부터 회원 포섭과 기금 장만에 힘을 쏟았다. 임원들이 모이면 공금을 축내지 않기 위해 식대를 도맡아 냈다. 회칙은 부회장이 두 사람, 임기가 2년이므로 회장을 한 번 하면 6년을 봉사하게 되니 4대 회장이었던 나는 이래저래 강 선배와 바싹 붙어 다녔으며 자택에도 자주 들렀다. 2층에 올라가 유 화백과 맥주를 마실 정도로 친밀해졌다. 둘이가 마시고 말하기 바쁠 때 선배는 묵묵히 빨간 앉은뱅이 냉장고에서 안주를 뒤져내기 바빴다.

엊그제 일 같은데 그 새 두 분이 다 가버렸다. 유영채 화백은 새 집을 지은 해를 못 넘기고 가셨으며 강성희 극작가는 그 큰 집을 홀로 지키며 10여 년을 더 살다 갔다. 평수가 적은 아파트에 살아온 내게는 그 집이 궁전처럼 넓어보였다. 그리고 화려했다. 서가에 그득 찬 책들, 갖가지 기념사진과 남편을 따라다녔던 멀고 가까운 나라 나그네길에서 찍은 사진들, 그리고 거기서 들고 온 오밀조밀한 수집품들이 장식장을 빈틈없이 메우고 있다. 그들은 잉꼬부부였다. 선배는 유 선생이 글을 쓰도록 독려해주었다고 술회하곤 했다. 초기 작품 제목들 — 공해가족, 변주, 두 얼굴, 무언가 단단히 잘못 되었거늘 — 이 기억의 뒤안길을 뱅글뱅글 맴돈다.

작가 자신은 1996년에 발표된 「어디 있어, 어디 갔어!」를 아꼈다. 몇 해 전까지만 해도 주에 한 번 함께 자면서 청소도 하고, 아침 산책도 함께 하고, 함께 장도 보았다. 돌아가시기 한 달쯤 전에는 한 번도 들어내고 치운 적이 없다는 거대한 거실의 거대한 깔개 밑의 흙먼지를 퍼내고 걸레질을 했다. 나무쪽을 엮어서 만든 깔개를 제자리에 돌리는 힘겨운 일에 지쳐 있을 때 나타난 아들친구 권 아무개는 정말이지 천사였다.

우리는 동향인 — 그녀는 의주, 나는 정주 사람이다. 그리고 일본말 책을 즐겨 읽었다. 그래서 호흡이 맞았나 보다. 아니 배가 맞았다. 혼자 있다 죽을까 겁냈는데 끝내 고독한 임종으로 생을 마무리했다. 이제는 겁낼 것이 없으니 편히 쉬소서. 1920년에 태어나 2009년 5월 26일 향년 아흔에 가신 선배님 오래 오래 안민하소서. 명복을 빌며 합장합니다.

아주 작은 사랑

김양식
| 시인, 영문학과 54 |

중학생이 된 손녀딸이 한 열흘 전, 오랜만에 우리 집을 찾아왔다. 한창 자라는 아이들은 단지 두서너 달만 못 보아도 키가 부쩍 자라 우리 눈을 놀라게 한다. 조금만 더 오랜 후에 만나면 그야말로 길에서 보아도 못 알아볼 정도가 될지도 모른다고 같이 웃었다. 손녀딸은

"할아버지, 할머니가 저를 못 알아보셔도 제가 알아볼 수 있으니까 걱정하지 마세요, 아셨죠?"

하며 우리 두 늙은이를 안심시키는 것이었다.

그날은 한참 만에 찾아온 손녀딸이 반갑고 대견스러워 그저 바라만 보아도 흐뭇하고 기뻤다.

그런데 조금 있자 손녀딸 민정이는 약간 주저하며 조심스럽게 말을 꺼냈다.

"할머니, 제가요 지하철을 타려고 역 안을 지나가는데 글쎄 어떤 사람이 토끼새끼들을 박스에 넣어놓고 팔고 있었어요. 그런데 너무 귀여워서 잠시 보고 있었더니 정말 쪼그만 토끼새끼들을 상자 속에서 꺼내서는 1m도 더 멀리 여기저기에다 막 내던지더니, 이것들이 낳은 지 일주일밖에 안 되지만 저렇게 잘 뛰어다닌단다. 귀엽지? 한 마리 사다가 길러봐

라. 하면서 상자 속에 남아있는 토끼새끼를 두서너 마리 더 집어서 또 제 앞으로 내던지는 거예요. 저는 그 토끼새끼들이 너무 불쌍해서 결국 한 마리를 샀는데요…….”

우리는 토끼새끼를 사게 된 연유를 진지한 표정으로 실토하는 손녀딸의 표정을 바라보면서 마음속으로 ‘아아, 벌써 이만큼 판단하고 생각하고 또 그 생각을 행동으로 옮길 줄 알만큼 성장했구나.’ 하는 생각에 기특하고 마음이 푸근해짐을 감출 수 없었다. 그런데 그 토끼새끼를 여기까지 갖고 온 또 하나의 사연이 따로 있었다.

“할머니, 제가 이 돌돌이(토끼새끼에게 붙여준 애칭)를 사갖고 집에 갔는데 엄마는 워낙 강아지도 고양이도 다 싫어하니까 사실은 종이팩에 담은 채로 3일간을 길러봤는데요, 너무 불쌍해서요. 할머니만 괜찮으시다면 좀 맡기고 싶어서 그래요. 그동안 정도 많이 들었는데…….”

손녀딸은 많이 안타까운 표정을 감추지도 못하고 가련하기 그지없는 엷은 밤색 빛깔의 돌돌이를 종이팩 속에서 끄집어 내놓았다.

“어머나, 정말 네 주먹만 하구나. 이렇게 작은 새끼를 팔아먹으려고 내던지며 학대를 하였구나. 불쌍해라—.”

나는 나도 모르게 보지도 못한 장사꾼이 많이 미워지는 것이었다. 나는 두말없이 많이 안쓰러워하는 손녀딸에게 물론 할머니가 대신 맡아서 길러주겠으니 종종 찾아와 얼마나 컸는지 보라고 그러면 우리도 너를 자주 볼 수 있으니 기쁠 거라고 했다.

사랑의 마음이 없다면, 뜨거워지는 가슴이 없다면 그 삶은 윤기 없는 삶에 불과할 것인데 어려운 상황을 직면하여 비록 그것이 주먹만 한 토끼새끼였으나 인간이 돈벌이를 위하여 내던지며 뛰라고 소리치는 장면은 어린 가슴을 아프게 하였고 연민의 정에 끌려 그 새끼 한 마리를 사기는 했는데, 3, 4일 동안을 엄마 눈에 띄지 않으려고 종이팩에 넣어 제 방에서 몰래 돌봐주다가 결국은 한 번도 토끼새끼를 길러본 적이 없는 할머니에게로 구원의 손길을 뻗게 된 것이다.

어린 마음에도 이 주먹만 한 토끼새끼 〈돌돌이〉 놈을 이리저리 보살피

다가 할머니의 손길을 빌리려 결심을 하게 된 데에는 우리 손녀딸 가슴이 따뜻한 정으로 잔잔히 물결치고 있기 때문일 것이다. 따뜻한 그 정은 우리 생활 주변에서 가장 요구되는 사랑의 근원이 아닌가.

나는 일주일이 지난 지금도 겨우 이제 어른 주먹만큼 자란 돌돌이에게 아침밥으로 마른 풀잎과 상추잎, 사과껍질 등을 먹이로 주고 있다. 물론 밤새 돌돌이가 어질러놓은 그의 영역을 깨끗이 청소하고 먹을 물을 갈아 놓아준 후에…….

그 분이 손수 차려주신 기념일

정연희
| 소설가, 국문학과 58 |

기도실에서 내려올 즈음이면 동편이 환해져 있습니다. 지난 저녁 어스름에 당신을 향해 켜 놓았던 촛불을 끄면서 아침 인사를 합니다.

"여보, 오늘 잘 도착했어요. 당신께로 가는 길의 하루를 잘 걸어 왔어요."

나의 하루 하루는 당신께로 향한 여행길입니다. 어제도 당신은 나와 동행해 주시면서 나를 위해서 기도해 주신 그 기도를 나는 들었거든요.

아침해가 높이 오르기 전에 밭으로 갑니다. 아침 이슬이 해롭다고 하지만 장화에 긴팔 옷에 단단히 무장을 하고 나섭니다. 당신이 계실 때에는 이 넓은 정원 어디에서 일을 하셔도 당신의 체온이 내가 일하는 자리에까지 이르러, 아무리 긴 시간을 해도 힘든 줄을 몰랐었지요. 어제는 당신이 일하시던 빈자리까지 감당하면서, 그저 무심해지려고……무심해지려고 일을 계속합니다.

흙을 일굴 때면 슬픔이 흙하고 함께 일궈져서 방안에 있을 때보다는 견디기가 수월합니다. 더러는 나 혼자서 중얼거리는 말들 당신 듣고 계신지요.

"당신 나 혼자 남겨 두고 그렇게 훌쩍 떠나시더니, 이렇게 늙은 아내가 혼자서 김을 매고, 목 놓아 우는 산비둘기 소리에 저린 가슴을 움켜쥐며 흐느끼는 숨결로 땅을 일구는 것이 보기에 좋습디까."

그렇게 이 이야기 저 이야기를 당신께 건네는데 듣기나 하시는지요.

하루는 건너편 황토집의 은경이 남편이 그럽디다.

"여사님, 김을 매면서 무슨 말씀을 그렇게 혼자서 하시는 겁니까."

멀리서 내가 하는 말이 들렸을 리도 없는데 내가 중얼거리는 것이 보였던 모양이지요.

아침에 걸려오는 전화가 적지 않아서 무선 전화기를 밭둑에 모셔 놓으면 영락없이 전화가 걸려오고는 합니다.

취나물 밭에 클로버가 어찌나 무성한지 할 수 없이 호미로 뿌리까지 캐고 있는데 전화가 울립니다. 받아보니 워싱턴의 경수입니다. 차마……차마……그 친구의 목 메인 목소리에 참고 참았던 눈물이 울컥 올라 치밉니다. 불쑥 전화를 걸기도 그렇고 안하고 지내자니 그 또한 궁금해서 못 견딜 일이라고……사람마다 어쩔 줄을 모르고 그렇게 말합니다. 아까워라, 아까워라! 그들이 한결같이 탄식하는 그 한 마디, 아까워라! 아깝고 아까운 당신, 모두들 그렇게 아까워하는데 어떻게 그렇게 홀연히 떠나셨습니까.

목이 메어서 더는 일을 못하고 들어오니 이번에는, S교회 K사모가 이제야 소식을 들었다면서 흐느끼면서 전화를 걸었어요. 어쩌다가……어쩌다가……오늘은 무슨 날이기에, 제일은행의 여성 부지점장 C가 안부 전화라고 걸었다가, 당신 떠났다는 소식을 듣고는 눈물입니다. 슬픔의 호수에 첨벙 첨벙 뛰어드는, 사랑하는 이들의 흐느낌을 당신은 그곳에서 어떻게 감당하고 계시는지요.

오늘, 소설 「내 잔이 넘치나이다」의 오페라 작곡 발표회가 있는 날이에요. 당신이 계셨더라면 얼마나 좋아하고 기뻐하셨을까요. 누구보다도 감격해하고 기뻐해 주실 당신이 지금 내 곁에 안 계시다니. 예술의 전당 오페라 하우스 4층에서 리셉션과 식사와 오페라 아리아 발표를 한다면서 초청장이 온 것이 한 달쯤 전입니다. 우선 나를 에스코트 해 줄 사람이 없네요. 혼자서 기웃기웃 가야만 합니다. 쓸쓸하고 허전하고 마음이 춥기 이를 바 없습니다. 감상(感像)이 아니라, 내 삶에서 진심으로 기뻐해 주실 기쁨의 원천인 당신을 잃은 상실감은 그저 하늘 무너짐입니다. 어떻게 이런 일이! 어떻게 이런 일이!……평생 상복(喪服)을 벗지 못한 사람처럼 오늘도 검은 옷을 입습니다. 옆에서, 오늘 같은 날, 밝은 옷을 입으라고 권하지만 당신을 떠나보낸 내가 밝은 옷은 무슨 의미가 있고 단장은 무슨 뜻이 있겠습니까.

리셉션에서 인사가 넘치고 치하가 넘칩니다. 그러나 어디 그 글이 내 것입니까. 주께서 나를 도구로 써주셨으니 감사할 뿐이고, 다만 생명 없는 도구가 아니라 생명으로 살아서 주님께 기쁨이 되어드리는 도구가 되기를 간구할 뿐이지요.

그저 남의 행사장에 들어간 것처럼 무덤덤하게 인사도 하고 받기도 하고 그저 그렇게 정해진 자리에 앉아 저녁을 들었습니다. 내 옆자리에 오셔야 할 분이 오지 않아서 자리가 비어 있었어요. 아, 당신의 자리였습니다. 초청되었던 분이 오지 않은 것은 당신을 앉히시기 위하여 주님이 비어두신 자리였습니다. 아리아를 부를 출연자들 소개가 있을 때, 무심하게 돌아보던 내 눈에 현수막이 눈에 띄었습니다.

오페라, 〈내 잔이 넘치나이다. Perfect+27〉 그리고 그 아래 날짜와 시간, 장소가 인쇄된 줄에서 5월 29일 목요일이라는 숫자가 갑자기 눈을 찔러 왔습니다. 5월 29일? 이럴 수가, 이럴 수가……오늘이……5월 29일이라니. 하루 종일 우두커니 생각없이 다녔거든요. 오늘이 무슨 날인지 아무 생각도 나지 않았습니다. 그저 아무 마련없이 던져진 듯 지냈습니다. 그런데……그런데……오늘이, 우리가 33년전에 결혼 서약을 한 날입니다. 당신을 만난지 3년만에 내가 세례를 받으면서 당신의 아내가 되기로 서약한 날입니다. 그리고 다시 3년후 오늘 너무도 끔찍한 교통 사고로 내가 사망의 무덤에 던져졌던 날, 조화(弔花)가 배달되어 오고 의료진이 자신없어 하며 여섯 시간 가깝게 수술을 끝낸 날입니다. 내가 어떻게 오늘을 잊고 있었는지—당신 떠나신 첫해의 오늘을 어떻게 잊고 있었는지—

18년전 오늘, 당신이 퇴근하여 집에 들어서면서 스무 송이의 장미를 건네주셨을 때, 나는 눈을 크게 뜨고 "웬 장미에요? 누가 드렸어요?" 하고 묻자 당신은 조금 낭패스러운 표정으로 "당신 오늘이 무슨 날인지 잊었구료." 하셨지요. 나는, 얼마나 많은 것을 놓치고, 소중한 것을 비켜가며 살던 아내였던지요. 오늘도, 당신을 향한 상사(想思)로 하루가 가득 찾었건만, 오늘이 '그 날' 이라는 것을 잊었던, 신실하지 못한 아내였습니다.

그런데, 그런데, 주님께서 이렇게 손수 우리들의 결혼 서약 기념일 잔치를 마련해 주셨습니다. 입에 발린 말 같아서 우리가 자주 쓰지 않던, '사랑하는 당신!' 너무 허술한 내가 오늘을 또 잊었을 것 같아서, 당신께서 주님께 말씀드렸군요. 주님께서 손수 오늘을 축하해 주시려고 〈내 잔이 넘치나이다〉 작곡 발표회로 잔치를 열어 주셨습니다. 당신은 내 곁을 떠나셨지만 주님께서 우리를 이렇게 한 자리에 앉게 해 주시고 우리의 영혼을 주님 안에 품어 주십니다.

'사랑하는 당신' 당신을 떠나보내 놓고 혼자서 몰래 입 속에 담아보는 '사랑하는 당신…….'

살로메의 사랑

고영자
| 문학평론가, 영문학과 60 |

높이 뜬 달의 휘황한 빛이 나의 책상 위를 가득 채울 뿐 인적은 전혀 없다. 밤이 무척 깊은 듯하다. 나는 쓰던 원고를 한쪽으로 밀어 놓고 뜰로 내려섰다. 나를 따르는 달빛은 다시 뜰 한가운데에 선 키 큰 목련나무를 듬뿍 싸안는다. 달빛은 그 매끈매끈한 나뭇잎으로 떨어져 벽옥의 부채처럼 보이게 하고는 다시 그 위에 검은 반점을 띠우며 반짝인다. 달빛과 함께 부는 바람이 나뭇가지 끝을 흔들 때마다 뜰 안의 달빛과 나무 그림자가 서로 얼키며 흰 빛으로 흔들리고 검은 빛으로 속삭여 그 속을 거니는 나는 어느 딴 세상에 온 듯 느껴진다.

아마도 그 옛날 작가 와일드가 그 악명 높은 왕녀 살로메를 앞세워 등장하는 밤도 이러한 달빛이 헤로데왕의 궁전의 드넓은 노천광장을 뒤엎던 밤이었던 것 같다.

달빛에 떠오르는 살로메의 요염함은 궁 안의 모든 이들의 탄성을 올리게 했다. "얼마나 아름다운가, 오늘밤의 왕녀 살로메는!" 왕녀의 저 창백한 얼굴! 저처럼 창백한 얼굴을 하고 있는 일은 난 아직 본적이 없어. 마치 은(銀)의 거울에 비친 백장미의 모습 그대로야……."

살로메는 달을 바라보면서 속삭인다. "달은 근사해! 작은 은화(銀貨) 그대로인걸. 아무리 보아도 작은 은빛 꽃. 냉엄하면서 순결하구나. 달은…… 그래. 달은 숫처녀야. 숫처녀의 아름다움의 향기를 내뿜고 있어. 한번도 몸을 남자에게 내맡긴 일이 없는 다른 여신들처럼."

살로메는 예언자 젊은 요한을 만나보자 그의 매력에 빠져들었다. "요한, 그 호리호리한 상아로 만든 인형같은. 마치 은상(銀像)같을 거야. 확실히 순결할 거야. 달처럼. 그 은빛달빛같이." 살로메는 요한에게 자신의 사랑을 갈구했다. 요한은 살로메를 완강히 거부하면서 외친다. "소돔의 딸, 물러가라. 내가 귀 기울이는 일은 단지 신의 말씀뿐이다'.

계속 음험한 시선을 살로메에게 보내고 있던 헤로데왕은 달을 보면서 중얼거린다. "오늘밤의 달은 아무리 보아도 광녀(狂女)인걸. 가는 곳마다 남자를 찾아 걸어가는 미친 여자같은. 그것도 맨살로. 실 한 오라기 걸치지 않고 있어. 아까부터 구름이 옷이 되어 주려하고 있는데 달은 그것을 피하고 있어. 취한 여자처럼 구름 사이를 누비며 비틀거리며 가네…… 확실히 남자를 찾아다니는 것일 거야. 취한 여자의 발걸음 같지 않은가?'

헤로데왕은 살로메의 춤을 보기 위해 그녀의 소원을 들어주는 조건을 내세웠다. 살로메는 헤로데왕을 위해 그 유명한 춤을 추었다. 그러면서 살로메는 은쟁반 위에 담은 요한의 목을 소청했다.

살로메는 소원대로 은쟁반 위에 올려 있는 죽은 요한의 목을 안고 키스를 한다. "아! 너는 내 입에 키스해 주지 않았다. 자, 이제야말로 내가 네 입에 키스를 한다. 나의 이빨로 깨물어 줄 거야. 잘 익은 나무 열매를 씹는 것처럼. 내 마음이 가는 대로 개에게도, 하늘에 나는 새에게라도 던져 버릴 수 있게 되었어. 요한, 내가 사랑하고 있었던 것은 너뿐이다. 홍수도 대해(大海)의 물도 이 나의 정열을 막지는 못할 거야. 사랑을 저울질한다면 죽음조차 아무 것도 아니다. 사랑만을. 사람은 이 한 가지만을 생각하고 있으면 좋을 거야. 입술은 쓴 맛이 도는구나. 피의 맛인가, 이것은? ……아니야, 그렇지 않아. 아마도 그것은 사랑의 맛일 것이다. 사랑은 쓴 맛이 난다던가. ……하지만 그것이 어떻다는 것이야? 나는 마침내 네 입에 키스를 했다. 요한, 네 입에 키스를 했다는 말이다."

한 줄기 달빛이 살로메를 강하게 비춘다. 헤로데왕은 요한의 목을 안고 키스하는 살로메를 죽이라 명했다.

쓰러진 살로메의 죽음 앞으로 그림자로 서있던 와일드가 달빛 앞에 우뚝 서며 묘한 미소를 짓는다. "살로메에게 돌을 던지겠는가? 요한의 목에 키스하는 살로메가 바로 나야." "나만의 새로운 예술관을 보여주고 있었는데……."

나는 이 장면의 살로메에게 무척 매료되어 왔다. 와일드는 살로메가 요한에게 키스하는 그 한순간에 스포트 라이트를 맞추는 것으로 자신의 예술관을 집약시킨 것이다. 예술지상주의의 구현이었다. 살로메는 헤로데왕이 상으로 주겠다는 국토도 보화도 조금의 미련도 없이 모두 뿌리쳤다. 권력도 재물도 모두 거부했다. 인간 살로메가 원하고 갈망하는 것은 단지 자신이 갈망하던 요한의 입술에 키스하는 그 한순간의 희열과 기쁨뿐이었다.

살로메가 세례 요한의 목을 달라는 것은 신의 세계, 정신세계에 대한 강력한 거부를 뜻하는 것이었다. 그러한 살로메를 요한은 강력하게 거부했다. 인간의 육체의 기쁨과 생의 한 순간순간에 얻어지는 육체의 욕구의 세계를 단연 거부했다.

와일드는 '살로메의 키스'라는 그 그로테스크한 그 찰나적인 한 순간에 미(美)의 숭고함, 불멸의 일순(一瞬)을 보여준 것이다. 예술이냐 도덕이냐에서 예술 말고는 아무 것도 개입시키지 않겠다고 하는 와일드의 예술지상주의의 정의이다.

나는 와일드의 주장을 내 나름대로 듣는다. "살로메를 죄악시하거나 악의 표본이나 악녀로 논하는 것은 살로메의 사랑에 대한 오역이다." "예술에 참으로 반영되는 것은 관객이다. 그러나 인생은 아니다." "그림은 그 미(美) 이외에 아무런 의미도 또는 그 기쁨 이외 아무런 사명도 지니지 않는다." "요한과 살로메는 성(聖)과 미(美), 또는 덕(德)과 악(惡)의 극렬한 대립의 양상의 상징일 뿐이다."

나는 요즈음의 시 작품의 한 경향이 떠올라서 나도 모르게 쓴웃음이 흘러나왔다. 아마도 어느 시인은 이런 시 구절을 낭송할지도 모른다는 생각이 들어서다.

'영희는 학교에 간다/ 발걸음이 가벼웠다/ 운동화를 신었다.'

어느 평론가는 이 시 구절에 대해 또 이렇게 시평을 쓸는지도 모른다.

"시인은 아이들의 평범한 일상성을 시작에 넣는 대범한 시도를 기하였다고 본다. 영희의 발걸음이 가벼웠던 것은 영희는 학교에 가는 것이 즐거웠던 것이다. 아마도 공부를 잘 하는 아이일 것이다. 운동화를 신었다. 이는 당시 학교를 다니는 아이는 운동화를 신었다는 것을 알게 한다. 당시의 사회상을 알게 한다. 짤막한 시 속에 이 시인은 참으로 많은 것을 시사하고 있다."

'문학을 대중 속으로'라는 캐치플레이스를 앞세워 요즈음 얼마나 많은 넌센스가 우리 시단에서 난무하고 있는가?

살로메의 키스의 한 순간에 스포트라이트를 비추면서 '예술은 소수를 위한, 엘리트를 위한 것이다'라고 예술의 의의를 함축시킨 와일드를 한번 신중하게 숙고할 필요가 있다는 생각이 든다. 나는 다시 목련나무 위의 달빛을 찾는다. 이미 달빛은 구름 뒤로 가려지면서 새벽녘의 환한 여명이 찾아들고 있었다.

사랑은 아무나 한다

김인환
| 번역가, 불문과 61 |

사랑은 일상적으로 가장 많이 쓰이는 어휘이지만 크게 보면 사랑에는 두 가지가 있는 것 같다. 하나는 보편적인 가치로서의 사랑이고 다른 하나는 나 개인적인 사랑일 것이다. 전자는 종교적 지도자의 몫으로 그것은 설파하는 사랑이고 후자는 보통사람 누구나 마음으로 느끼는 사랑으로 대부분 남녀 간의 사랑과 관계가 있다.

대부분의 유행가는 '사랑 타령'이고 사랑이 아니면 영화나 드라마도 빈 껍질처럼 되지 않을까. 그런데 정작 우리가 사랑의 본질에 대해 알고 있는 것은 체험적이고 단편적인 것 밖에 없다. 왜냐하면 나 개인적으로 느끼는 특수한 사랑을 보편의 개념으로 언어화하기가 어렵기 때문이다.

내가 보기에 사랑에는 '그리움'이라는 징표가 있는 것 같다. 말하자면 '그리움'이 없다면 사랑도 없다는 것이다. 그리고 마음속에 떠오르는 영상이 곧 '그리움'의 척도라고 할 수 있지 않을지…… 가령 내가 누구를 사랑하는지 알고 싶으면 내가 눈을 감았을 때 상대방의 얼굴이 영상으로 떠오르면 사랑한다는 증거이고, 그렇지 않으면 나에게 특별한 의미를 지닌 존재가 아니라고 할 수 있는…….

그러나 영원한 사랑은 없으며 사랑은 변화무쌍하고 사랑의 시간에도 한계가 있다. 남녀 간에 결혼을 결심할 때에는 사랑이 있기 때문이라고 추정할 수 있지만 시간에 따라 거기에는 강약이 있고 경중이 있기 마련이다.

사랑이 강력했지만 그것이 식었을 때 사랑을 지속시켜주는 것이 '정'이다. 서양 사람들은 사랑이 식으면 이혼으로 가지만 동양권의 한국에서는 사랑이 식어도 쉽사리 헤어지지 않는다.

'그놈의 정' 때문에…… 구체적으로는 자식 문제, 체면 문제, 금전 문제 등이 있겠지만 한때 느꼈었던 사랑이 자리를 박차고 나오는 것을 어느 정도 막아준다. '정'이란 사랑이 불타고 난 자리에 남은 '재' 같은 것이라고나 할까. 그 '재' 속에도 불씨는 있겠지만 그것이 다시 '산불'이 되기는 어려울 것이다.

그렇지만 '재'는 사랑의 온기를 어느 정도 유지시켜 준다. '재'가 그러한 기능마저 하지 못한다면, 바꿔 말해서 '정마저 떨어졌다'면 두 사람 간에는 모든 것이 끝장이라고 할 수 있을 것이다.

그러나 이 세상에는 사랑 없이 사는 사람은 아무도 없다. 남녀 간에 모든 것이 끝장이 났다고 해도 그것이 반드시 인생이 끝장나는 것이 아니다. 남녀 간의 사랑에는 대용물이 있기 때문이다.

가장 일반적인 것이 자식에 대한 사랑이다. 물론 부부간에 사랑을 하면서도 자식을 사랑하지만 부부간에 사랑이 없어도 식지 않는 것이 자식사랑이다. 왜냐하면 남녀 간의 사랑은 '인륜'이고 자식 사랑은 '천륜'이니까. 천륜은 무조건적이고 절대적이며 절대 불변이다. 자식이 부모를 배반해도 부모는 자식을 고발할 줄 모른다. 특히 엄마의 자식 사랑은 설명이 필요 없다.

여자는 약해도 엄마는 강하여 무엇이든 극복할 수 있다. 자식이 없는 경우에도 우리에게는 누군가 좋아하는 사람, 좋아하는 대상이 있다. 만나면 편안하고 즐거운 사람이 있고, 마음 붙일 여러 가지 취미도 있다. 무엇보다 애완동물, 식물을 사랑하는 경우도 있고, 그림이나 서예에 몰두하는 사람도 있다.

결국 모든 것을 동시에, 말하자면 남녀 간의 사랑도 하면서 자식 사랑도 하고 또 어떤 취미도 가지고 있는 '보자기' 형이 있는가 하면, 그 중 몇 가지가 빠진 '절름발이' 형도 있다. 그러나 확실한 것은 인간이란 태어나서 죽을 때까지 '누군가, 무엇인가를 사랑하게 되어 있다'는 진리이다.

어째서일까? 한 마디로 인생이라는 기관차는 사랑이라는 원동력 없이는 움직이지 않기 때문이 아닐까? 그러니 사랑은 아무나, 누구나, 모두가 다 하는 것…….

True Love

장명숙
| 수필가, 불문학과 62 |

미국에 가 계시던 셋째오빠가 돌아가셨다는 소식을 이메일을 통해 전해들었다. 돌아가시기 2주 전쯤 오빠와 통화를 할 때만해도 목소리가 괜찮았었는데, 그 동안에 무슨 일이 일어났었나 보다.

오빠는 6 · 25동란 후, 당시의 어수선한 사회분위기에 적응할 수 없었는지 유학을 결심하고 무작정 미국으로 떠났다. 경기고등학교를 졸업하고 연희대학에 재학중이었던 오빠는 9 · 28서울수복을 전후해 시가전이 시도때도 없이 벌어질 때 피신해 있다 추석차례를 지내려고 집에 잠깐 들렀나 갑자기 날아든 탄알이 목 부위를 아슬아슬하게 지나 목숨을 부지하는 데는 이상이 없어 다행이었으나, 귀 뒤쪽에 유탄이 박혀 제거수술을 받아야 해 마침 이웃의 이비인후과 의사를 밤에 모셔와 우리 집 안방에서 수술을 받았던 적이 있다. 이후 오빠는 수술을 통해 뺀 총알과 이때 충격으로 빠진 이를 바지 작은 주머니에 넣고 다녔었다.

6 · 25발발 이후 9 · 28까지 3개월간, 우리는 식량을 모두 빼앗기고 대가족이 끼니를 이어 연명하느라 별의별 수단을 다 강구했었다. 산다는 것이 얼마나 절박하고 또 치열한 것인지를 몸소 체험하곤 했었다. 그러나 그때로 끝난 것이 아니었다. 1 · 4후퇴 때, 중공군의 개입으로 집을 떠나

남하하는 과정은 지옥 속을 헤매는 형편과 다르지 않았었다.

오빠는 당시 정부에서 요청해 통역하는 일을 맡아서 우리와 동행하지 않았었다. 나머지 가족들은 친척의 도움으로 대전을 거쳐 부산으로 내려갔고, 거기서 오빠를 만났다. 오빠는 공보처에 소속되어 근무했었고 나와 동생들은 범일동에 있는 남산국민학교에 다녔었다. 그때 교실은 제대로 된 건물이 아니라 못 쓰게된 전차였었다. 유리창은 다 깨져 엉망이었지만, 그 안에 나무의자만 놓고 수업이 진행되었었다.

이렇게 세 번의 봄과 가을을 보내고 휴전협정이 체결되어 서울로 돌아와 1953년 5월, 오빠는 미국에 가서 공부하고 돌아오겠다며 미국으로 갔다. 그때는 여의도공항에서 부산으로 가는 비행기를 타고가, 거기서 배를 타고 2주 동안의 항해를 거쳐 샌프란시스코에 도착해 기차로 뉴욕으로 가야했기에 우리 가족들은 여의도로 가 오빠를 배웅했었다.

오빠는 뉴욕에 있는 콜롬비아대학에서 공부한 후 국제정치학 교수로 활동하며 비교적 안정된 생활을 했다. 오빠는 콜롬비아대학에 다닐 때 알게된 영문학을 전공한 규수를 아내로 맞으려 했었다. 그러나 오빠, 더 정확히 말해 당시 우리집의 경제적 여건이 그댁의 기대를 충족시키지 못해 난관에 봉착해 상대가 서울로 나와 교수발령을 받고 결혼까지 해버려 오빠는 졸지에 끈 떨어진 두레박 신세로 전락, 혼자 생활하며 교수직에 만족하며 살다 50대 중반쯤이 되어서야 17세 연하의 의사였던 이혼녀를 만나 결혼이라는 것을 했다. 얼굴이 백옥같은 조신한 여인이었다. 두 사람은 정구장에서 알게 되었다고 했다.

결혼 후, 두 사람 사이에 아들이 하나 태어났다. 부모의 장점을 고루 닮은 아들은 귀품(貴品)을 지니고 있었다. 그러나 문제는 서너 살이 되도록 의사표시를 못했다. 출산할 때, 뇌 손상을 당해 그런 것 같았다. 아이가 서너 살이 된 후에 알았으니, 어찌해볼 도리가 없었다. 이런저런 갈등으로 인해 그럭저럭 20년을 살아온 두 사람은 이혼으로 헤어지고 말았다.

나이가 든 오빠는 결국 양로원으로 들어가게 되었고, 다시 몇 년이 지나갔다.

그러던 중, 50여년 전에 콜롬비아에서 만났던 그 여인이 대학동문을 통해서 오빠 소식을 듣고 양로원으로 찾아왔다. 여러 번의 만남 끝에 아무 조건없이 오빠의 여생을 책임지겠으니, 허락해달라고 애원을 했다. 50여년 전 부모의 반대로 이루지 못한 사랑의 씨앗을 인생의 황혼에서나마 활활 타오르는 불꽃처럼 태워보고 싶었던 모양이다.

이런 사랑의 온도를 잴 수만 있다면 재보고 싶다.

자기 부모의 반대로 한 남자가 치렀던 마음 및 몸 고생……여인은 뉴저지주에 있는 오빠를 모시고, 자기 딸이 사는 서쪽에 있는 샌프란시스코로 갔다. 그동안 오빠는 심장질환으로 수술을 받은지라 쇠약해져 휠체어에 몸을 맡길 수밖에 없는 형편이었다. 그 상황 속에서 수시로 병원을 오가야 했던 수고는 같은 노인인 여인에게도 엄청난 무리였으나, 여인은 오직 사랑의 힘으로 이를 이겨냈다.

나는 양로원에 전화를 걸어 통화하려 했으나 도무지 연락이 되지 않아 궁금히 여겼는데, 샌프란시스코로 갔다는 이메일이 떠 있었다. 나는 곧 전화를 걸어 "오빠는 하늘에서 내려온 천사를 만나셨습니다." 또 그 여인에게도 "당신은 천사이십니다."라고 나의 심정을 그대로 이야기했다.

사랑은 영원히 죽지 않으리라는 꿈, 오빠와 다시 만나 함께 있게 되겠다는 꿈, 이 꿈의 실현은 우연이 아닌 운명일 것이다. 나이 들어 아프고 별볼 일 없는 옛 남자친구를 극진히 모셔다가 최후까지 책임지겠다는 여인의 마음은 순수하고 진실한 사랑의 모델로 삼아 부족하지 않을 것이다.

돌아가시기 2주 전쯤 통화했을 때, 오빠는 병원에서 막 돌아와 낮잠을 자고 있다며, 깨우기를 주저하더니 이내 전화를 받게 해주어서 통화를 했었다. 음성이 아주 편안하게 들렸다. 몹시 행복한 모습을 음성에서 느낄 수 있었다. 인생의 마지막 두 달은 오빠에게 천국에 있는 것과 다르지 않았을 것이다.

사랑하는 여인의 무릎에 누워서 생을 마감하는 일은 복 받은 사람의 특권이다. 사랑하는 두사람이 인생의 마지막을 같이 나누면서 50여 년 간

잊지 않고 가슴속에 응어리로 남았던 무의식의 세계까지 모두 끄집어내어 서로가 서로를 위안해주고 있는 것같이 느껴졌다.

사랑은 보이지않으나 느껴지는 것, 사랑은 아름다운 것, 가치있는 것, 나를 완전히 그에게 맡기는 것, 내것을 온전히 다주는 것, 사랑의 힘은 참으로 위대한 것이다. 그 여인은 가엾은, 그러나 사랑하는 사람을 진심으로 천국에 인도한 분이란 생각이 든다.

3주후, 이메일로 사망소식을 전해 들었다.

오빠의 유언이, 화장한 유해를 태평양에 뿌려주면 바닷물이 밀려 한국까지 갈 수 있지 않을까, 했다고 한다.

고국을 떠난 지 56년, 그리던 고향에 한번도 오지 않은 사람. 전쟁후 59년이 지났는데도 전쟁의 위험은 한치 앞을 알 수 없는 위험한 상태다. 6 · 25의 잔악한 악몽, 얼굴 한쪽에 총알이 박혔던 흔적…….

전쟁의 후유증을 간직한 채 반세기 이상을 산 한 사람이 세상을 떠났다.

먼저 오빠에 대해 지극한 정성과 사랑을 실천해준 여인을 나는 평생 잊지 못할 것이다.

고(故) 학교 후보생

김영교
| 시인, 영문학과 63 |

LA 이곳서 만나기로 한 약속 5일 전 산호세에서 쓰러져 7시간 최첨단 수술도 보람없이 코마에서 못 깨어난 친구가 있었다. 그녀의 시신이 서울에 옮겨졌을 때 이해인 수녀를 선두로 가슴아파한 사람들 중 장영희가 있었다. 친구는 장 교수의 책(김점선의 삽화) 홍보대사처럼 이곳 동창들에게 보급해 온 장본인이다. 이것이 장영희의 모든 저서가 우리 집 책가족이 된 경로이기도 하다. 그해 서울 방문중일 때 신수정은 모차르트의 밤을, 길건너 수정식당에서 김미자, 김점선, 고영자, 나, 이렇게 넷은 만났고 장영희(불참)의 〈생일〉과 〈축복〉을 축하하며 점선이 큰 목소리로 떠들어 댄 게 어제 같기만 하다. 생일은 계단, 밟고 올라가야 하는 축복의 계단, 서로 부축하며 오르고 있었다.

〈며느리에 주는 요리책〉을 영역한 고등학교 대학교 같은 과 내 친구 김미자가 먼저 우리 곁을 떠나갔다. 화가 김점선도 암으로 〈전선면〉 전기를 펴내고 철새처럼 훌훌 날아갔다. 금년 3월이었다. 5월에는 후학들을 위해 할 일이 많은 장영희 교수의 작고소식은 그래서 더 충격적이었다. 너무 아깝고 너무 애석하다. 세 사람이 남긴 빈자리, 엄청나 휘청거린다. 그 중 나이 제일 어린 장 교수는 늘 그랬듯이 살아남아야 했는데 말이다. 그를 필요로 하는 곳이 어디 문학계뿐이랴!

그는 태어날 때부터 소아마비 1급 장애자였지만 굴하지 않고 유명한 영문학자로 대학교수가 되었으며 수필가, 시인, 번역가로 활약하다가 9년간의 암투병을 마치고 지난 5월 9일 세상을 떠났다 애석해서 마음이 무너질 때 어떤 위안의 말이 적합하랴! 우리 인간 모두는 〈고(故) 아무개〉라 불리울 고(故)학교 후보생들이 아닌가.

꽃띠 시절 서울대학 다니는 언니로 인해 장왕록 교수를 알게 되었고 그에게는 늘 책을 많이 읽는 아릿다운 어린 딸이 있었다. 그 딸은 다리가 성치 않은 탓으로 외출 대신 늘 집안에서 공부만 했다. 장왕록 교수가 젊은 여자들의 다리를 유심히 보곤해서 오해 산 적도 있었는데 다 장애인 딸을 둔 아버지의 마음이었다. 아버지의 번역을 도운 영리한 그 딸이 바로 장애인을 입학시킨 서강대의 장영희 교수가 되었다.

얼마 전 LA 이곳 정음사에서 북 사인회 및 피오피코 도서관 문학 세미나에서 장영희 후배(사대부고)를 위해 나는 사회를 진행했다. 밝은 미소와 큰 눈빛을 맞댄 마지막 체온 나눔이었다. 그가 건네준 〈문학의 숲을 거닐다〉에 그녀의 육필이 생생한 색깔을 띄고 있다.

'김영교 선배님:

문학의 숲,

생명과 희망의 숲,

함께 지켜나가요.'

Love 장영희' 라고 쓰여 있다.

문학의 숲을 함께 지키기를 소원했던 장 교수를 사랑하고 아끼는 사람이 어디 나하나 뿐이랴. 어느 신부가 말했듯이 유명한 칼릴 지브란의 〈눈물과 미소〉가 적용되는 여자, 가혹하리 만치 고통의 삶을 눈물 속에서 희망이란 꽃으로 피워 올려 우리에게 넉넉하게 나누어 준 사람, 지금 그 사람을 그리는 글을 쓰며 슬픈 마음을 달래 본다.

스스로 고통스런 삶을 살면서도 그 고통 안에 함몰되지 않고 오히려 다른 불우한 사람에게 깊은 연민과 관심으로 위로가 되고자 무던히 애쓴 신앙인이었다. 마지막 순간까지 사랑의 선물 〈살아온 기적, 살아갈 기적〉을 남기고 우리 곁을 떠난 장 교수, 본인의 표현대로 지금까지 살아온 나날이 기적이었다면 이제 살아갈 기적은 우리의 몫이며 마지막 기적은 물론 장 교수에게도 하나님 나라에서 살아갈 기적이 있다고 믿는 믿음이었다. 죽음이 가시적인 어떤 끝이 아니라 이승에서 저승으로 주소변경, 영원한 삶으로에 진입임을, 다만 죽음을 통해서만 부활에 동참할 수 있는 경로임을, 하나님을 뵈옵는 영광이 얼마나 클 것인가를 마음속으로 헤아려보며 고개를 숙인다.

사랑하는 사람과의 사별은 특히 준비되지 않았을 때 말할 수 없는 슬픔과 고통을 안겨준다. 삶이 선물인 것처럼 죽음도 또한 선물이지 않는가. 생명질서의 고리로 받아드려야 한다고 머리는 말하는데 기쁘지 않는 가슴은 눈물을 앞세운다. 손을 마주잡고 목소리를 들을 수 있는 모습으로는 우리 곁을 떠났지만 아주 떠난 것은 아니다. 산자에 대한 창조주의 배려를 깨우치는데 장 교수가, 미자가, 점선 화가가 고(故)학교에 먼저 입학하고 우리들 가운데 서있다. 손짓하고 있다.

장영희 교수가 그의 영미시 산책집인 『생일』이라는 책에
"진정한 생일은 지상에서 생명을 얻은 날이 아니라
사랑을 통해 다시 태어난 날입니다."라고 했다.

『생일』에 장영희 교수를 보내며. 우리들 사랑 안에 수없이 다시 태어나고 있는 장영희 교수를 추모하며 슬픔을 달래본다.

장대비

박영자
| 수필가, 국문학과 63 |

K에게 전화를 걸어 만나자고 약속한 날인데 창밖은 장대비가 쏟아 붓고 있다. 일찍이 이토록 세차게 퍼 붓는 장대비를 본적이 있었던가? 한여름, 그것도 비오는 날, 한복이 당치도 않다는 것을 알면서 명태 같이 마른 몸을 감싸기 위해 옥색 깔깔이 저고리에 흰 치마저고리를 입고 나섰다.

다방 문을 열며 나는 자욱한 담배 연기 속에서 그를 찾아 두리번거렸다. 원두막처럼 올라앉은 테이블에서 나를 내려다보고 있다는 것을 의식하지 못한 채…… 뒤늦게 알고 층계를 오르는데 가벼운 현기증이 일었다. 내가 차 버린 남자를 4년 만에 만나 이런 증세가 있는 것은 반가움보다 서러움이 앞서기 때문이었으리라.

그는 초연하게 앉아 무심한 표정으로 나를 아래위로 훑어보았다. 차마 나는 그를 정면으로 바라 볼 수 없어 그의 와이셔츠 세 번째 단추 구멍을 쳐다보며 말을 이었다. 순간 나는 이 자리에 나와서는 안 되었다는 후회와 부끄러움이 스쳐지나갔다.

졸업이 가까워지자 친구는 저만 애인 있는 것이 미안했던지 애인의 친구를 내게 소개해 주었다. 그는 헌칠한 키에 눈썹이 짙고 잘 생긴 얼굴이었으나 깡마른 몸매가 날카롭다는 인상을 주었다. 그러나 막상 대화를 주고 받다보니 생각하는 점이 나와 비슷하다는 생각이 들었다. 푼돈을 아끼고 목돈을 아낌없이 쓰는 그는 생각과 첫인상과 다르게 너그러웠다.

강의가 일찍 끝나는 날이면 내 시간표를 어떻게 알았는지 친구 것까지 극장표 석장을 미리 준비하고 나타났다. 내가 본 영화의 대부분은 그 때 보았던 영화였다. 쿼바디스, 바람과 함께 사라지다, 7인의 신부, 벤허, 영화가 끝나면 우리는 마치 영화 평론가라도 되는 듯이 주인공의 의상에서 작품에 이르기까지 영화를 도마 위에 올려놓고 난도질을 하다 통행금지 시간이 다가오면 신발을 손에 들고 집으로 달려갔다. 과년한 딸은 밤 10시를 넘어 집에 들어 와서는 안 된다는 규정을 어겨도 친구를 대동하고 가면 어머니는 이해해 주었다.

얼굴도 보지 않고 결혼하던 어머니 세대에 비하면 자유로운 시절이었지만, 나의 결혼은 내 마음에 드는 것보다 어머니의 허락이 더 중요했다. 졸업이 가까워지자 여자는 한 살이라도 어린 나이에 결혼을 해야 한다며 사위 될 사람을 물색했다. 그런 까닭이었는지 나는 K와 만나기는 했어도 결혼하겠다는 생각은 없었다.

어느 날 어머니는 좋은 신랑감이 있으니 선을 보라는 것이었다. 나는 망설임 없이 "지금 만나고 있는 사람이 있는데요." 하였다. 듣는 사람에게는 내가 준비 된 말처럼 들렸을 것이나 그 때 나는 전혀 마음에 없는 말이었다. 나는 지금도 그 때 왜 내가 그런 말을 했는지 모른다. 무의식중에 튀어 나온 말이었는데 어머니의 반응은 달랐다.

왜 진작 말하지 않았느냐며 요모조모 캐물었다. 매일 그를 저울대에 올려놓고 딸의 장래를 점치곤 했다. 당사자의 성격은 물론이고 부모님 직장에서 시누이 생김새까지 묻고 또 물었다. 장남이니 외딸로 자라 제사가 있는 큰 집안에는 내가 합당치 않다는 등…… 하루는 수심에 잠기고 다음 날은 딸을 가진 행복한 어머니의 표정이었다. 어머니의 그런 태도는 전적으로 내가 어머니를 의지하게 만들었다.

사랑이라는 말을 해도 좋으리라고 생각했을 때 나는 그가 사는 집에 가보고 싶었다. 그 날이 내 운명을 바꿔 놓으리라고는 상상조차 하지 않으면서……그의 책상 위에는 먹다 둔 새파란 완두콩만한 파스알약과 흰 병 가득 든 나이드라지드 그것은 결핵약이었다. 우울한 표정으로 집에 온 나를 가만 두고 볼 어머니가 아니었다. 집요하게 묻는 어머니의 질문에 말하지 않을 수가 없었다. 내 말을 듣고 사람의 인정은 그런 것이 아니라며 오히려 당장 그만 두라고 할 줄 알았던 어머니가 내게 용기를 주는 것이 아닌가. "육 개월만 우리가 치료해 주자." 어머니는 아들처럼 병원을 그와 동행하며 다녔다. 지나친 어머니의 걱정 때문이었을까? 병의 차도는 진전이 없었고 두 집안은 설명할 수 없는 갈등 같은 앙금이 일었다.

어머니는 우리를 당신 앞에 불러 세웠다. 지금까지 그토록 단호한 어머니의 태도를 나는 본적이 없었다. "내가 딸이 둘만 있어도 이 결혼을 반대하지는 않겠네. 미안하지만, 자네에게 내 딸을 줄 수가 없네."

고개를 틀어 전선주에 매달린 희미한 가로등 불빛이 힘없이 걸어가는 우리의 모습을 비추고 있었다. 난폭할 줄 알았던 그의 얼굴은 비통해 보였지만, 평온했다. 조용하게 말문을 열며 그가 말했다. "영자가 누구와 결혼을 하더라도 내가 필요하다면 나는 언제든지 달려가겠소." 나는 아무 말을 하지 않았다.

서로의 성격을 파악하기도 전, 서둘러 한 결혼이었으니 남편과 나는 너무 모르는 것이 많았다. 내가 크고 작은 집안일을 설명하려면 그는 괴로운 듯 듣다가 말을 자르고 결론부터 말하라고 하였다. 세상 경험이 없던 나와 조실부모하여 세상경험을 일찍 한 그의 눈에는 내가 너무도 한심스러운 어린 아이와도 같아 보였다.

어느 날 찾아온 친구는 자신은 하고 싶은 말은 참지 않고 남편과 대화한다며 "싫더라도 십년만 참고 견디며 살면 늦복이 온다고 해도 늦복을 위해 내 십년을 희생할 생각은 없다. 나는 이세상의 모든 여자들이 자식 때문에 어쩔 수 없이 참고 사노라고 말하는 그 엉뚱한 모성의 권위를 혐오하는 사람이다." 라며 자신감에 차 말을 하는데 그녀의 말 속에는 내 생활이 딱하다는 눈치였다.

남편은 하늘이며 아내는 땅이라고 믿고 있는 내 사고와는 너무 달랐다.

그녀가 다녀간 뒤 내 생각은 혼란스러웠다. 내가 살고 있는 이 집이 갑자기 감옥 같다는 생각이 들고 하루라도 이 굴레에서 벗어나야겠다고 생각했다.

나는 그가 했던 마지막 말을 믿으며 세 살 난 딸을 집에 두고 장대비를 맞으며 나선 것이다. 깡마른 몸, 까맣게 기미낀 얼굴, 가냘픈 목소리, 고개를 떨어뜨리고 앉은 내 모습은 그가 아니었어도 괴롭고 힘든 생활을 하고 있음을 누구라도 알 수 있었으리라. 몸이 불어 록허드슨을 닮은 듯한 얼굴로 무심하게 나를 바라보며 그는 한동안 말이 없더니 정면으로 나를 바라보며 "그 때 나는 키는 크고 나이를 먹었어도 생각은 어린 아이였었던 것 같소." 그 말은 내게 조금도 미련이 없으며 지나간 나와의 시간을 후회한다는 말이었다. 내가 떠난 그날의 아픔을 일부러 그렇게 했던 것일까? 그는 기분 좋게 한 펀치로 나를 KO시킨 것이었다.

쏟아지는 빗물을 그대로 맞으며 장춘동 길을 걷는 온몸에 서러움이 파고들었다. 그의 말을 믿었던 내가 멍청이었다. 진정으로 내가 있어야 할 곳은 남편과 내 아이가 있는 곳, 보낸 사람에 대한 모호했던 나의 기대는 순간이었고 그의 단호한 말은 나를 지금의 자리에 앉게 해 주었다.

만일 그가 그토록 단호한 태도를 보이지 않았다면 파도 같은 두 길을 오가며 흔들렸을 나임을 나는 안다.

헤어진 연인은 나이 들어 만나지 않고 젊은 날의 추억을 그대로 간직하고 있는 것이 좋다고 말하지만, 나는 그를 만나고 싶다. 그 때 해준 그의 단호한 말이 고마웠노라고…….

뻘레지르 다무

박해경
| 수필가, 영문학과 63 |

남미의 대작가 가브리엘 마르께스가 최근 임파선암에 걸려 공적인 삶을 정리한다며 가까운 친지들에게 '이별편지'를 보냈다. 잔잔한 감동을 안겨주는 그 글을 많은 사람들이 인터넷 이메일 덕분에 나눠 볼 수 있었는데 그 중 한 대목이 한동안 나의 뇌리를 떠나지 않았다.

'나는 사람들이 늙으면 사랑을 하지 않는다고 믿는 게 얼마나 잘못된 생각인가를 증명해보이고 싶다. 실제로 사람들은 나이가 많아 사랑을 못하는 게 아니라 사랑하기를 포기하면서 늙어가게 된다.'

나이가 많아 (이성간의)사랑을 못하는 게 아니라 사랑하기를 포기하면서 늙어가게 된다는 말에 깊은 공감을 하면서 되풀이 읽다가 문득, 내 젊은 날 한 정경이 떠올랐다. 손등은 검게 찌들고 얼굴에는 주름이 가득하던 엄마가 라디오를 통해 사랑이니 이별이니 하는 유행가를 즐겨 듣는 모습이었다. 그럴 때면 나는 어이없게도 노친네가 웬 사랑 타령이야, 엄마가 더없이 낯설어졌다. '사람들은 사랑하기를 포기하면서 늙은이가 된다'는 말이 솔깃하게 들리는 솜사탕 같은 얘기지만 늙은이에겐 역시나 사랑의 생명력 같은 게 소진돼 없다는 말도 맞는 게 아닐는지. 굳이 있다고 한다면 그건 나르시스적인 추억 속에나 살아 있는 것일 테고. 일흔 살 고

비의 요즈음 나는 내 나이 무렵의 엄마를 영락없이 빼닮아 인터넷을 뒤지는 저녁시간 무료할 때면 팝송 사이트로 들어가 사랑 노래를 듣는다.

그 여자의 첫사랑은 집전화도 귀하고 이메일은 아예 그 존재도 몰랐던 60년대 초반 우편을 통해 연애편지를 주고받는 것이었다. 수재라는 소문이 여자가 다니던 여학교에까지 자자했으나 가계가 어려웠던 청년은 그 지방대학에 4년 전면장학금 등 특혜를 받아 진학했고 같은 해 역시 형편이 여의치 못했지만 두각을 나타내려면 이대 영문과로 가는 게 좋겠다는 고3 담임선생님의 권유로 여자는 서울로 왔었다. 경북예술제 고등부 산문 부문에서 1, 2등을 했던 두 사람은 대학 1년 여름방학에야 처음 만났는데(참, 예술제를 치룬 직후 남자가 여자에게 '그대가 1등을 한 건 여학생이라 심사위원들이 점수를 후하게 준 때문'이라는 쪽지를 인편에 보내온 적이 있다. 물론 여자는 어떤 반응도 보이지 않았다) 당돌하게도 바로 그날 장래를 함께 하자는 언약 비슷한 걸 했다. 서울과 대구 사이를 오가는 데 통상 3일이 걸리던 편지를 그들은 거의 매번 받으면 바로 답장을 썼고 그런 열정은 대학 4학년 졸업 때까지 끈질기게 이어졌다.

대학 졸업 무렵 여자는 미국작가 서머셋 모음의 장편 에세이『서밍 업』을 읽었다. 거기에 대체로 이런 뜻의 문장이 있었다. '하나의 사랑이 끝났다고 비탄에 빠지지 말라. 그 사랑이 지나가면 어떻든 또 다른 사랑이 찾아온다. 사람들이 아무리 아니라고 부인을 해도 새로운 사랑은 되풀이 찾아오기 마련이다.' 그 남자와의 사랑이 유일무이하다고 믿었던 여자는 이 구절을 보고 크게 상심했다. 그녀의 마음은 '사랑이 어떻게 변하니?' 라는 어느 드라마대사 바로 그것이었다. 대학 졸업 후 남자가 D신문사 기자 입사시험에 합격을 하고 상경하면서 불행히도 그들의 사랑에 난기류가 생겨났다. 편지로 펼쳐지던 달콤한 밀어들이 마주 보는 현실에서 파편처럼 부서지면서 곧 이어 그들 사이 뜨거웠던 불길은 휴화산이 되었다.

남자가 휴직을 하고 36개월간 군대를 갔었고 복직을 한 후로도 오랜 시간 여자는 잡지사로 출판사로 직장을 옮겨 다녔는데 그때마다 괜찮은 남자들이 눈에 들어왔다. 이 사람인가? 하면서 데이트를 했고 얄궂게도 막상 결혼 얘기가 나올 즈음이면 어긋나 서로 멀어졌다. 흔히들 설명이 잘 되지 않는 일을 사람들은 팔자니 운명이니 하는 말로 둘러대고 싶어 하지만 이제 되돌아보면 여자의 가슴 바닥에는 비록 그 당시 자주 만나지 못하면서도 결혼은 그 남자와 약속을 했다는 믿음이 있었던 것 같다. 운명은 그녀에게 좀 가혹했다. 여자는 그 남자를 처음 만난 스무 살 이후 13년이 지난 서른세 살 늦가을에 가서야 막다른 심사로 찾아갔다. 뒤늦게 진학한 대학원 석사 과정을 마칠 때였으나 대학 시간 강사든 뭐든 다 귀찮았고 영혼까지 피곤한 시절이었다. 여자는 남자에게 결혼을 하자고 제안했다. 남자가 기다렸다는 듯 결혼식을 한 달 뒤쯤에 하자며 날짜까지 잡았다. 30대 후반의 골드미스들이 우글거리는 지금 세상과 달리 70년대 초 여자 나이 서른세 살은 눈 먼 새도 돌아보지 않는다고 할 만큼 적령기로는 엄청 늦은 때였다.

영화 '카사블랑카'에서 험프리 보가트는 사랑하는 여자 잉그리드 버그만을 결국 그녀의 남편과 함께 비행기에 태워 멀리 안전지대로 떠나게 해준다. 서너 명의 남자와 데이트를 하다가 놓쳐버리기도 또 놓아버리기도 했던 여자는 이 '카사블랑카'를 친구들과 자주 화제에 올렸다. '사랑한다면 쟁취해서라도 함께 해야 한다' '아니다. 사랑하지만 때로는 그의 행복을 위해 떠나보낼 수도 있어야 한다'는 설전을 하면서 막상 그의 머리에 떠오른 궁금증은 '그럼 본 애인을 떠나간 버그만의 그 후 결혼생활은 내내 행복했을까?'였다.

세상에 쓸모 있는, 반짝이는 무언가가 되고 싶었던 여자는 뒤늦게 부끄러운 좌절감으로 쫓기듯 결혼을 하고 신혼살림 뒤로 숨어들었다. 서툰 솜씨로 부엌에 들어가 식사 준비를 하고 집안 청소를 하고 빨래를 하면서도 마음은 그런대로 편안했다. 얼마 후 연년생의 아들과 딸을 낳아 키우게 되면서 하루 스물 네 시간이 온통 두 아이 중심이 되었다. 건강하고 총명하게 자라는 아이들은 그녀의 기쁨이자 존재의 이유가 되었다. 메이저신문 기자로 탄탄하게 실력 발휘를 하던 남편이 비판을 앞세우는 기자보다는 나라 발전에 직접 간여를 해보고 싶다며 공직에 들어갔고 대통령을 수행해서 해외에 나간 그는 뜻밖에도 미얀마 아웅산 묘소에서 북한공작원의 테러를 받아 공식수행원 거의 전원이 참사를 당한 중에 기적처럼 살아나기도 했다. 그건 정말이지 하느님 부처님 조상님 누구에게든 고마운 일이었다. 남편이 이런저런 공직을 맡으며 바쁘게 지내는 동안 그의 입신이 자신의 명예나 되듯 착각을 하면서 함께 부지런을 떨면서도 여자는 이따금씩 이것이 내 삶의 전부여야 하는가, 어떤 공허함이 저 가슴 안쪽에서 번져오는 걸 감당하기가 쉽지는 않았다.

언젠가 오래된 동창친구들과의 모임에서 여자는 이런 속내를 털어 놓은 적이 있다. "만약에 남편과 결혼 전에 좀 더 자주 만나 데이트를 했다면 아마도 난 그 사람과 결혼을 하지 않았을 거야.(어쩌면 남편도 같은 생각을 할지 모를 일이다.)" 그러자 여자의 중학교 단짝으로 그녀를 꿰뚫어 아는 친구가 이렇게 대꾸했다. "얘는 말을 바로해라. 너네들 대학 다닐 때 서로 주고받은 그 편지들을 어떻게 지우냐. 너 그 결혼 못했으면 평생 못 잊는다며 야단야단 했을 걸. 또 네가 결혼을 하자 했을 때 그 사람이 기꺼이 손을 잡아준 걸 생각하면 어떤 시련도 이겨내야 한다며? 그건 네 입으로 네가 직접 말한 거잖아."

그녀의 결혼생활 어언 서른일곱 해. 이제는 둘이 따로 산 날들보다 함께 한 연륜이 더 깊어졌다. 그들이 노총각 노처녀로 결혼할 때보다 나이가 더 많아진 아이들이 제 몫의 할 일을 찾았고 짝을 찾아 새 둥지로 떠나갔다. 둘이 거처하는 덩그런 아파트에서 여자가 남편과 사는 법도 진화를 했다. 미움이나 갈등을 덜어낸 데다 둔망증(屯忘症)까지 더해진 게 가히 어느 경지에 이르렀다. 그녀에 대한 남편의 무성의한 언사도 이전이라면 화풀이하듯 따질 일이나 그냥 어물거리다가 잊어버리고는 "여보, 우리 시장 보러 가자"고 한다. 그러다가는 '아차, 내가 이렇게 친절하게 굴 때가 아닌데' 하지만 이미 그들은 함께 시장 갈 채비를 한다.

남편은 자기 방에서 역사드라마에 심취해있고 나 혼자 담담하고 덤덤한 저녁시간이면 인터넷 즐겨찾기에 끼워둔 musicselection.net의 센티멘털 송 페이지를 연다. 에이프릴 러브, 캔트 헬프 폴링 인 러브, 그린필드, 새드 무비, 예스터데이 등 젊은 날 무던히도 따라 부르던 팝송들이 제목을 클릭하면 가사와 노래가 함께 나와 그 옛날의 열정을 되살려주고 내 메마른 감성을 일깨워준다. 한동안은 A부터 Z까지 4백곡에 이르는 노래를 다 들어보기 시도를 하다가 자연스레 내가 좋아하는 내 취향의 곡들이 추려졌다. 어 서튼 스마일, 어 러브 소 뷰티풀, 어몽 마이 수브니, 아이 해브 어 드림, 키스 미 굿바이, 러브 스토리, 렛 잇 비 미, 마이 하트 윌 고 온, 오버 더 레인보우, 쁠레지르 다무, 섬웨어 마이 러브 등등. 특히 '내 심장의 고동은 계속 되리(My heart will go on)'를 듣다보면 가슴이 먹먹해져오고 '사랑의 기쁨(Plaisir d'amour)'을 들을 즈음이면 기어이 그렁그렁해진 눈물이 툭툭 떨어진다. 아픔까지도 달콤해지는 노래, 그게 바로 존 바에즈의 쁠레지르 다무다.

Plaisir d'amour

Plaisir d'amour ne dure qu'on moment
Chagrin d'amour dure toute la vie

The joys of love are but a moment long
The pain of love endures the whole life long
Your eyes kissed mine, I saw the love in them shine

You brought me heaven right then when your eyes kissed mine

My love loves me, a world of wonder I see
A rainbow shines thru my window; my love loves me

And now he's gone like a dream that fades in the dawn
But the words stay locked in my heartstrings; my love loves me

Plaisir d'amour ne dure qu'on moment
Chagrin d'amour dure toute la vie

(사랑의 기쁨은 한순간에
사랑의 아픔은 한평생인 걸

사랑의 기쁨은 한순간에
사랑의 아픔은 한평생인 걸
그대 내게 눈 맞춤 할 때 그 눈동자 사랑에 빛났지
그대 내게 눈 맞춤한 순간 나를 천상으로 이끌었지

내 사랑 날 사랑해, 세상에 가득한 놀라움
창문너머 찬란한 무지개; 내 사랑 날 사랑해

이제 그 사람 새벽꿈처럼 사라지고
그 말 한마디 남아 심금을 울리네; 내 사랑 날 사랑해

사랑의 기쁨은 한순간에
사랑의 아픔은 한평생인 걸)
— 졸역

사랑 이야기, 돈 이야기

서지문
| 번역가, 영문학과 69 |

아마 독자들 중에는 위의 제목을 보고 '아름답고 가슴 아픈 사랑 이야기를 모은 책 속에 천박하게 웬 돈?' 하고 눈살을 찌푸리는 분도 있을 것 같다. 그러나 이제껏 이 세상의 사랑이야기의 80%는 뒤집어보면 돈 이야기이다. 우리나라 연속극 속의 사랑이야기는 95%가 돈 이야기라고 해도 과언이 아닐 것이다. 만약에 우리나라에, 텔레비전 연속극에 등장하는 연인들 사이에 경제적인 격차가 존재하는 것으로 그려서는 안 된다는 법률이 있었다면 우리나라 텔레비전 방송국들은 연속극 기근으로 아마도 모두 오래 전에 폐업을 하고 말았을 것이다.

우리나라에 '재벌'이라는 것이 아주 새롭고 신기한(신비로운) 것이었을 때부터 '재벌'이 흔하디 흔하고 '재벌'하면 즉각 '비리'를 연상하게 된 오늘날까지 재벌집 아들(또는 딸)과 가난한 처녀(또는 총각)의 사랑이 '돈'이라는 장애물 때문에 겪는 파란은 연속극의 기본포맷이 되어 왔다. 그리고 시청자들은 이 메뉴에 식상하고도 남았을텐데 웬일인지 여전히 수상기 앞을 떠나지 못하고 있다.

내가 이런 드라마를 싫어하는 이유는 그런 갈등이 지겹도록 흔하다는 것 말고도 대부분의 그런 공식의 드라마에서는 늘 가난한 쪽이 일방적으로 인내와 순종으로 자신의 부잣집 며느리(사위)될 자격을 입증해야 하고, 부잣집 아들이나 딸은 그 재산 배경만으로 (대부분 자신보다 매우 훌륭한) 처녀나 청년의 배우자 될 자격이 충분하다고 생각하고, 작가도 그것을 당연시하는 것으로 보인다는 것이다.

한 2-3년 전에 어느 방송국에서 아주 명랑하고 영리한 연변처녀가 주인공인 드라마를 방영했는데, 9시 뉴스 직전에 몇 장면씩 본 것 뿐이지만 늘 보면 주인공 청년의 가족은, 온 가족이 작당해서 이 외롭고 불쌍한 처녀에게 온갖 박해와 모욕을 가하고 심지어는 신체적 폭력까지 가하는데 이 연변처녀는 그것을 늘 착하게, 또 슬기롭게 받아내고 그 가족에 대해 어떠한 원망도 품지 않고 오히려 그들을 위해 헌신적으로 봉사하고, 상대역 남자는 그것을 뼈아프게 미안해하거나 고마워하지도 않는 것 같이 보였다.

최근에 누가 하도 좋다고 해서 몇 회 본 주말연속극도, 자기네는 천민으로 수단방법을 가리지 않고 치부한 어느 부부가, 재산은 별로 없지만 유서깊은 가문의 딸을 며느리로 받아들이지 않으려고 온갖 방해를 놓다가 결국 며느리의 인품과 정성에 감동해서 항복하는 이야기였다. 이런 드라마에서 돈 많은 집에 시집오려는 처녀는 죄인 아닌 죄인이다.

현대극에서의 "경제력 격차"를 "신분(권력) 격차"로 대치하면 사극이 되므로 우리 연속극은 다 같은 비빔밥이라고 할 수 있지 않을까 한다.

그런데 우리나라 연속극에서의 '돈'의 비중은 다분히 시대착오적이라고 생각된다. 근대이전에 '신분'의 차이는 넘을 수 없는 벽이었고, 그 절대적인 장벽 앞에서 수많은 사랑하는 남녀는 절망하고 통곡했다. 산업화가 진행되면서는 돈이 곧 신분이고 돈이 사람의 운명을 좌우했지만 후기산업화사회에서는 '돈' 말고도 인간이 자신의 존재가치를 실현할 방법이 다양해 졌고, '돈'이 없다고 해서 절대적 약자의 위치에 머물 수밖에 없는 것이 아니다.

오늘날의 연인들은 부모가 돈이나 지위 같은 세속적인 이유로 자녀들의 사랑을 방해하려 한다면 그런 부당한 횡포를 거부하고 부모로부터 독립할 수도 있는 것이 아닐까? 그렇지만 우리나라 연속극 속의 청춘남녀는 모두 일등 효자, 효녀 들이어서 필사적으로 부모의 허락을 받으려고 온갖 고통과 굴욕을 감내한다. 그렇지 않으면 연속극이 조기종영을 해야 하니까.

외국문학의 경우도 19세기까지는 대부분 소설에서 '사랑'이야기는 '돈'이야기였다. 테스가 가난하지 않았다면 테스는 비극의 주인공이 될 필요가 없었다. 아기자기한 사랑이야기로 인식되어 있는 제인오스틴의 소설도 들여다보면 모두 돈 이야기이다. '오만과 편견', '분별과 감수성', '설득', '맨스필드 파크' 등 오스틴의 작품 대부분이 돈 있는 남자와 결혼을 하지 않으면 일생 친척에게 얹혀살아야 하는, 또는 얹혀 살 친척도 없는 젊은 여성이 '돈'에 굴하지 않고 (즉 '돈' 좀 있는 남자가 청혼한다고 앞뒤 가리지 않고 승낙하지 않고) 자신의 가치관과 존엄성을 지킴으로서 더 훌륭한 (또는 자기의 결함을 반성하고 더 훌륭해진) 남자의 진정한 사랑을 받게 되어 신데렐라가 되는 이야기이다.

그러나 20세기 이래의 서양문학에서 '사랑'이야기는 '돈'이야기가 아닌 경우가 대부분이다. '돈' 보다는 두 사람의 개성과 가치관의 충돌이 주제이다. 이것은 인류의 역사가 발전해서 인간의 가치가 '돈'으로 결정되는 시대가 지나가고 있음을 보여준다. 사실 우리나라도 그 단계를 빠져나오고 있는 중이고, 드라마 작가들이 대중의 인식을 전환하는데 일조한다면 더 빨리 빠져나올 수 있다.

인류의 역사가 발전하는가 퇴보하는가에 대해서는 사람마다 견해가 다를 수 있지만, 나는 인류발전의 기준을 세계의 총 인구 중에서 인간다운 삶을 누리는 인구의 비율의 확대로 본다. 이렇게 본다면 노예 뿐 아니라 비빈이나 대신들도 부장품이었던 고대로부터 현대에 이르는 인류의 역사는 분명한 발전의 역사이다. 선대들의 면면한 투쟁에 힘입어 이제는 인간이 돈과 신분 때문에 인간이하의 처우를 당하지 않게 되었고, 따라서 연인들은 본인들의 확고한 의지만 있다면 돈 때문에 사랑을 희생하지 않아도 되게 되었다.

우리나라 드라마에서도 '돈'의 비중이 조금 줄어드는 기미는 보이는 것 같은데 그 자리를 극단적, 엽기적 불륜이 채운다면 오히려 더 불행한 일이다. 우리 드라마가 건전하고 당당한 사랑의 모습을 보여주어 21세기 한국인의 옳은 가치관 확립에 기여할 수 있기를 바라마지 않는다.

뒤늦은 사랑

임혜기
| 소설가, 정치외교학과 73 |

미국 워싱턴 정가의 스캔들을 픽션으로 만들자면 음모의 스릴러가 아니고 눈물의 로맨스 소설이다. 늦바람에 정치적 입지를 잃고 초라해지는 비극적 사랑이 주제가 된다.

다음 대선에 차선 주자로 손꼽히던 공화당 후보들이 하나씩 소리없이 스스로 무너지고 있다. 아니 소리없이 넘어지는 것이 아니다. 미디어로부터 퍽퍽 얻어맞으며 요란하게 쓰러진다.

부루터스, 너 마저?

그를 믿었던 사람들은 배신감으로 고개를 흔들고 안쓰러움으로 고개를 젓는다. 그들의 정치 생명줄을 끊는 애처로운 덫은 여자문제, 여자관계, 정사의 도식에서 벗어나지 않기 때문이다. 아내가 아닌 다른 여자에게 끌리는 몹쓸 리비도의 발동 탓이고 그 마수의 덫에 아차 걸린 탓이다.

불과 몇 주 전 스텝과의 정사를 시인하고 일체의 의원 특수직에서 사임한 존 엔사인 의원의 파장이 꼬리를 감추기도 전에 이번엔 모범적 가장으로 알려져 온 사우스 캐롤라이나의 주지사가 그 덫에 걸려 카메라에 모습을 드러냈다.

연휴가 시작된 후 주지사의 거처가 묘연하다는 의혹에 대해 측근들은 집필을 위해 모처에 있다, 아니다 애팔래치아 산을 구보 중이라는 등 변명을 해왔는데 드디어 모습을 보인 주지사는 연인이 있는 아르헨티나에 갔었다고 세상을 향해 발표하기에 이르렀다.

아내와는 두 주 전 시험 별거에 들어갔고 수년 간 알고 지내던 아르헨티나의 연인을 찾아가 눈물의 작별을 고하고 돌아왔다고 설명한 주지사는 닷새 동안 내내 울다 왔다는 눈물없이는 들을 수 없는 목메인 고백을 했다.

내게 이런 사랑이 올 줄 몰랐다며 눈시울을 붉힌 주지사는 그에게 이런 운명의 장난이 찾아들 것을 꿈에도 몰랐을 때 클린턴은 국민뿐 아니라 아내와의 결혼서약을 저버렸다고 공격했던 사람이다. 아내를 배신한 죄는 가볍게 넘길 일이 아니라며 본인이 지금 생각하면 한없이 낯뜨거운 공세를 폈던 장본인이다.

누군들 그런 사랑이 올 줄 알았으랴.

주지사는 이제 가을 바람이 아니어도 가슴이 서늘해지는 나이, 다른 여인에게 문득 가슴이 열리고 새로운 사랑이 스며드는 50세의 위험 수위에 우뚝 서게 된 사람이었던 것이다.

사랑인데 어쩌랴. 지위도 야심도 명예도 모두 포기하더라도 정적에게 순순히 내주더라도 그 순간의 사랑이 크고 가치있다고 여겨지는 석양의 열정을 어쩌랴.

아내가 있는 남자는 다른 여인을 사랑해선 안 된다는 법은 없건만 도덕적 책임과 제재는 엄연하니 그를 바라보는 마음이 안타깝다.

울먹이며 괴로움을 호소한 주지사는 사랑의 중병을 치르고, 실연의 상심을 지닌 채 이제는 돌아와 대중 앞에 선 고개숙인 해바라기의 모습이다. 그런 자신의 모습을 보이는 수치감으로 얼굴은 붉게 물들어 있다.

미디어는 정사의 대어(大魚)에 낙락하고 이 기회에 입지를 세우려는 라이벌들은 비난의 날을 세우지만 아서라, 그들에게도 언제 종횡무진하는 그 바람이 불어 염문의 올가미를 쓰고 티브이 화면에 보여야 하는 건지 알 수 없을 뿐이다.

주지사에게 모두 돌을 드는 건 아니다. 사랑의 눈물을 아는 가슴이라면 그럴 수 없을 것 같다. 주지사의 아내는 아직도 남편을 사랑한다며 그들의 결혼을 지키고 싶다고 말한다. 주지사도 가정을 위해 뜨거운 이별을 나누고 왔다고 했다. 주지사는 어쩌면 이렇게 묻고 싶을지도 모른다.

사랑하는 것이 죄인가?

삼가 답을 드리자면 죄는 아니다. 허나 정치인이 받는 사랑의 벌은 호되다.

뒤늦게 찾아든 사랑의 올가미는 청년의 번민에 못지않는 듯하다. 젊은 시절의 정열에 버금간다. 함부로 자신있게 찾아든 것이 아니기에 더 치열할 수도 있다. 모든 기대와 희망과 열정들이 폐쇄된 공장 굴뚝처럼 연기조차 피어오를 리 없다고 여겨질 때 문득 가슴에 스며든 뒤늦은 사랑의 열병은 더욱 호되고 뜨거울 수도 있다.

아무 것도 가진 것 없이 빈 손이었던 시절에는 두 사람의 문제에만 초점을 맞추면 되지만 뒤늦게 감염된 사랑은 주위 사람에게도 균을 옮긴다. 처방도 없고 약도 없다. 감성만 남고 이성을 잃는 것도 뒤늦은 사랑의 특징이다. 사랑을 택하고 가지고 있던 것을 버리면 결국 실패자가 된다. 그리고 그 지독한 사랑은 허접하게 퇴색하는 것이 일반적이다. 늦게 찾아든 사랑이 빛을 발하고 아름다운 걸 찾기는 쉽지 않다.

'호젓하고 외로운 기분이 들 때 내게 따뜻한 이성 친구 하나 있어서 함께 차를 마실 수 있으면 좋겠다. 함께 공원을 산책하고 벤취에 앉아 잃어버린 젊은 시절의 꿈을 나눌 수 있는 진지한 친구 하나 있으면 좋겠다.'

얼마나 바람직한 희망인가. 그러나 이런 표현은 시처럼 암송할 때만 괜찮은 말이다. 뒤늦은 사랑은 그런 친구 하나 그리워하다 문득 바이러스에 오염되어 시작된다.

허나 이것 저것 재고 궁리하면 도저히 말도 아닌 그런 사랑을 그리워하며 사는 것이 인간적인 것 아닌가. 삶의 에너지를 채워주는 멋진 상대가 나타나 뒤늦게 사랑을 나눌 수 있다면. 아! 인생이 화려하고 멋질 것 같다. 그리하여 유치한 로맨스 소설의 주인공이 되는 것도 나쁘지 않다.

사랑, 그 모호한 경계에 대하여

주연아
| 수필가, 신방학과 76 |

전국적으로 금연 운동의 열풍이 분다. 참으로 고무적인 현상이라 여겨지지만 우리 집에는 아직 그 바람이 불지 않는다. 어쩌면 영원한 무풍지대가 될지도 모르겠다.

남편은 하루 세 갑의 골초에다 굉장한 애주가이다. 결혼 전 나는 이런 남편에 대한 거부감은 별로 가지지 않았다. 허나 오십이 넘고 육십을 바라보며 그의 건강과 아울러 이유없이 치러야 할 내 간접 흡연에 대한 나의 염려는 걱정의 수준을 넘어서 마침내 분노가 되어 폭발하기 시작하였다. 나의 분노는 왕성한 활화산이 되어 새벽과 저녁에 그리고 거실과 안방에서 마구 터지는 거였다.

아이들에 대한 부모의 책임감에 대해서 약간의 강박 관념이 있는 나는 오십 이후의 흡연은 가족에 대한 의무감의 결여라며 금연과 금주를 요구하였다. 그것이 마치 지상 최대의 과제라도 되는 것처럼 감시의 눈길을 번득이곤 하였다.

나는 우리 집의 경찰관으로서 주어진 임무에 아주 충실하였다. 내 코는 담배 연기의 탐지기로써, 내 눈은 술병의 행방에 관하여 천리안같이 예리한 능력을 발휘하는 거였다. 짜증을 내는 그에게 내가 내미는 슬로건은,

간접 흡연의 얘기는 생략하고, 언제나 '다 잘 되자고 하는 것', 또는 '사랑하니까(?) 어쩔 수 없이 그러는 것'이었다. 나라고 왜 이런 악역을 맡고 싶겠는가. 정말이지 나도 고상하고 우아한 천사의 역을 하고 싶다. 그는 왜 이런 나의 안타까움을 모르는 것일까. 야속한 마음이 하늘을 찌른다.

하지만 남편은 오히려, 부탁하노니 제발 그만 사랑해 달라며 스트레스 때문에 없던 병도 생기겠다며 아우성이 아닌가. 숫제 늦게 귀가하기 시작한 그는 어느날 꼭 봐야 하는 영화라며 '라스베가스를 떠나며'란 비디오를 빌려 왔다. 그러면서 하는 말이 한 번만 볼 것이 아니라 세 번은 봐야지 그 깊은 뜻을 알 수가 있을 거라고 한다.

니콜라스 케이지가 주연인 그 영화는 생의 모든 의미를 상실한 중증의 알콜 중독자와 몸을 파는 것 이외에는 아무런 생존의 수단이 없는 라스베가스의 한 창녀와의 처절한 사랑을 그린 이야기이다. 생을 마감할 생각으로 술을 마셔대는 그와 희망없이 하루 하루를 살아 가는 그녀는 서로에 대해 아무 것도 묻지 않고, 원하지 않고, 간섭하지 않으며, 다만 있는 그대로를 사랑할 뿐이다. 결론인즉 진정한 사랑이란 그를 내 방식대로 뜯어 고치는 것이 아니라 그의 방식을 존중해야 한다는 것이다. 아무리 내 생각이 상식적으로 옳고 또 옳더라도, 그리고 그의 생각이 비록 틀렸다 할지라도 말이다.

이 무슨 끔찍한 궤변이란 말인가. 파멸로 치달을 것을 뻔히 알면서 그의 생각을 존중하는 것이 사랑이란 말인가. 경우가 다르다. 왜 하필이면 창녀와 알콜 중독자의 얘기를 끄집어 대느냐. 이 내용은 정상적인 가정에는 해당 되지 않는다는 나에게 그는 이렇게 또 미운 소리를 한다.

당신이 잔소리를 하는 것은 나를 위한 것이 아니야. 솔직히 말해서 과부될까 걱정돼서 그러지? 정말 나를 위한다면 내가 하고 싶은 대로 하게 해 줘야지 그게 진짜 사랑이지…… 담배 피고 술 마신다고 다 빨리 죽나? 스트레스가 건강에 훨씬 나쁜거라고. 알았지?

사랑이 뭔데? 사랑이란 둘이서 마주 보는 것이 아니라, 한 곳을 향해 같이 바라보는 것이라고 생떽쥐베리도 말하지 않았는가 말이다. 둘이서 한 곳을 오래도록 보려면 아무짝에도 쓸모없는 술이나 담배같은 것일랑 애시당초 끊고서 오래오래 살아 줘야 하는 것 아닌가 말이다. 그것이 가장의 도리 아닌가 말이다.

술 담배를 못하는 남자는 매력이 없어 보이던 젊은 날의 나. 걱정없이 그저 감상에만 젖는 일이 허락되던 그때. 나 정말 그 때로 돌아가고 싶다. 맨발로 달려가 푸른 초원 위에서 싱그런 모습으로 앉아 있을 내 청춘의 품에 안기고 싶다.

나는 이제 더 이상 시커멓게 변색된 폐의 끔찍한 모습을 녹화하지 않고, 더 이상은 금연 패치를 쿨쿨 자는 그의 발바닥에 몰래 붙이는 일도 하지 않는다. 진정한 사랑과 이기적인 사랑의 모호한 경계에 서서 오늘도 혼란스러운 내가 불쌍해 보였던지, 하늘이 위로라는 굵은 동앗줄을 내려 주시기 때문이다.

전라북도 어느 곳의 장수 마을 노인들은 반 이상이 애연가라 하지 않는가. 걱정일랑 접어 두고 그저 편한 마음으로 살아야 오래 살 수 있다지 않는가. 믿어도 될까? 믿을 수밖에!

국경을 넘는 일, 운명을 거는 일, 영화 〈국경의 남쪽〉

김용희
| 문학평론가, 국문학과 86 |

사랑의 시간차 공격에 대한 영화들은 무수히 많다. 오래된 고전인 세익스피어의 〈로미오와 줄리엣〉은 그 대표적인 예다. 일테면 약속을 했는데 그 약속이 누군가에 의해 잘못 전달되어 깨뜨려지고 그 오인으로 인해 서로를 오해하고, 그리하여 마침내 사랑이나 목숨을 저버리는 행위 말이다. 〈트리스탄과 이졸데〉고전에서부터 시작해서 〈러브 어페어〉〈페인티드 베일〉에 이르기까지. 사랑은 언제나 어긋난 운명을 감수할 수밖에 없고 다시 그 어긋난 운명이 사랑을 만들어내고 있다는 것. "사랑은 언제나 늦게 온다"는 말은 사랑이 결국 싸우고 있는 것은 사랑의 욕망이 아니라 '시간'이며 자신의 '운명'이라는 사실을 암시한다. 이 기묘하고 이상한 법칙 때문인지 알 수 없는 사랑의 변수 때문인지 사랑에 대한 영화는 만들어지고 또 만들어지면서 어긋나는 우리 인생 전체를 대변하는 것 같다.

그렇다면 그 사랑의 문제가 국가주의라는 이념의 문제와 부딪치게 된다면……. 이와같은 고전적이고 식상한 주제는 흔히 말하듯 '사랑에는 국경도 없다'라는 말로 단순히 넘기긴 여전히 우리의 성감대를 자극한다. 우리는, 여전히, 아직도, 분단국가인 것이다. 그것도 세계에서 유일하게 남아 있는.

영화 〈국경의 남쪽〉에서 사랑은 국경을 넘어 순애보처럼 진행되고 있다는 낯익은 서사를 전해준다. 국가와 이념이 그어놓은 경계로 인해 연인을 만날 수 없게 되는, 즉 국가주의에 의해 희생되는 개인서사는 얼마든지 가능하다. 그러나 이 영화가 흥미로운 것은 2000년대 평양에서도 연애 사건은 여전히 벌어지고 있다는 사실. 대관람차를 타며 뽀뽀도 하고 평양냉면을 먹고 호수를 거닐며 데이트도 즐긴다는 이북 청춘의 연애풍경을 보여준다. 더욱 흥미로운 것은 2000년대 남한은 미혼모의 떳떳한 삶을 고집하고(〈싱글즈〉), 아내가 두 명의 남편과 결혼하겠다고 하고(〈아내가 결혼했다〉), 남편이 외도한 여성이 아내와 레즈비언관계였던 여성(〈주홍글씨〉)이라는 사실이 밝혀지는 시절을 살아가고 있는데 북한의 정서(아니 정확하게 남한에게 투사된 북한의 정서)는 전근대의 사랑방식, 그것도 일편단심, 오매불망, 일부종사다. 놀랍게도.

영화는 "저는 1975년 조선로동당 창건일에 태어났습니다. 이름은 김선호, 만수예술단 호른 연주자이며 고향은 평양입니다. 저에게는 결혼을 약속한 연인 연화가 있었습니다."라는 선호의 나레이션으로 시작한다. 영화는 평양 시가지의 전경, '4 · 15 태양절 경축 무도회' 장면, 평양대극장에서 펼쳐지는 '당의 참된 딸' 공연 등, 화려한 군무와 완벽한 연주 등으로 평양 예술의 스펙터클한 볼거리를 보여준다. 또한 북한의 청춘들이 즐기는 연애의 과정, 보통강 보트장, 대성산 유원지, 평양냉면집 옥류관 등 북한 최고 도시 평양의 세련된 도시인의 일상을 보여준다.

그러나 선호는 남한에 있는 할아버지와의 편지밀통으로 인해 가족 전체가 남한으로 넘어갈 수밖에 없는 처지가 되고 우여곡절 끝에 남한으로 탈출을 성공하게 된다. 이후 남한 사기꾼에서 정착금 전부를 사기당하고 다시 연화가족을 데려올 돈을 벌기 위해 밤낮없이 일을 한다. 선호는 낮에는 치킨배달, 밤에는 나이트 웨이터로 주일에는 교회에서 간증의 달인이 되어 ("북조선에서 생활총화로 단련된 저한테 연설쯤은 식은 죽먹기였습니다.") 오직 연화가족의 탈출자금 모으기에 열심을 다한다. 이 가운데서 연화가 결혼했다는 소식을 듣게 되고 지독한 낙담 끝에 치킨집 경주와 결혼, 새로운 삶을 살게 된다.

그러나 모든 일들은 국경의 이쪽과 저쪽, 죽음을 각오하고 전개되는 탈출과 사랑이라는 기막힌 경계의 안과 밖에서 어긋나고 엉키게 마련인 법.

연화가 결혼했다는 정보는 처음부터 잘못된 정보이고 연화는 선호를 찾아 월남하고 다시 이들은 만난다. 영화의 가장 크라이막스, 이들이 탈북자 보호기관 사무실에서 처음 상봉하는 순간, 어떤 정서적 과잉이나 감정, 그리움 혹은 회한은 절제된다. 얼싸안고 눈물 흘리는 이산가족 상봉 모습은 처음부터 식상할 뿐. 서로를 너무 애타게 찾으려 했을 때 혹은 그 추적을 포기하다 다시 그 대상을 만나게 되었을 때 정작 그 대상은 문득 낯설은 혹은 믿기지 않는 현재 속 실재로 남는다. 이미 어긋나 버린 사랑에 대해 혹은 그토록 애타게 기다렸던 연인이 자신의 오인으로 인해 원치 않게 어긋날 수밖에 없었던 서로의 운명에 대해, 카메라는 절제된 슬픔의 극치로 선호와 연화를 비춘다.

영화는 남한에서 이미 유통기간이 끝난 멜로적 '사랑'에 대하여, 촌스러운 순수함을 가지고 다가간다. "국사발에 네 얼굴이 동동 뜨니 그 얼굴만 쳐다보다 국이 다 식어버린다야."라고 선호가 너스레를 떨 때, 연화가 "산이래두 솟아 있어야 곡사포를 쏘지, 이렇게 마주 섰는데 직사포를 쏘지 그럼 곡사포를 쏘겠어요?"라고 시원시원하게 프로포즈할 때, 치장되고 계산된 사랑이 아니라 오랫동안 잊고 있던 어떤 망각의 기억이 되살아나고 있는 듯한 느낌을 받는다. 그것은 기억의 밑바닥에 오랫동안 숨어 있었던 혹은 가라앉아 있었던 그 '사랑'이라는 이상한 짐승에 대해서 말이다. '국경'을 담보로 한, 생명의 사선을 넘어온 사랑에 대해서 말이다.

김동환의 시 「국경의 밤」은 이렇게 시작하고 있다.

"아하, 무사히 건넜을까,/이 한밤에 남편은/두만강을 탈없이 건넜을까?//저리 국경 강안(江岸)을 경비하는/외투(外套) 쓴 검은 순사(巡査)가/왔다 ―갔다―/오르명 내리명 분주히 하는데/발각도 안되고 무사히 건넜을까?"

1920년대 두만강 국경 근처에 사는 아낙은 밀수출하는 남편이 이 밤 동안에 강을 무사히 잘 건넜을까를 염려한다. 아낙은 이미 마음 속에서 두만강을 건너고 있다.

국경을 넘는 것. 이 경계를 넘어 저 너머로까지 가서 내 사랑을 찾겠다는 그것. 그것은 곧 운명을 거는 첫 좌표가 된다.

사소하지만 치명적인 사랑

함정임
| 소설가, 불문학과 88 |

사랑 없이 소설이 가능하기나 한가? 아니 삶은, 죽음조차. 최근 발표한 소설 「소금 한줌」, 「호퍼의 주유소」는 말할 것도 없고, 이년 전에 출간한 소설집 『버스, 지나가다』의 여러 소설들(「사랑인가」, 「사랑처럼」, 「꽃구경」, 「버스, 지나가다」), 그 전의 「당신의 물고기」, 「이야기, 떨어지는 가면」, 「열애」, 「첫사랑」 그리고 곧 발표할 소설 역시 사랑이 화두이다. 소설집 『버스, 지나가다』의 말미에 나는 그 책에 묶인 소설들이야말로 그 소설들을 쓰며 살았던 이 년 동안의 내 사랑의 현실이라고 썼다. 누구는 내 소설의 팔할은 바람이라고, 아버지라고, 또 어머니라고 말한다면, 내 소설의 팔할은 사랑, 언제나, 다시, 사랑이다. 언제나 다시 부는 바람처럼 내게는 사랑이, 그 입김, 그 폭풍이 소설을 부르고 또 끝낸다. 그 사랑, 그 잘난 사랑, 그 빌어먹을, 그 애물단지 사랑이란 도대체 무엇이냐?

청춘 시절 나는 「열애」라는 소설을 쓰면서 샤를 보들레르의 연애론에 가볍게 동조했었다. "사랑이란 무엇? 자기로부터 도망치려는 욕구. 사내란 열애하는 동물. 열애한다는 것, 그것은 스스로를 희생하며 몸을 파는 것. 그러기에 모든 사랑은 매음이 아니냐." 「열애」를 쓰던 당시 나 자신이 열애중이었음은 두말할 나위가 없다. 그런 연유로 그 소설을 펼치면 열애의 풍경이 도처에 살박혀 있다. 흔들리는 수인선 협궤열차를 타고 안개 자욱한 포구로 떠나는가 하면, 끼룩끼룩 갈매기 아우성치는 여객선에 몸을 싣고 외딴 섬으로 떠나기도 하면서, 호시탐탐 가까이 더 가까이 손을 잡고 입을 맞추려는 사내와 계집, 그러니까 열애하는 동물의 수줍음과 흥분, 도주와 질주를 거침없이 그렸었다. 그리고 십 년. 나는 「열애」의 풍경을 완전히 다른 어법으로, 그러니까 이십대 열애의 순수—희열과 흥분과 뜨거움을 삼십대 열애의 사소함과 치명성과 싸늘함으로 다시 썼는데, 중편 「아주 사소한 중독」이 그것이다.

「아주 사소한 중독」을 쓰면서 나는 사랑의 끝에 도달한 심정이었다. 그러니까 나는 아주 늙어버린 것 같았다. 마흔살이나 일흔 살 정도가 아닌 오백 살이나 칠백 살의 탈골 상태, 아니 거꾸로 말을 배우기 이전 칠 개월이나 십일 개월의 갓난 상태 같았다. 칠백 살과 칠 개월 간의 현기증나는 편차는 대관절 무엇인가. 사랑이냐, 사랑이 아니냐, 사랑이 아니냐, 사랑이냐를 묻는 것이 한순간 부질없는 경지가 온다. 그때 뜨거움은 차가움으로 중대함은 사소함으로 무거움은 가벼움으로 치솟는다. 극렬한 모순은 지독한 진실을 전제로 한다. 사랑은 매 순간 가늠할 수 없는 존재의 심연이다. 「아주 사소한 중독」을 쓸 당시 당연히 나는 자칫 잘못으로 사랑의 늪에 빠져 있었다. 그리하여 그 사랑, 그 잘난 사랑, 그 빌어먹을, 그 애물단지 사랑을 쓰지 않고는 그 늪을 건널 방도가 없었다. 그때 내 관심사는 사랑 이야기를 쓰되 '왜 쓰는가'와 동시에 '어떻게 쓰느냐'를 무릅쓰는 미학을 창출하는 데 있었다. 사회적인 조건이나 자기 기만 따위가 적나라하게 발가벗겨지는 원초적인 해제(解除) 지점에 이르는 방법론을 찾아야 했다. 세상에 널리고 널린 게 사랑 이야기이다. 해가 지고 바람이 부는 일만큼이나, 눈을 뜨고 감는 일만큼이나 사소하고 익숙한 것이 사랑 이야기이다. 그럼에도 불구하고 새삼, 또다시, 사랑 이야기를 쓴다는 것은 그만큼 힘겨운 과제이자 매혹적인 도전이었다.

이 소설의 처음은 '그녀는 그가 왜 좋은지 모른다. 무엇이 좋은지 모르면서 그와 키스를 한다. 그녀가 유일하게 믿는 건 혀다'라고 시작한다. 그리고 이 소설의 마지막 역시 "그녀는 점이나 미신 따위는 믿지 않지만 자신의 혀만은 무시한 적이 없다. 그것은 거의 틀리지 않는다"라고 끝난다. 케이크 전문가인 그녀와 러시아 문학 박사인 그를 주인공으로 한 이 소설의 처음과 끝을 보면 매우 말초적이고 감각적인 혀의 사랑, 관능적인 사랑으로 읽힐 수 있다. 그리고 그것은 어느 정도, 아니 거의 맞다. 나는 소설 쓰기의 매혹의 하나로 언어의 성감대를 즐기는 편이다. 언어의 관능과 더불어 몸의 관능이 혼융(混融)하는 소설이라면 나로서는 더 바랄 나위가 없다. 이 소설은 사랑을 주제로 한 나의 작품들 중 가장 본능적이고 관능적인 작품이라 해도 틀리지 않는다. 남녀의 섹슈얼리티(性)를 극단적으로, 동시에 희극적으로 몰고간 작품이라고 할 수 있다. 언어의 성감대를 즐겨 구사하는 만큼이나 나에게 중요한 것이 언어의 희극성이다. 사소하지만 치명적인 사랑의 동력학, 혹은 정치학이라는 수사가 덧붙여지는 것을 보면 이 소설은 사랑을 주제로 한 나의 다른 작품들 중 가장 의식적이고 구조적인 작품으로 읽힐 수도 있다.

소설을 풀어나가는 작가의 손끝이 본능적인 동시에 의식적일 수 있기란 매우 드문 일이다. 작가에게 그런 순간은 평생 한두 번, 많게는 두세 번 오는 것이 아닐까 싶다. 책을 너무 많이 읽어 지식에 넌더리를 치는 러시아 문학 시간 강사 그와 그보다 세 살 연상의, 부드러움과 달콤함의 극치를 추구하는 케이크 디자이너 그녀. 그들의 나이와 직업 설정으로 보면 매우 정치한, 그러니까 의도적인 '작업'으로 보일 수도 있으나, 고백컨대, 이들의 운명적 만남처럼 직업 역시 그 흐름 속에서 이루어졌다. 그러니까 나는 이 소설을 매우 자연스럽게 관능적이고도 구조적으로 쓸 수가 있었는데, 사랑의 행위와 매우 흡사한 연주자 자세가 부지불식중에 글쓰기에 작용했던 것 같다. 연주자 자세(첼로 연주자나 바이올린 연주자를 떠올려 보라!)란 소설의 흐름은 전율을 일으킬 정도의 관능성을 유지시키고, 소설의 구조는 대립쌍들로 끊임없이 변주해나가는 방식이다. 그런 의미에서 이 소설을 즐기는 독법 중 하나는 두 남녀가 제공하는 다양한 이미지—멀티플한 성향의 그의 책과 그녀의 매혹적인 음식, 쉴새없이 날리는 그의 문자메시지와 늘 신개발에 몰두 중인 그녀의 케이크, 섹스할 때조차 주변을 오가는 그의 눈동자와 오로지 욕망만을 탐닉하는 그녀의 혀, 그리고 어떻게든 둘의 관계를 유지시켜주는 그의 골치아픈 치통과 그녀의 눈 밑에 난 얄궂은 점—의 변주에 자신의 온 감각을 내주는 것이다. 결혼 상태의 그와 독신 상태의 그녀의 사랑은 통속 멜로의 측면에서 보자면 불륜인데, 그러나 누구도 이들의 사랑에서 장애를 느끼는 대신 불륜을 읽지는 않는다. 바로 두 남녀를 감싸고 있는 그러한 사랑의 기호들, 이미지의 변주들 때문이다.

이 소설의 첫 문장을 쓰면서, 그리고 소설의 마지막 점을 찍으면서 나는 그해 여름 파리에 머물며 틈만 나면 찾아가곤 했던 파리 도심 몽파르나스 공동 묘지의 마르그리트 뒤라스의 무덤과 그 위에 놓인 한 송이 노란 장미를 생각했다. 처음 뒤라스를 찾아갔을 때 누군가 막 노란 장미 한 송이를 바치고 간 상태였던 것이 그후 두 번 세 번 내가 발걸음을 계속하는 사이 꽃잎은 그 끝을 안으로 말아들이며 시들어갔다. 그리고 한달 뒤 서울로 떠나오면서 마지막으로 그녀를 찾아갔을 때 장미는 처음의 싱그러운 노랑도 중간중간 여운처럼 깃들어 있던 노랑도 허공 속으로 날아가 버리고 가장 깨끗한 뼈의 흰빛을 언뜻언뜻 꽃몸에 내비쳤다. 나는 싱그럽던 노란 색은 말할 것도 없고 그 은은한 향기마저 잃어버린 한 송이 노란 장미와 살아 생전 누구보다 눈부시게 사랑을 삶으로 살아낸 마르그리트 뒤라스에게 기약없는 작별을 하고 돌아섰다. 그때 석양이, 늦게 떠올라 느리게 느리게 파리의 창공을 가로질러 에펠탑으로 기울어가던 석양빛이 내 등을 벗어나 마르그리트 뒤라스의 묘석 위에 닿아서는 그 시들어빠진 노란 장미를 찬란하게 비추었다. 나는 낮꿈의 환각인가, 두 눈을 부릅뜨고 시든 장미를, 그 위에 내린 빛을 황홀하게 바라보았다. 순간, 시든 노란 장미는 황금빛으로 살아나 세상에서 가장 눈부신 빛을 띠었다.

파리에서 돌아와 가을이 가고 겨울이 깊어지도록 나는 그날 황금 장미의 환영에 이따금 사로잡혔다. 사랑 이야기를, 뒤라스에 질세라, 나만의 독특한 황홀을 불러내고 싶었다. 그 해를 며칠 남기지 않은 어느 어두운 저녁 파리 몽파르나스 공동묘지 마르그리트 뒤라스 무덤 앞에서 처음으로 만났던 두 남녀가 주인공으로 등장하는 소설의 첫 문장을 썼다. 그리고 채 보름이 되지 않아 마지막 문장을 썼다. 보름 간 내 손끝에서 호출된 그녀와 그의 사랑은 현란했고, 공허했다. 소설 중간 중간 실어증과 건망증과 이명증을 거쳤던 그녀의 사랑의 이력이 액자 속에서 튕겨져나오는가 하면, 떠돌이 시간 강사의, 떠도는 사랑밖에 할 줄 모르는 그의 유아적이고 불안정한 열정이 액자 속에 틀어박히기도 했다. 나는 두 남녀의 액자를 소설 속에 달았다 떼었다 하면서 격정적으로 과감해지기도 했고, 배신감에 참담해지기도 했으며, 그러다 결국 열정이 완전히 소모된 뒤끝처럼 담담해졌다. 그래서 나는 방금 빠져나온 사랑의 실체를 불탄 흔적처럼 씁쓸하게 되돌아보며 감히 썼으리라. '사랑은 일시적인 정신 장애이며, 일상적인 사소한 중독일 뿐이다!' 라고.

아, 매번 사랑을 쓰는 일은, 매번 사랑을 하는 일만큼이나 설레고 황홀하고 곤란하고, 그리고 피로한 일이다. 그래서 나는 또 소설 끝에 그녀를 빌어 쓴 것이리라. '사랑한 후엔 긴 비행을 마치고 내려왔을 때처럼, 귀가 먹먹하고 피로가 몰려온다. 그녀는 휴식이 필요하다' 고. 사랑은 우리 몸의 염분, 우리 영혼의 소금과 같다. 내가 아는 한 소설은 인간을 탐구하는 학문, 인간학이다. 사랑은 인간의 영역을 확장시켜주는 몇 가지 감정 중 가장 강력한 것이다. 나는 그동안 사랑을 얼마나 쉬었던가, 그러고 보니 또다시 사랑을 쓸 시간이 된 것 같다. 또 한 송이 황금 장미가 보고 싶다.

제 2 부
은행나무 두 그루

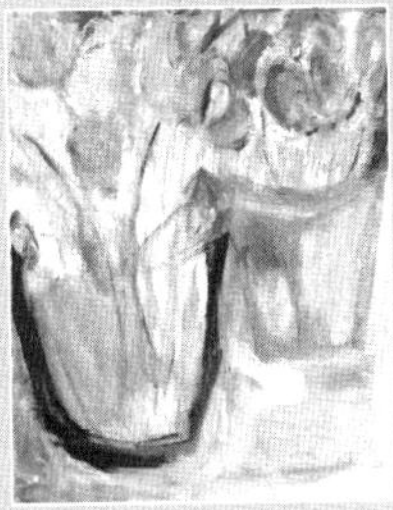

허근욱 _ 영원에의 연가(戀歌) | 나영균 _ 알래스카 순항 | 안명희 _ 사랑과 사랑 | 임인진 _ 경포대 달빛 같은 | 조현례 _ 삼각 사랑 | 강순경 _ 사탕 두 알 | 구자숙 _ 추억 속의 '福' 씨 | 박순자 _ 연애편지 | 홍애자 _ 은행나무 두 그루 | 김예나 _ 잊히지 않는 꿈 둘 | 안혜초 _ 남편과 '오빠' | 김선진 _ 사랑, 그 절절한 이름 앞에 | 김현자 _ 아버지의 사랑법 | 이영강 _ 수레바퀴 사랑 | 이재연 _ 그리움의 꽃 | 김미현 _ 사랑의 이름으로

영원에의 연가(戀歌)

허근욱
| 소설가, 영문학과 46 |

영원에의 연가(戀歌)

타닥 타닥
가슴이 타서
죽을것만 같은
뜨거운 바람에
나를 버립니다.

시간 앞에 변하는
사람과 사람
홀로 가는 길은
쓸쓸해도
그리움이 있습니다.

캄캄한 밤

호롱불 켜들고
그대를
확인해 보며
나를 돌아봅니다.

잿빛 우울한 하늘
그래도
영원이 걸려 있고
꿈결처럼
시간을 걸었습니다.

혼자 있어도
외롭지 않는
나를 방관하는
두뇌의 불꽃이
타오릅니다.

가지면 부서지는
그래서 바라보고
멀리서 보는 그대여
사랑은
신기루입니다.

지성과 이성이 영혼의 차원에서 승화된 정열, 순수하게 정화된 정열 속에 내 자신을 불사르고 싶다. 인간과 인간 관계의 극치는 최고의 가치이다. 사람은 서로의 존재를 유일 무이의 가치로 마음 속에 정립할 때 인간 극치의 비경(秘境)에 도달할 수 있다.

이같은 위대한 가치를 창조하려면 세속을 초월한 존재의 차원에서 사랑할 수 있어야 한다. 바로 이 정신의 화려한 발상은 나의 생명이고 예지의 불꽃이고 영혼의 피리소리이다.

다가서면 스러지는 이슬 같아서 환상 속에 그대를 잡아봅니다. 언제나 늘 행복하며는 심술궂은 운명의 손이 닿는 것 같아서 저는 어떤 일에도 기쁘기 이전에 두려움이 앞서곤 해요. 그래서 슬픔도 기쁨도 가슴 속의 깊고 깊은 곳에 침전시켜 버립니다.

깊은 산골짜기 계곡에 가면 낙엽이 맑은 색채의 무늬를 엮어주고 있습니다. 이것을 돌을 던져 건드리면 온통 낙엽들이 반란을 일으켜 물 위로 떠올라 혼란을 이루게 되지요.

저는 슬픔이 눈앞을 가리어 눈시울이 뜨거워져도, 또 기쁨이 태양처럼 다가와도 얼른 그 슬픔과 기쁨을 멀리멀리 떠나 보냅니다. 가슴이 터질 것 같고 현기증이 나서 심장이 멎을 것만 같아서요. 고요한 시간 속에 생각하고 환상에 젖는 것이 저의 유일한 즐거움입니다.

뭐라고 표현하면 좋을까요.

영혼의 동반자!

현실적인 언어로는 표현하고 싶지 않은 그대입니다. 다만 가슴 속에 깊이 깊이 품어봅니다. 죽기 전에 꼭 마음의 흔적을 남겨야겠다고 생각하면서요.

아무도 없는 곳에서 남모르게 혼자의 상념을 방관하면서, 하늘과 태양과 별과 빛을 쫓으며 호젓한 행복감에 젖어 봅니다. 현실적인 모든 것은 저에겐 해당되지 않는 하나의 과정일 뿐, 저는 영혼의 방랑길에서 저의 시간을 갈 뿐입니다.

아아, 이런 글을 보낼 수 있는 선생님의 존재를 신이 저에게 만나게 해주었음을 감사합니다. 선생님에겐 일반적인 사랑하는 마음, 그런 언어와 어울리지 않는, 뭐라고 할까, 깊고 깊은 산속의 바람, 공기와 같은 애틋한 마음을 보내고 싶어집니다.

이 세상의 미소가 아닌 것 같은 미소를 짓는 그 표정으로 말이에요.

알래스카 순항

나영균
| 번역가, 영문학과 49 |

케치칸!

들어보지도 못한 이런 이름의 알래스카의 조그만 항구에서 우리는 순항을 떠났다. 일행은 동생 내외와 우리 내외. 배 이름은 스피리트 오브 엔데버이다. 웬만한 빌딩만한 보통 순항선에 비해 우리 배는 20분의 1도 안되게 작았고 승객도 모두 합해서 80명이었다.

첫날 저녁 배는 양안에 절벽을 바라보며 좁은 해협을 밤새도록 항해했다. 바다라지만 물은 호수처럼 잔잔하고 가까운 산맥 뒤로 새하얀 눈을 인 신 봉우리들이 숭고한 모습을 보이고 있었다. 여름인데도 누비 잠바를 입어야 견디는 기온의 이 북녘 땅은 인간 세속을 떠난 듯한 분위기가 있었다.

첫 기항지는 아네트 섬이었다. 이곳은 인디안 마을이 있는 곳이라 토템 폴이 눈에 띈다. 토템 폴은 커다란 눈과 가로 째진 두툼한 입술과 가지런한 다리 아래로 보이는 큼직한 네 발가락이 두드러진다. 이런 영상이 때로는 인간이기도 하고 때로는 새 모습이기도 하면서 서너층으로 포개져 있다. 새는 인디언들이 이동할 때 길잡이를 해준 갈가마귀를 본 딴 것이라고 한다. 인디언 마을이라지만 거리는 회색 블록 집만 늘어서 있어 아무런 특색도 없다. 그러고 보니 인디언들에게는 이렇다 할 건축 문화가 없기 때문인 듯하다.

인디언 센터에서 인디언 춤을 구경한다. 등판에 인디언 무늬가 굵게 그려진 커다란 보자기를 목에 매어 어깨 위로 늘어뜨리는 것이 의상이다. 남녀가 북소리에 맞춰 염불 같은 소리를 내며 줄 서서 동그라미를 그려간다. 한국의 농악을 연상시키기도 하는 그 소리는 매우 단조롭다.

둘째 날은 노르웨이 사람들이 정착했다는 피터스버그 마을에 들렀다. 미국 하면 뉴욕 시카고 등의 화려한 거리와 높은 빌딩을 떠올리는데 이런 조그만 마을들이 있다는 것이 신기하다. 피터스버그는 100미터도 안 되는 메인 스트리트가 하나 있고 거기서 가지 쳐 나온 거리가 몇 개 있을 뿐인데 그런 작은 마을에 번듯한 책사와 도서관이 있는 것이 인상적이었다.

노르웨이 인들이 그 옛날 이곳까지 와서 정착하고 노래, 춤, 민족의상, 요리 속에 전통을 유지하며 살아가는 모습이 어찌 보면 장하기도 하고 또 측은하기도 하다.

셋째 날 우리는 트레이시 암이라는 좁은 해협을 깊숙이 들어갔다. 여전히 계속되는 절벽 사이로 구부러져 들어가는 이 해협은 하도 좁아서 큰 배는 들어갈 수가 없다고 한다. 절벽에는 무수한 실 폭포가 레이스처럼 새하얀 물줄기를 쏟아 붓고 있다. 산꼭대기 빙산에서 흘러오는 물이다. 사람의 흔적이 전혀 없는 산천의 모습은 어디까지나 숭엄하다.

목적지 빙하에 가까워질수록 떠내려오는 얼음덩이 수가 많아지고 크기가 커져간다. 빙하가 부서진 조각들이다. 얼음덩이들은 색깔이 각기 다르다. 하얀 것, 투명한 것, 연푸른색을 띤 것, 아주 진한 하늘색을 띤 것들이 있다. 얼음 속에 갇힌 기포가 수만 년의 시간을 거치면서 무게에 눌려 나간 결과 파란 색이 돈다는 설명이다. 해협의 막다른 곳에 소야 빙하가 있었다. 높이도 폭도 수백 미터는 족히 되어 보이는 바위 산 모양의 거대한 얼음 산맥이다. 바다와 마주친 부분은 얼음 절벽인데 양옆 아래 부분은 남색이 돌 만큼 진한 청색을 띠고 있다.

갑판에 몰려나가 보고 있는데 빙벽 정면의 일부가 바다 속으로 소리 없이 무너져 내린다. 빙벽의 드러난 속살이 더욱 파래 보인다. 저렇게 빙하가 자꾸 녹아내리면 어떻게 하나 하는 걱정도 슬그머니 고개를 쳐든다.

트레이시 암으로 통하는 프레데릭 해협에는 곱추고래가 많이 산다. 곱추라지만 등의 혹이 그리 두드러지지는 않고, 다만 몸 크기가 보통 고래보다 작아 보인다. 그들은 쌍쌍이 헤엄치다가 함께 껑충 재주를 넘고 머리부터 물에 들어가는데 물밖에 남아있는 꼬리는 싱크로나이즈드 스위머의 다리를 연상시킨다.

가다가 절벽 사이 양지바른 기슭에는 곰이 어슬렁거리고 수면에는 갖가지 물새들이 날아간다. 그 중에 새하얀 날개를 하늘거리며 날아가는 새가 유난히 아름답다. 동물들이 한가로이 사는 저 하늘과 땅 사이의 세계는 인간이 완전히 배제되었기에 한없이 평화롭고 조용하다.

5일째 되던 날 종일토록 글레이시어 만을 거슬러 올라가니 양 기슭의 바위산 표면 전체에 거대한 갈퀴로 할퀸 듯한 자국이 나있다. 태고 적에 빙하가 긁고 지나간 자리란다. 거인의 세계에서 일어난 장엄한 드라마의 흔적을 보는 듯하다.

어느덧 절벽이 멀어지고 넓은 바다가 펼쳐지더니 저 멀리 섬들이 보이기 시작한다. 지나쳐가는 조그만 바위섬에 바다사자의 무리가 보인다. 좁은 바위섬을 온통 덮어버린다.

조금 높은 곳에 고개를 쳐들고 있는 수놈의 지배를 받고 있는 듯하다. 유난히 덩치가 큰 그 수놈은 고개를 번쩍 쳐들고 납작 엎드린 무리들을 호령하고 있는 것처럼 보인다. 그들은 무슨 까닭인지 수많은 섬 가운데에서 마블 아일랜드라고 불리는 저 섬만을 선호해서 살고 있다고 한다.

틀린기트(Tlingit)라는 이름의 곶(岬)을 지날 무렵 물가 모래사장에 이번에는 갈색 곰 가족이 보인다. 어미와 두 마리의 새끼이다. 모두 코를 땅에 박고 무언가를 찾다가 뒤쪽 숲 속으로 어슬렁 들어가 버린다.

점심때가 조금 지나 배는 마저리 글레이시어에 다가간다. 해협 끝에 거대한 폭포가 장관을 이루고 있다. 쏟아지는 수량이 엄청나다. 겹겹이 쌓인 빙산에서 나오는 물이다. 보통 폭포와는 그 물살의 세력부터가 다르다. 폭포 앞에서 한창 서있던 배는 서서히 머리를 돌려 빙하 앞으로 움직여간다. 먼저 와있던 거대한 배가 빙하 정면에 서 있다가 서서히 비켜나고 우리 배가 그 자리에 가서 선다. 빙하의 높이는 100미터쯤 될까, 폭은 1킬로쯤 돼 보인다. 바다를 면한 면은 칼로 친 듯이 직각인데 윗부분은 무수한 돌기가 울뚝불뚝 각양각색의 모양으로 돋고 있다. 빙하는 옳은 쪽으로 갈수록 까매져 맨 끝은 아예 석탄 빛이다. 세월의 때는 이런 무인지경에서도 앉는가 보다. 안내인은 50년 전만 해도 만의 입구까지 빙하가 꽉 차있었는데 지금은 반나절이나 배를 타고 들어가야 빙하를 만날 수 있다고 설명한다.

배의 승객들은 미국인과 호주인이 대부분이고 동생과 우리 내외가 유일한 한국인이다. 호주인들은 농사꾼이 대부분인데 알래스카의 농업을 구경하러 왔다고 한다. 한 농부는 축산업을 하는 사람이라는데 마누라가 남편의 1배 반이나 되고 외형처럼 모든 일에 우세해 보여서 웃음을 산다.

어떤 할아버지와 할머니는 10여 명 되는 손자 손녀 중 10살이 되는 아이를 하나씩 데리고 여행을 한다고 했다. 이번에도 손녀 하나를 데리고 왔는데 앞으로 하나만 남았단다. 재미있는 발상이라 생각되었다.

메인 주에 산다는 어떤 미국인 부부는 딸이 한국 청년과 사귄 지 3년인데 아직 결혼 말이 안 나와 걱정이라고 했다. 자식을 둔 부모 마음은 서양이나 동양이나 다를 바가 없다고 느껴졌다.

엿새 만에 우리는 스캐그웨이라는 마을에 들렀다. 1890년 초의 골드러쉬 때 몰려든 사람들이 이룬 마을이란다. 그래서 그런지 보석상이 많이 눈에 띈다. 마을을 구경한 뒤 우리는 두 패로 나뉘어 한 패는 버스를 타고 또 한 패는 기차를 타고 산 속에 있는 호수로 갔다. 지금은 호수뿐인 이곳은 옛날에 금을 캐러 온 사람들이 몰려온 곳이라고 한다. 갈 때 버스를 탄 패는 돌아올 때 기차를 타고, 갈 때 기차를 탄 패는 올 때 버스를 타기로 되어 있는데 우리는 돌아올 때 기차를 탔다. 이 기차는 골드 러쉬 시대에 산 중턱에 깐 낡은 철도 위를 1시간 45분이나 걸려 26.6마일 거리를 조심조심 달려갔다. 자칫하면 계곡 밑으로 곤두박질하게 생겼기 때문이다.

계곡 밑바닥을 흐르는 계류와 비취빛이 나는 수많은 호수가 이루는 절경은 아슬아슬함 때문에 한층 더한 느낌이었다. 분주하던 옛날 골드 러쉬 때완 대조적인 고요가 지배하는 이 아름다움은 역사의 무상함을 말해주고 있었다.

알래스카의 수도 쥬노에 도착한 것은 7일째 되던 날이다. 수도라고 하지만 쥬노는 관청 건물도 별로 눈에 안 띄는 조그맣고 아담한 도시였다. 우리는 여기서 배와 작별하고 골드벨트라는 호텔에 짐을 풀었다. 오후에 거리로 나가 케이블카로 산정에 올라가 보니 산들 사이로 파고들어온 파란 바다에 둘러싸인 쥬노는 동화에 나오는 도시처럼 예뻤다. 여기서도 거리에는 보석가게와 모피가게들이 즐비하게 늘어서 있었다. 이 지방에서는 정부가 세금을 면해주어 이 가게들을 돕고 있다고 한다.

다음 날은 지금까지완 달리 비행기로 앵커리지로 갔다. 앵커리지는 넓은 도로가 쭉쭉 뻗은 대도시였다. 지금까지 익숙해진 아담하고 자그마한 마을들과 달리 대도시는 어딘가 썰렁했다. 비행장에서 호텔로 가는 길에 우리는 알래스카 대학에 들렀다. 19세기 러시아에게서 이 방대한 땅을 사들인 후 그것을 유지하기 위해 기울인 정부의 노력을 엿볼 수 있었다.

오후에는 이것도 많은 예산을 들였을 성 싶은 박물관을 관람했다. 여기에는 인디언에 관한 자료가 어디보다도 풍부히 수집되어 있었다. 왕골로 짠 바구니는 우리나라 바구니와 모양도 무늬도 비슷해서 어떤 문화적 연관성의 가능성을 암시하는 듯했다.

열흘째 되는 8월 1일 우리는 기차로 알래스카 산맥을 뚫고 디날리로 향했다. 2층으로 된 이 기차는 천정을 유리로 만든 전망차이다. 기차는 원시림과 산과 강이 끝없이 이어지는 속을 달렸다. 중간에 아래층으로 내려가 식당차에서 점심을 먹었다. 빈 자리가 하나도 없이 꽉 찬 객차의 손님들을 질서정연하게 순서대로 식당으로 안내하는 승무원들의 솜씨는 감탄할 만했고 덕분에 우리는 조금의 불편도 없이 경치를 즐기면서 점심을 먹을 수 있었다.

4시간을 달린 후 우리는 디날리에 도착했다. 디날리 국립공원이 있는 이 곳은 마을 전체가 휴양지다운 분위기를 띄고 있었다. 우리의 숙소는 통나무집들이 막사처럼 늘어서있는 큼직한 단지였다. 건물들은 나무 색이기 때문에 배경인 산들의 일부처럼 어울려 보였다.

다음 날은 4시 반에 일어나야 했다. 5시에 조반을 먹고 6시 30분에 버스를 타고 디날리 국립공원으로 향한다는 것이었다. 7, 8시간이 걸린다는 이 드라이브는 국립공원 안을 달리면서 동물들을 관찰하고 종착점으로 맥킨리 산을 보는 것을 목적으로 하고 있었다. 새벽에 떠나는 것은 동물들이 아침과 저녁나절에만 밖으로 나오기 때문이란다.

디날리 공원은 지금까지 보아온 산천과 별다름 없는 모습이었다. 멀리 산맥과 숲이 있고 앞쪽에 들판이 있는 풍경이 계속되었다. 툰드라인 들판에는 고운 연두색 풀과 야생화들이 자연의 생명력을 상기시켜주고 있었다.

우리는 들판을 배회하는 늑대를 보았고 레슬링하는 새끼 곰도 보았고 뿔이 동그랗게 오그라진 양, 커다란 쟁반 같은 뿔을 이고 다니는 무스도 보았다. 그들은 사람들의 시선을 무시한 채 태연히 자기들 삶을 영위하고 있었다.

4시간의 산길 드라이브 끝에 갑자기 새하얀 모습을 드러낸 것이 맥킨리 령이었다. 남령과 북령의 두 정상을 가진 이 산은 작은 산들을 거느리고 상당히 큰 덩어리를 이루고 있었다. 우리가 서있는 쪽에서는 북령이 보였으나 저 편에 보이는 남령은 보다 높아서인지 봉우리가 구름에 가려져있었다. 사람들은 그 고귀하고 신성한 모습 앞에 말이 없었다.

마지막에 우리가 들른 곳은 패어뱅크스였다. 이곳은 네나나 강과 타나나 강이 도로 역할을 하는 곳이다. 우리는 이 북쪽 끝에서 알래스카 남쪽 끝까지 관통하는 석유 수송 파이프를 구경했다. 직경 1미터의 굵고 두터운 토관이 무려 800마일이나 이어져 내려가고 그 속으로 석유가 연중 끊임없이 흘러가고 있다고 하니 그 수량을 헤아릴 길이 없다. 그러고 보니 알래스카는 불모의 땅이 아니라 자원의 보고이다.

이 북녘 끝에서 우리를 맞이해준 것은 예쁘장한 통나무 캐빈이었다. 직경이 70센티는 돼 보이는 굵직한 통나무로 지은 캐빈들의 내부는 더없이 아늑하고 편안했다.

12일간의 순항의 마지막 밤을 이 멋진 캐빈에서 지내면서 나는 이토록 빈틈없이 모든 것을 기획하고 조직한 크루즈 외스트 회사의 치밀함과 짜임새에 탄복했다. 크루즈 외스트라는 알래스카 순항의 선구자이며 경력 50년이 넘는 회사다운 역량을 보여주었다. 또한 가혹한 환경의 이 땅의 자연을 한편으로 보호하면서 한편으로 사람들이 살 수 있게 만들어놓은 미국 정부의 안목과 노력에 경의를 표했다.

사랑과 사랑

안명희
| 수필가, 약학과 58 |

언어가 아닌 덜덜 떨리는 소리로 절규하고 있었다.

그녀는 빨리 그에게 다가가 그의 머리를 감싸안고 "내가 왔잖아, 내가 왔잖아" 글썽이는 눈빛으로 부드럽게 그를 껴안으면서 그의 흥분이 가라앉기를 바랐다. 그러나 그는 그녀의 팔에서 빠져나와 "아아 아아……" 피를 토하듯 내뱉은 처절한 파열음으로 끝없이 펼쳐진 마이애미 바닷가에 뛰어 넘을 수 없는 한(恨)을 토해내고 있었다.

반신마비인 그에게 흥분은 금물이었다. 심장혈관의 위험성 때문에 그의 부인은 무척이나 고심하는 중이었는데, 그녀를 보자마자 갑자기 닥친 혼돈의 공간은 그만 그의 심장을 폭풍처럼 요동치게 했다.

물이 흐르지 못하면 썩듯이 마음이 흐르지 못하면 한이 되나보다.

녹음이 우거진 길을 달린다.

구름 한 점 없는 하늘에서는 6월의 태양이 맑은 빛을 던져준다.

오늘의 일정은 백남준 아트센터 방문이다. 늘 귀에 익숙한 이름이었지만 그의 예술세계를 접하기는 이번이 처음이다.

까만 대리석의 외관으로 눈길을 끄는 건물은 랜턴을 연상케하는 독일의 키르스텐 셰멜(Kirsten Shemel)의 작품인 백남준 아트센터다. 입구 전면에는 여러개의 TV 화면의 현란한 퍼포먼스가 눈길을 사로잡는다. 그는 자신의 행위 자체를 그만의 정신력과 에너지를 느낄 수 있는 예술행위로 승화 시킨 천재 아티스트다.

동행한 선배 수필가의 배려로 우리 몇 사람은 시간의 강을 뛰어 넘은 '초인'의 작품을 접하게 되었다.

빛을 투사하고 그림자를 쏟아내고 지하에서 갑자기 분출하는 간헐천처럼 상상을 초월한 작품, 작품들.

비일상적이고 불합리한 조합을 통해 독특한 시각적 충동을 유도하여 예술적 영감을 던져주는 그의 탐험세계는 평범한 사고의 영역을 벗어나지 못한 나에게는 도저히 이해하기 어려운 창조물들이었다.

백남준. 그는 1932년 7월 20일 종로구 서린동에서 아버지 백낙승과 어머니 조종희의 삼남이녀 중 막내로 태어났다. 경기 보통중학 재학 중 피아니스트 신재덕과 작곡가 이건우에게 깊은 영향을 받아 쇤베르크의 무조(無調) 음악을 사랑하기 시작했다.

그러나 존 케이지를 마난 후 그의 인생 변수는 시작되었다. "충격과 기대감"이 저변에 흐른다는 '존 케이지에 대한 경의(Hommage a John Cage)' 라는 곡을 발표한 후에 그는 피아노를 괴롭히는 퍼포먼스를 시작했다. 왜 피아노를 부수었냐는 질문에 그게 "다다이즘(Dadaism)이니까" 라고 답했다. 피아노 두 대를 한꺼번에 부수고 바이올린을 부수는 작업에서

그는 "동양에서 온 문화 테러리스트"라는 악명을 날리기까지 했다. 비록 태산(泰山)과 화산(華山)을 쪼개는 거령신(巨靈神)은 못되더라도 예술성의 영재를 꽤뚫은 거인이었다.

이런 악명의 천재 아티스트에게도 봄바람의 훈풍같은 첫사랑이 돌 가운데 벽옥(碧玉)이 숨어 있듯 평생을 그의 안에서 곱게 빛을 내고 있었다.

1984년 세계적 예술가들이 총출연한 우주 오페라 〈굿 모닝 미스터 오웰〉이 인공위성으로 뉴욕, 파리, 베를린, 서울을 연결하는 리얼 타임 퍼

포먼스 생중계를 계기로 34년만에 그는 한국으로 귀환했다.

귀국한 그에게 기자는 물었다.

"무엇을 하고 싶으냐고?" 백남준은 세가지라고 대답했다. 그 중에 하나가 오늘 우리를 안내한 선배를 만나고 싶다는 것이었다. 이 시점을 계기로 그와의 재연(再緣)은 시작되었다.

그는 우리 선배와 창신동 한 동리에서 살았다. 유치원 친구인 그들은 매일 매일 원색의 그림같은 동화의 세계를 만들어갔다. 무남독녀였던 그녀에게는 다만 백남준만이 다정한 친구였다.

어떤 날, 숨바꼭질을 하다가 둘이는 으슥한 곳에 숨었다. 늘 함께 놀던 장소였으나 그날만은 특별했다. 곁에 있는 그녀에게서 춘(春)을 느낀것이다. 너무도 일찍이 눈을 뜬 이성의 풋풋함, 그저 좋기만 한 감정에 달콤한 분홍색 환희가 밀려온 것이다.

막내인 어리광쟁이는 떼를 쓰고 울때도

"너 울면 ○○한테 장가 못간다." 놀림조의 한마디에도 울음을 뚝 끄칠 정도로 그녀를 좋아했던 그다. 초등학교가 각각 달라진 그들에게는 짝궁의 시대는 아쉽게도 가버렸다.

잔잔한 음성으로 돌아오는 길을 울먹이게 한 선배의 이야기에 나의 어린 시절을 생각했다.

가회동 길에 남긴 나의 첫사랑의 흔적이 과연 사랑이었을까라고. 열 살 안팍의 어린시절에 무슨 사랑이냐고 늘 부정해 왔다. 그저 잘생기고 공부 잘하는 남자애가 좋았던거라고. 그러나 오늘 백남준의 일곱살의 연정은 나의 추억에 사랑이라는 새로운 빛깔을 덧칠해 주었다.

가끔 미국에서 울려오는 그의 목소리, 아무런 퍼포먼스도 기대할 수 없는 소리지만 하루를 설레게 한다.

미술관 참관은 세 시간으로는 부족했다. 노숙한 문인들의 발걸음에 무게가 실려갈 즈음 현란한 동작 사이에서 시를 발견했다. 백남준의 사랑의 시였다.

頌李箱 ○○○氏에게

사랑아 사랑 사랑/ 사랑아 살랑 살랑/ 사랑아 달랑 달랑/……사랑아 담방 담방/ 사랑아 빠각 빠각/……사랑아 바락 바락/ 사랑아 상냥 상냥.

시는 사랑으로 일관한 살아 움직이는 현실적 동작만을 표현했다. 심연에 가라 앉은 감정이 아니라 그의 마음 위에서 소리로 되살난 시어 뿐이었다.

얼마나 사랑했기에 스물세번의 사랑이 시 안에서 춤을 추고 있을까…… 눈시울이 젖어 왔다. 금방 터질 것같은 울렁임은 며칠을 계속했다.

사막화 되어버린 가슴에 사랑이라는 단어가 잃어버린 반쪽의 추억과도 어울려 나를 울렸다.

온 세계인의 가슴에 예술성의 감동을 안겨준 백남준, 그는 진정한 예술가였을 뿐 아니라, 진정한 사랑을 수용했던 천재적 감각의 소유자였다고.

마이애미의 넓은 하늘에는 구름이 가득했다. 재회가 없는 이별, 아득히 사라지는 휠체어의 실루엣을 포옹한 음조없는 파도 소리만이 울음 울 듯 그녀의 가슴을 격렬하게 진동시켰다.

그녀는 구름낀 하늘을 인 바다도 찍고 부인 시게코와 간병인이 밀고 가는 휠체어의 늦서리 내린 백남준의 뒷모습도 몇장이고 몇장이고 화면에 남겼다. 붉다 못해 푸른빛으로 멍든 설음도 그 속에 가득 담으면서…… 눈길은 퇴색한 암벽화의 점처럼 희미해질 때까지 그에게서 오래도록 머물러 있었다.

1996년에는 독일 〈캐피탈〉지 선정 백대 작가 중 8위를 차지했고 〈아트뉴스〉지 선정 20세기에 가장 영향있는 작가 25인에 선정된 세계적 예술인 백남준은 74세를 일기로 극적인 삶과 정인(情人)들을 조용히 떠났다.

인생에서 가장 배워야할 위대한 일은 사랑하는 것과 사랑받는 것이라 했다.

'사랑, 사랑, 사랑' 아트센터를 나오는 귓전에는 내 마음에서 메아리가 된 소리가 바람결에 꽃향기 되어 하늘을 선회하고 있었다.

경포대 달빛 같은
— 홍장(紅粧)과 청심(淸心)의 사랑

임인진
| 아동문학, 국문학과 58 |

(1) 홍장고사(紅粧古事)

강릉 경포대에서 정월 대보름 달구경을 제대로 하려면 다섯 개의 달을 모두 봐야 한다는 말이 있다. 달 밝은 밤에 경포대에 올라 술잔을 기울이던 풍류객들의 호언방담(豪言放談)에서 비롯된 이야기일 것이다.

하늘의 달, 호수와 바다와 술잔의 비춰진 달, 임의 눈동자에 어린 달까지 모두 다섯이란다. 하지만, 누구든지 하늘과 호수와 바다가 달빛에 잠긴 꿈속처럼 아련한 비경을 바라보노라면 그 마음속에 달 하나를 더 품을 수도 있었으리라. 달 하나씩을 더 보태느라 연인들은 달이 기우는 줄도 모르고 이야기꽃을 피운다.

송강 정철의 「관동별곡」중에서 경포대와 홍장고사를 읊은 대목을 옮겨본다.

고쥬해람(孤舟解纜)하야 뎡자(亭子)우희올라가니
강문교(江門橋) 너믄 겨틔 대양(大洋)이 거긔로다.
종용(從容)한댜 이 긔상, 활원(闊遠)한댜 뎌 경계

이 도곤 가잔데 또 어듸 잇단말고
홍장고사(紅粧古事)를 헌사타 하리로다.
강릉대도호(江陵大都護) 풍속이 됴흘시고

홍장은 고려말엽 시문과 기예가 뛰어나고 자태가 아름답기로 널리 알려진 강릉 명기였다. 강원도 안찰사(按察使)로 강릉에 머물던 박신(朴信)과 경포호반에서 시문을 겨루던 홍장은 서로 사모하는 사이가 되었다. 그때 박신이 다른 지역을 돌아봐야할 일로 헤어지게 되었다. 두 연인이 애타게 그리움을 달랠 무렵, 박신이 내직의 명을 받아 개경으로 가게 되었다. 홍장과 석별의 정을 나누기 위해 박신이 다시 강릉에 당도한 날이었다.

박신과 동문수학한 막역한 친구인 강릉부사 조운흘이 박신을 놀려주려고 「홍장이 그대를 애타게 그리다가 스스로 목을 매어 죽었노라」고 거짓말을 했다. 어이없는 소식에 충격을 받은 박신이 그만 앓아눕게 되자, 조운흘이 이번에는 두 사람의 멋진 재회를 위해 기상천외의 일을 꾸몄다.

경포호반에 잔칫상을 차려놓고 박신을 불러 앉혔다. 달이 떠오르자 몰래 마련한 화선(花船)에 홍장을 태우고 늙은 사공을 신선처럼 꾸며 멀리서 노 저어오게 하였다. 그리고는 얼빠진 사람처럼 앉아 있는 박신에게 말했다.

「예로부터 경포호수에는 하늘에서 신선이 내려온다는 말이 있는데, 지성이면 감천이라고, 오늘밤, 그대가 꿈에도 못 잊는 이를 만나게 될지 누가 아느냐?」며 멀리서 다가오는 배를 가리켰다.

박신이 눈을 닦고 바라보다가 벌떡 일어나 비호같이 달려가자 잔칫상에 모인 사람들이 한꺼번에 일어서 박수갈채로 환호했다. 달빛 교교한 경포 호숫가에 펼쳐진 신선놀음이었다. 극적인 만남 뒤의 얘기는 전해지지 않아 모르지만, 당시 내직의 높은 벼슬자리에 오른 박신이 기생 작첩하여 귀경할 수 없었을 터이니 그들의 이별은 필연이었음을 짐작할 수 있다.

한송정(寒松亭) 차은 밤에 경포대 물결 잔 제
유신(有信)한 백구는 오락가락 하건마는
엇더타 우리 왕손은 가고 아니 오는고.

조선조 영조 39년 김수장이 편찬한 「해동가요」에 실린 홍장의 시조다. 그리움과 원망의 대상을 시대적 배경인 왕손으로 표기하여 그 익명성(匿名性)을 짙게 드러냈다.

성종 5년 서거정(1420~1488)이 펴낸 「동인시화(東人詩話)」에 실린 박신의 시에서 보면 그들의 헤어짐이 더욱 확연하게 드러난다.

少年持節按關東(젊은 기개 지니고 관동을 돌아볼 때)
鏡浦淸遊入夢中(경포에서 노닐던 일 꿈속에 완연한데)
臺下蘭舟思又泛(누대아래 고운 배 다시 띄우고 싶지만)
却嫌紅粉笑衰翁(망령든 늙은이라 젊은 홍장이 싫어하겠네)

(2) 청심대(淸心臺) 비화

평창군 오대산 우통수(于筒水)에서 발원한 물이 월정사 앞을 지나고 진부벌을 지나 정선군 나전까지의 100여리 물길을 오대천이라 부른다. 오대천이 나전에 이르러 조양강과 만나 남한강의 근원을 이룬다.

주변에 둘러선 명산(박지산, 백적산, 가리왕산)골짜기에서 흘러드는 차고 맑은 물에 버들치, 열목어 등 담수어의 유영(遊泳)이 환히 보일 정도로 깨끗한 오대천이 요즘은 젊은이들의 래프팅 장소로 더 널리 알려졌다.

오대천이 마평리(馬坪里, 마뜨루)에 이르면 서북쪽에서 흘러드는 큰 물줄기와 합쳐지면서 수심과 강폭이 더욱 깊고 넓어진다. 이 곳에 오랜 풍상을 겪은 노송 몇 그루가 아찔하도록 높이 솟은 바위절벽 위에 있고 그 곁에 청심대란 현판이 걸린 정자가 있다.

그 옛날, 강릉에서 새벽길을 떠나 한양으로 가던 사람들이 이 곳 마뜨루에 이르면 해가 꼴깍 넘어 간다는 곳, 관원들과 선비들이 이곳에 말을 맡겨두고 인락원(仁樂院) 주막에서 하룻밤 묵어가던 곳이다.

조선조 태종 때에 강릉도호부 양(梁)모 부사가 내직으로 발탁되어 한양으로 가던 행차가 이곳에서 묵게 되었다. 그 또한 경포대 달빛 때문이었던가. 송죽 같은 절개로 이름난 강릉 명기 청심(淸心)과의 꿈같은 나날을 마감하자니 부여잡은 옷소매를 차마 뿌리칠 수 없어 가마에 태워 이곳까지 배웅하게 하였다.

그날 밤, 두 사람은 절벽위에 올라 무심히 흐르는 오대천을 바라보고 있었다. 청심이 「저 물이 흐르고 흘러 마지막 닿는 곳이 한양이라면 여기서 뛰어내려 죽은 혼이라도 그대 곁으로 가겠다.」고 말하자, 양부사가 질겁하여 울면서 몇 번이고 훗날의 기약을 다짐했단다.

뼈아픈 이별의 충격으로 침식을 잊은 청심은 실신한 사람처럼 날마다 절벽위에 올라 유유히 흐르는 물만 바라보다가 어느 날 홀연히 사라졌단다.

사람들은 그가 붉은 치맛자락 둘러쓰고 벼랑 아래로 몸을 날려 꽃잎처럼 가벼이 흘러갔을 것이라고, 그리고 조양강을 지나고 굽이굽이 남한강을 지나서 님 계신 한양을 바라보고 있을 것이라고 생각했다.

그 후로 얼마가 지난 뒤, 그 소문이 널리 퍼지게 되자 인근 각지의 뜻있는 인사들이 모여 절벽 위 소나무 곁에 청심의 이름을 딴 정자를 세웠다. 그리고 그 아랫녘에 그를 추모하는 사당을 짓고 추모비를 세웠다. 해마다 단풍이 사그라지고 추수가 끝나가는 늦가을이면 음식을 차려놓고 철천지한(徹天之恨)을 품고 간 청심의 원혼을 달래는 굿을 하며 제사를 지내왔다.

사당 안쪽 벽에 노랑저고리에 다홍치마 받쳐 입고 새침한 표정으로 서 있는 청심, 수레바퀴 굴리듯 세월을 흘려보내고도 앳되고 새파란 모습의 영정으로 걸려 있다.

길 가던 사람들이 차를 멈추고 정자에 올랐다가 다시 내려와 사당 안을 기웃거리며 '사랑이 뭐길래 목숨까지 바쳤느냐?' 고 묻고 있었다.

삼각 사랑

조현례
| 아동문학가, 영문학과 58 |

우리 딸 또래의 젊은 새댁들 서넛이 재미 있는 이야기를 하고 있는 틈에 잠시 끼어들 기회가 있었다.

"무슨 얘기가 그렇게 재미 있었지?"

나때문에 방해가 되었나싶어 미안한듯 그냥 화제를 계속하라는듯 물었더니 잠시 머뭇거리다가 한 애기 엄마가 말했다.

"어머니는 재미 없으실거에요. 요즘 인기 있는 드라마 얘기예요." 하는 거였다.

"어떤 스토리인데……."

나는 조금은 호기심이 일었다.

"요즘 젊은 애들 연애하는 얘기예요." 하며 아무렇지도 않은듯 한마디 덧붙이는거였다.

그 순간 나는 말문이 막혔다. 이 생각 없이 툭 내뱉은 젊은 새댁의 한마디에 나는 뒤통수를 맞은 기분이어서였다. 이 한마디가 얼마큼 엄청난 실언이 라는걸 물론 그 여인은 상상도 못했겠지만. 나는 어처구니가 없었지만 자연스럽게 농담조로 "늙으면 연애 감정도 없는 줄 아나부지." 하고 말꼬리를 조금 올리며 '유명한 세계문학 소설 한권도 읽어보지 못한 게

로군' 하고 말해 주고 싶은 걸 꿀꺽 삼켰다.

하긴 나도 처녀때 지금의 내 나이쯤 된 우리 할머니가 15살때 시집 오셨는데 하루는 뒤곁에서 일하는 할머니가 너무 예뻐서 할아버지가 몰래 할머니를 번쩍 안고 방으로 들어가셨다고 옛날을 회상하시며 말씀 하시는데 나는 뜬금 없이 "할머니는 그렇게 오래전 일이 아직도 그토록 생생하게 생각 나세요?" 했었다. 참으로 형편 없고 철딱서니 없는 같은 맥락의 비유라 아니 할 수 없다.

우리는 50년대 후반에 대학을 다녔으니까 우리 조상들이 얼굴도 보지 못하고 사주함단지가 오고 가며 혼인하는 날 서로의 얼굴을 비로소 확인할 수 있었던 시대에 태어나지도 않았지만, 그렇다고 요즘 어느 드라마에 나오는 젊은 애들처럼 사귀자 하고 맘이 맞으면 그날부터 동거 생활을 하다가 싫어지면 헤어지는 그런 세상에서 남녀 교제를 한 것도 물론 아니었다.

그때 우리는 영문과란 과 뱃지를 가슴에 달고 다녔으므로 자타가 공인하는 자유분방한, 소위 서양 물이 든 대학생들이었지만 연애를 하더라도 남자와 함께 잠자리를 한다는 것은 타부(금기)시 했다고 생각한다. 육체적인 선을 넘는다는 것은 오히려 사랑하지 않아서라고 생각했다면 지나치게 빛 바랜 이야기일런지. 그리고 요즘 아이들이 들으면 그건 절대 사랑이 아니라고 웃어 넘기겠지. 아무튼 그 당시 우리는 남자가 여자를 아끼고 사랑한다면 감히 상대방의 처녀성을 지켜주는 기사도적인 사랑이 더 진정한 사랑이라고 생각했었다.

물론 이효석의 소설의 주인공처럼 인간의 본능적이며 관능적인 면을 아름다운 사랑으로 미화시킬 수 있다는 것을 모르는바 아니였지만 현실에서 우리는 그보다는 훨씬 플라토닉하고 지성적이며 인격적인 사랑을 지향했던 것 같다.

우리가 대학생이었을 때엔 젊음 그 자체가 나의 프라이드요 나의 전부였었다. 결혼 조건으로 볼때에도 '이화여대 영문과' 하면 과히 손색이 없었는지 꽤 인기가 있었던 것 같았다. 자화자찬인지는 모르지만. 가까운 친구에게 결혼 상대가 생기면 자연히 그 남자의 친한 친구들이 줄줄이 소개되곤 했다. 그렇지만 그중에서 눈에 콩깍지가 씌이는 예는 그리 많지 않았다. 왜냐하면 인연이란 억지로 얽어 매어서 맺어지는 게 아니기 때문이다.

나는 공교롭게도 아니 다행스럽게도 친한 친구 S와 둘이서 K라는 한 남자와 삼각 관계로 지낸적이 있었다. S는 올곧은 목사님 딸이었고 나는 법을 전공했으나 기회를 못 만난 몰락해가던 강원도 지주의 딸이었다.

겉보기에 S와 나는 대조적인 생김새를 지니고 있었다. S는 호리호리 가늘고 오목조목 귀엽고, 둘이 다 잘 먹고 잘 웃고 잘 떠드는 것은 똑같았다. 무엇보다 꾸밈 없이 허심탄회하게 토론하는게 특징이어서 K에게도 자연스럽게 서로서로의 감정이나 이성적인 면이 전달 되었던 것 같다. 어디까지나 우리 셋은 친구처럼 거리감이 좁혀졌다.

그러나 K는 처음부터 남자였다. 주사위를 자기가 쥐고 있다고 생각했던 것 같다. 결코 바람끼가 있어서는 아니라고 할 수 있지만 처음부터 양손에 떡을 쥐고 있었다. S와 나 사이에서 저울질을 길게 했다고 해야 옳을지, 아무튼 둘 사이에서 방황한 것만은 사실이었다. K는 낮에 S와 단둘이 차를 마시고 저녁엔 나와 단 둘이 차를 마시곤 했다. 물론 그때의 환경이 그럴 수 밖에 없었지만. 그 당시 우리가 졸업반이었을 때 S와 나는 어느 자그마한 영어 학원에서 오전 오후로 나누어 리셉션이스트로 알바이트를 하고 있었기 때문이있다. K는 우리 보다 3년 선배로 그곳에서 강사로 있었다. 물론 S와 나도 처음부터 K에게 호감을 가지고 있었다. 그러나 우리는 친한 사이였으므로 서로를 털어 놓았고 이성을 잃고 위험 수위까지 올라간 처지는 아니었다.

그런데 우리의 애매모호한 삼각 관계를 못마땅하게 생각한 우리들의 친구 J는 자기 남자 친구의 친구를 소개했다. 지금에 와서 추억해도 참으로 이상한 것은 S에게 어떤 사람을 소개하면 그는 나를 좋다고 하고(나중에 내가 알게 된 일이지만) 또 나를 소개했던 사람은 S를 더 좋다고 했댄다. 우리는 이래저래 모두 훌륭한 학벌을 가진 선남 선녀들이었으나 짝을 이루지는 못했다.

이런 눈치를 챈 K는 우리가 졸업할 무렵 S와 나 사이에 하나라도 붙들려고 성급함을 보이며 새로운 공세를 취했으나 그 어느 누구도 인연의 고리를 잇지는 못했다. 왜냐하면 S와 나는 어느 누구도 이 위험한 사랑의 깊은 수렁으로 빠져 헤매이게 되기 전에 K와의 교제를 끊기로 결탁을 했었기 때문이었다.

S는 졸업 후 언니가 있는 미국으로 갔으며 나는 졸업 후 취직해서 매스콤에서 일하는 꽤 괜찮은 남자를 만나 아들 딸 낳고 살다가 뒤늦게 언론탄압으로 70년대에 이민 와서 지금까지 해로하고 있다. S도 딸 3명(의사들과 법조인 하나)을 훌륭하게 키우고 자신도 늙어가면서 젊어서 하고 싶었던 취미 생활(음악과 미술)하면서 행복하게 살고 있다.

졸업한지 40여 년이나 되도록 살아보니까 추억은 아름답기만 한 것 같다. 우리들의 삼각 사랑도 한폭의 그림처럼 감상하고 싶어지고 나 자신도 미처 몰랐던 잠재 의식 속에 자리 잡고 있던 감상적인 일면인 것 같아 귀중하게만 느껴짐은 웬 까닭일까.

사탕 두 알

강순경
| 수필가, 영문학과 60 |

어렵소, 이 버스가 어디로 가나?

버스는 노선을 벗어나 갑자기 우회전을 하고 있었다.

"아저씨 이 버스 한양 E동으로 안가요?"

나는 소리쳐서 버스 기사에게 물었다.

"사거리에서 차가 밀려서 지름길로 가는 거예요"

너무나 태연한 기사의 대답이었다. 버스는 우회전하여 한 골목을 더 가더니 정거장이 아닌 곳에 섰다. 이 근방에 사는 듯한 회원 몇 명이 이런 일에 익숙한 듯 말없이 하차한다.

"그럼 한양 E동은 안가요?"

볼멘소리로 물으니 기사는 그렇다고 한다.

"그럼 여기서 내려야겠네요."

하면서 나는 하차하였다. 여기서 집까지 가는데 좀 걸어야 한다. 이렇게 걸으려면 버스는 타나마나이다. 때는 겨울 토요일 오후 6시경이었고 쌀쌀한 저녁 공기가 감기로 아직도 쿨럭거리는 내 목덜미를 움츠러들게 했다.

감기로 며칠 고생을 하다가 오랜만에 헬스클럽에서 간단한 운동을 하고 집으로 오는 길이었다. 헬스클럽에서 집까지 걸어오면 한 20분 걸리는데 겨울 저녁에는 아무리 조심을 해도 곧장 감기에 걸리기 일쑤였다. 겨우 회복기에 들어선 감기가 악화되지 않기 위해서 오늘만은 꼭 헬스클럽 순환버스를 타기로 마음먹고 처음으로 탄 버스였다.

나는 순환버스의 노선과 정거장의 이름을 헬스클럽 카운터 게시판에서 확인하였고 내가 내릴 예정인 한양 E동의 이름도 버스가 서는 정거장 이름에서 확인하였다. 또 평소에 이 버스를 애용하는 다른 회원에게서도 버스가 E동 앞에서 선다는 얘기도 들었었다. 이렇게 확인까지 한 정거장에 왜 버스는 노선대로 운행하지 않고 갑자기 지름길로 가는가? 교통이 혼잡하여 지름길로 가야 한다면 미리 승객에게 양해를 구하고 해야 하지 않는가. 나는 기사에게 따지고 싶었으나 내리는 사람들로 복잡하고 또 버스 안에는 다른 회원들도 있고 시간을 지연시킬 수 없어서 그냥 내리는 수밖에 없었다.

집으로 걸어오는 길은 길고 힘들었다. 날씨가 화사한 봄이나 가을 같으면 저녁에 좋은 산보 길이 될 수 있으련만 감기에 걸린 나는 버스 기사의 멋대로의 행동에 마음 상해하면서 느리고 힘들게 걸어왔다. 그렇지 않아도 같은 아파트에 사는 한 부부가 자기네 차를 같이 타고 가자고 한 제의에 사양한 것이 후회되었다. 돌다리도 두들겨 보고 가는 식의 용의주도한 내가 버스가 떠나기 직전에 한 번 더 기사에게 확인하는 건데, 그렇게 안 한 것이 실수라면 실수였다. 버스는 저녁 6시 15분에 출발하는데 나는 그보다 10분 전에 버스에 올라탔었다. 기사에게 한 번 더 확인하려고 해도 버스 안에는 기사가 없었고 출발 직전에야 기사가 운전석에 올라타고는 말을 건넬 틈도 주지 않고 곧장 출발하였던 것이다.

이튿날 나는 다른 회원들에게 버스가 마음대로 노선을 변경하느냐고 물었다. 저녁 6시 마지막 버스는 기사 마음대로 으레 지름길로 가기 때문에 버스가 떠나기 전에 미리 한양으로 간다고 말해야 한다는 대답이었다. 그렇다면 막차는 노선대로 가지 않으니 미리 내릴 곳을 기사에게 말하라고 왜 써 붙이지 않는가? 길이 붐빈다고 버스 기사 마음대로 노선을 변경한다면 노선은 왜 정해져 있으며 왜 정류장 이름들이 공고되어 있는가? 그런 사실도 모르는 회원들은 목적지에 가지 못하여 불편을 겪을 것이다. 헬스클럽에서는 이런 사실을 알고나 있는지? 만약 모르고 있다면 누군가가 알려야 하는 것이 당연하다. 귀찮다고 묵인하다보면 나중에는 기사 마음대로 시간까지 바꿀 것이 아닌가. 그렇지 않아도 언젠가 회원 한분이 버스기사가 불친절하다고 불평하는 것을 귓가로 들은 것이 생각났다. 어떤 회원이 버스에 올라타면서 어느 코스로 가는 버스냐고 기사에게 물었더니 버스 앞에 써 붙여져 있는 것을 보면 알건데 뭘 묻느냐고 퉁명스럽게 쏘아붙였다고 한다.

이 사실을 클럽에 알리는 것도 결국 내 몫이 되겠구나 짜증 비슷한 생각이 들었으나 겨울 내내 버스를 이용할 것이기 때문에 당장 시정을 하지 않으면 안 될 일이었다. 결국 나는 이 사실을 클럽에 알렸고 건의를 받은 본부장은 당장 아래층으로 내려가서 버스 기사에게 사실을 확인한 것 같았다. 그러나 버스 기사는 절대로 자기 마음대로 노선을 변경한 것이 아니고 회원들과 합의하에 변경한 것이라고 주장하였다고 한다. 본부장은 양측의 엇갈린 주장에 대해서 이러지도 저러지도 못하는 것처럼 보였는데, 성실한 회원의 말을 믿지 못하는 것 같아서 불쾌하기조차 했다. 뻔한 거짓말을 하는 기사가 괘씸하였다.

"뻔한 거짓말을 하다니 참 질이 나쁜 사람이군요. 그렇다면 삼자대면을 합시다."

나는 분통이 터져서 말했다.

"그 자리에는 삼부아파트에 사는 할아버지도 있었구요. 또 머리가 허연 여자 회원도 마음대로 노선 바꾸는 것을 알고 있어오."

삼자대면이나 증인만 불러와도 대번에 판가름이 날 일인데 시간만 낭비하다니.

그러자 본부장은 "제가 기사에게 주의를 시키겠습니다."라고만 말했다. 명쾌한 결론을 내려주지 않는 본부장이 우유부단한 사람 같아서 답답했다. 버스 기사와의 계약 기간은 언제까지냐고 물었더니 아직도 일년은 더 있어야 한다고 했다.

"계약서에는 회원에게 친절히 하겠다는 조항은 없었나요?"라는 질문에 그는 있다고 대답했다.

"그렇다면 기사가 마음대로 정거장을 변경했으니까 시말서를 받으셔야 겠네요."라고 나는 주장했다. 그리고 이왕 내친김에 "본부장님은 왜 사람을 시켜서 기사가 사무실로 올라오게 하지 직접 내려가서 기사에게 물으십니까? 나이도 젊으시고 친절하시니까 우습게보고 기사가 거짓말하는 거에요."

나는 마치 아들에게 하듯 19세기식 훈수까지 해버렸다.

이런 일이 있은 지 며칠 후 클럽의 카운터에는 '앞으로 순회 버스를 더 친절히 모시겠다'는 공고가 붙어 있었다. 명쾌한 결론으로 기사를 단단히 혼내주지 못한 클럽측이 무슨 개선의 여지가 있겠는가, 나는 불만의 눈길을 보냈다. 어디 두고 봐라, 이런 식으로 자꾸 거짓말을 하면 언젠가 다른 회원하고도 문제가 생기겠지 하고 벼르는 마음이었다.

겨울은 길고 또 몹시 추워서 나는 계속 그 버스를 타는 일이 많아졌다. 마음 같아서는 문제의 기사가 운전하는 버스를 타고 싶지 않았으나 만약 내가 타지 않으면 겁이 나서 피하는 꼴이 되겠기에 애써서 타기로 했다. 고개를 꼿꼿이 하고 버스에 오르면서 "한양 E동에서 내려요." 하고 큰소리로 외쳤다. 어떤 때는 버스의 승객이 나 혼자일 때가 있었다. 다른 회원들은 감기에 걸릴 염려도 없나 이렇게 타는 사람이 없다니 궁금하기도 했다. 내가 내리면서 "수고하셨어요." 할때도 기사는 쿵하고 문만 닫는 것 같았다. 어디 두고 봐라. 나는 속으로 별렀다. 나도 인사 없이 버스에서 하차하기 일쑤였다.

이렇게 '적과의 동승'이 한동안 계속되었다. 항상 버스에는 내가 제일 먼저 타는 쪽이었는데 어느 날인가 버스를 타려고 하는데 버스 문이 열리지 않았다. 아무리 찾아도 근처에 기사는 없었다. "옳구나, 이제는 아예 내가 버스를 못 타도록 버스 문까지 잠궈 놓고 숨었구나." 나는 계속 버스 문을 흔들어 대고 있었다. 언제 나타났는지 기사가 와서 문을 열어 주었다.

"아니 이제는 버스를 못 타게 아예 문을 잠궈 놓는 거예요?"

대뜸 따지듯 나는 말했다.

"잠그고 다니다니요? 무슨 말씀을 그렇게 하세요? 자, 이렇게 밀면 열리지 않아요?" 하고 그가 말하면서 문을 열었다.

"어머, 그런데 아무리 밀어도 왜 안 열렸지요?"라고 하자

"이렇게 세게 밀어야지요. 잠그기는 누가 잠궜어요?"라고 그는 퉁명스럽게 대꾸하였으나 예의에 어긋난 말투는 아니었다.

그의 말대로 밀어 보니까 정말 문이 열렸다. 아차, 이건 나의 실수였다. 평소에 그를 나쁘게 생각했기 때문에 선의로 해석할 것도 무조건 악의로 해석하게 된 것이다. 일순 미안한 마음이 들었으나 무시하고 큰 소리로 나는 말했다.

"앞으로는 문을 세게 여는 연습을 하고 타야겠네요."

빈정거리듯 나는 말했다.

순회버스의 '어색한 동승'은 계속 되었는데 시간이 흐름에 따라서 조금씩 마음은 누그러지는 것 같았다. 어느 날인가 그날도 버스의 승객은 나 혼자 뿐이었다. 그와 나는 눈이 마주치자 보통대로 인사를 나누었다. 나는 기다리는 시간이 무료하여서 백 속에서 사탕을 하나 꺼내서 입에 넣었다. 순간 기사 아저씨에게도 사탕을 주면 어떨까 하는 생각이 들었다. 그 이전에도 가끔 혼자 사탕을 먹으면서 기사에게 주고 싶은 생각이 났으나 어쩐지 선뜻 주기가 어색했다. 그러나 그날은 인사도 서로 어색하지 않게 나누었던 터라 사탕 두 알(죽염 사탕과 호박 엿 사탕)을 기사에게 주었다.

"아저씨, 심심한데 이 사탕 잡숴보세요." 하자 그는 고맙다고 반색하면서 받았다. 잠시 후 그가 입안에서 사탕을 맛있게 굴리는 소리가 들렸는데 그 소리를 듣는 나도 기분이 좋았다. 한양 D동 앞에서 내리면서 "수고하셨어요" 하는 내 말에 "네, 안녕히 가세요."라고 이례적으로 그도 큰 소리로 대답했다. 내 인사에 기사의 대답을 듣기도 아마 처음인 것 같았다.

그런 일이 있은 지 며칠 후, 헬스클럽 입구에서 기사와 내가 우연찮게 마주치게 되었다. 누가 먼저라 할 수 없게 웃으면서 인사를 나누었는데 서먹했던 사이가 언제부터 이렇게 발전하게 되었나 생각이 들었다. 설마 회사에서 고객에게 친절히 대하라는 훈시의 효과도 아닐 터이고 불친절하면 짤릴지도 모른다는 두려움 때문은 더더구나 아닌 것 같았다. 전날 기사에게 건넨 사탕 두 알의 사탕의 효과가 아닐까? 꽁꽁 얼어붙은 사람의 마음을 녹이는 것은 금은보화나 돈도 아니고 단지 사랑의 마음이 담긴 사탕 두 알이면 된다는 것을 나는 알게 되었다.

추억 속의 '福' 씨

구자숙
| 수필가, 국문학과 60 |

1951년, 그때는 6 · 25전쟁 중이었다. 맏딸인 나는 아버지와 함께 부산으로 먼저 피난을 가서 살고 있었다. 나라가 치열한 전쟁 중이었는데도 서울에 있던 학교들은 서둘러 부산으로 내려와서 학교 문을 열었다. 그래서 나는 부산 영도 섬, 영선동에 있는 도자기 공장 빈 터에 군용천막으로 세운 경기여자 중학교에 계속 다닐 수가 있었다. 비록 어른들은 죽기 살기로 싸울지라도 자라나는 아이들은 계속 배움이 이어져야 한다는 교육방침은 그 암담하던 시절에 얼마나 다행한 일이었던지.

나는 그저 서울에서 다니던 학교를 피난 와서도 계속 가게 되는 것이 힘이 되고 하루아침에 변해버린 불안한 환경에서 그나마 위안이 되곤 했다.

그 당시 야외 수업을 많이 하던 미술 선생님 덕분에 나는 바다로 나갈 기회가 자주 있었다. 시원한 바다, 멀리 보이는 오륙도, 잠수하는 해녀, 영도다리가 들어 올라가면, 그 사이로 빌딩만한 배들이 오고 가는 신기한 것을 보면서, 감히 그림을 그릴 생각은 못하고 서울에 남기고 온 동생들 생각으로 멍하니 앉아 있곤 하였다.

그 후, 바다를 보면 마음이 시원해지는 매력 때문에 부산에 함께 오지 못한 가족이 보고 싶을 때면 숙제를 한다는 핑계로 친구들과, 아니면 혼자서 바다로 나갔다. 그러다가 바다를 항상 볼 수 있는 영도로 이사까지 가게 되니, 꿈만 같았다. 하룻밤에 뚝딱뚝딱 지었다는 판잣집, 흰색과 연한 하늘색 페인트로 아버지께서 손수 칠까지 해서 지은 집이었다. 지붕이 뾰죽해서 마치 만화에 나오는 알프스 지방의 오두막 산장을 연상하게 했다. 또한 군 장성급들이 산다는 저택 축대 아래에 위치해 있어서 고급 경비실같이 보이기도 했다.

어쨌거나 아버지는 마술쟁이 같았고, 딸과 19살 차이인 아버지께서 너무 젊어서 챙피하기만 했다. 친구들은 판잣집을 어쩌면 저렇게 비둘기 집처럼 예쁘게 지었느냐며, 바닷가를 오가는 길에 자주 들렀다. 헤어졌던 현회 고모를 찾게 되어 기쁨이 컸고, 복학을 하여 함께 예쁜 비둘기 집에서 학교에 다니며 오순도순 자취를 하던 일이 잊혀지지 않는다.

그해, 겨울 어느 날이었다. 바닷가에서 찬 손을 비비며 숙제를 하고 있는 내게 다가와서 말을 걸어오는 남학생이 있었다.

"겨울바다도 마음을 시원하게 해 주나요?"

나는 놀래서 일어나 그를 바라보며 달아오르는 얼굴을 만지며 어쩔 줄을 몰랐다.

그 말은 지난 여름 우연히 그를 만났을 때, 영희와 함께 있을 때라, 용기도 생겨서 했던 말인데, 그 말을 잊지 않고 이 겨울철에 되묻고 있다니!

아마도 교복 칼라에 '福'이란 하얀 글자를 단 그 학생인 것 같았다. '복'자는 내 밥사발과 국그릇에 한자로 찍혀있는 것이어서, 그것을 생각하고 내 마음 속으로 그를 그때부터 '사발'씨라고 불렀던 것이다. 그 말을 듣는 순간, 나는 소설에서 읽었던 어른들의 대화를 흉내 내어 말했다.

"지금은 뜨거워진 마음을 시원하게 하려고요."

대화의 궁합이 맞았는지 우린 서로 쳐다보며 어설프게 웃었다. 나는 내 마음이 혹시 자기 때문이라고 오해라도 할까봐, 자기 때문에는 아니라고 말 하려다가 바람결에 힐끔 본 그의 인상이 너무 마음에 들어서 그 말을 참기로 했다. 그의 사색적인 눈매와 입가에 따스한 미소 그리고 늘씬한 키에 지적인 모습까지 모두가 내 마음을 사로잡았다. 어쩐지 우연이라도 그를 자주 보았으면 싶었고, 이 시간에는 '사발'씨가 어디에서 무엇을 하고 있는지 늘 궁금하였다. 그러다가 거리에서, 바닷가에서, 때로는 우리 집 앞에서 서로 마주치면 눈인사를 하면서 최대한 예쁘게 웃어 주곤 했다. 그는 가끔 다이제스트 잡지나, 소설책 그리고 '이별' '애수' '분홍신' '마음의 행로' 같은 영화 팜플릿을 우리 집 문틈에 끼워놓고 가기도 했다.

사랑 편지가 올 것만 같은 예감이 들어 문틈을 자주 보았으나, '福'씨의 글이 실린 다이제스트 책만을 받아 보았을 뿐, 야속하게 한 줄의 글도 못 받은 것이 못내 아쉬웠다.

성탄 전야에 카드를 직접 준다기에 단숨에 뛰어나갔다. 나는 식탁보만 한, 2절지 흰 종이가 자기의 마음이라며 귀퉁이에 이름 석자만 달랑 적힌 괴상한 두루마리 카드를 받았다. 이것을 보면서 '사발'씨는 차원이 높거나, 아니면 맛이 약간 간 것이 아닐까 하는 생각이 들었다.

담임 선생님께서 가정방문하기 전날의 일이었다. 나는 성냥과 초를 쉽게 찾을 수 있는 곳에 두는 것을 잊지 않았다. 전기가 나가면 속히 불을 켤 준비성에 대하여 가르치셨기 때문이다. 문학전집이나 책이 전혀 없는 내 방을 꾸미기 위해 '사발'씨의 도움으로 형님 책들을, 내용도 모르면서 겉장만 근사한 것을 둘이서 옮겨 놓은 적도 있었다. 중학생인 그가 그날따라 믿음직스러웠다.

그가 살고 있는 축대 위에는 아름다운 정원 사이사이에 호화주택이 몇 채 모여 있었는데, 그 곳에서는 가끔 댄스파티가 열리곤 하였다. 파티가 있던 날, 중3이었던 그는 음악 담당으로 주로 전축을 틀었고 중2인 나는 그곳에서 그의 조수 노릇을 하였다. 서울에서 그 비참한 전쟁으로 공포에 떨며 피난길을 겪은 나에게는 빙빙 돌며 춤을 추고 있는 그들이 마치 별세계의 사람을 보는 것 같았다.

그의 집 축대 아래 사는 나의 소꿉장난 같은 집에 그는 가끔 들리곤 하였다. 어떤 때는 자기 어머니가 만들어 놓은 생선조림이나 고기전골 등을 냄비채로 집어가지고 와서 불쑥 내밀기도 하였다.

그 후 내가 중3이 되던 해 '사발'씨는 인사도 없이 훌쩍 서울로 가 버렸다. 나는 늘 축대 위를 바라보며 그를 생각하면서 서운한 마음을 떨쳐 낼 수가 없었다. 내 마음 속에는 언제나 그의 그림자가 따라 다녔다.

2년쯤 시간이 흐른 후, 서울 청파동으로 들어가는 굴다리 입구에서 나는 뜻밖에 그와 마주쳤다. 얼마나 놀랍고 반가웠는지……. 마치 죽었던 사람을 다시 만난 기분이었다.

그는 곧바로 나를 등 떠밀듯 그 부근에 있던 그의 집으로 데리고 가서 놀라운 재회의 기쁨을 함께 나누었다. 그 뒤로 가끔 자기 집으로 나를 초대하는 등 우리의 만남은 부산에서처럼 자연스럽게 이어졌다. 그의 어머니는 늘 나를 반겨 주었으며, 큰 언니 같은 형수는 대학 진로에 관한 조언도 해주었다.

그 해 눈이 하얗게 쌓인 성탄절에 그는 나의 친구들과 그의 친구들을 함께 초대하였다.

그의 형수는 어색해 하는 우리들에게 포크댄스를 자연스럽고도 쉽게 가르쳐 주었고, 우리는 곧 웃음으로 인사를 나누게 되었다. 포크댄스와 리크레이션을 하면서 놀았던 큰 거실에는 "파라다이스"라고 쓴 휘장과 아름다운 크리스마스 장식이 되어 있었다. 2층으로 가는 계단 양옆에는 촛불장식으로 더욱 축제의 분위기를 만들어 주었다. 자정이 넘어서는 불을 밝힌 정원에서 탁구시합을 하며 놀았다. 그리고 대학입학 후에도 연말때면 우리는 즐거운 추억들을 쌓곤 하였다.

어느 날인가 우리는 단성사에서 상연하는 '백조의 호수'를 보러 갔었다. 그날 그는 내 새끼 손가락을 가만히 잡으며 자기의 마음을 전하였다. 그동안 '福'씨도 나를 많이 좋아하고 있음을 알게 되었다. 얼마 후, 신문에서 그의 어머니 부고를 보고, 나는 명동성당의 장례미사에 참석하였다. 거창한 상복을 입고 장례행렬을 따르던 그는 나를 발견하고는 내 앞으로 다가와 살짝 내 새끼 손가락을 걸며 고맙다는 마음을 전하였다.

그렇게 시간이 흐르면서 대학 2년이 된 나는 친척간에 중매로 맞선을 보면서 현실적으로 생각하게 되었다. 나는 그가 결혼의 대상은 아닌 것 같아서 '사발'씨에 대한 마음을 서서히 접어 버렸다. 그러나 그 당시 어디에서도 '福'씨에게서 받았던 향기로운 인연을 만나지는 못했다.

오랜 세월을 살아오면서, 아득한 그와의 지난날이 문득 문득 떠오르던 때가 많았었다.

지금도 생각해 보면 그에 대한 미묘한 생각과 느낌들이 얼마나 순수하고 아름다운 나의 "첫사랑"이었던가 싶어 내 마음 속에 소중하게 간직하고 있다.

연애편지

박순자
| 수필가, 국문학과 60 |

멥쌀가루와 부침가루 배합이 잘돼서일까 부산의 싱싱한 해산물 때문일까? 쪽파 위에 갖은 해물을 올린 후 반죽을 한 국자 더 넣어 서로 엉기도록 고루 편 다음, 달걀을 풀어 붓고는 마지막에 붉은 고추를 썰어 몇 개를 꽃처럼 장식한 동래파전의 맛은 아주 일품이었다. 색깔부터 군침돌게 하면서 쫄깃쫄깃하게 씹히는 해산물의 독특함과 구수함에다 부드러움을 더해 나는 그 두툼한 동래파전을 먹기에 정신이 없다. 파전은 수없이 먹어봤지만 이곳 본바닥 동래에서 동래파전은 처음이다.

몇 시간 전 서울의 여고 동창 10명이 부산에 도착해서 부산 련이의 저녁 초대를 받은 것이다. 모두들 엊그제 만난 것처럼 얘기가 익숙한데 나는 눈인사만 했을 뿐이다. 잘 모르겠다. 내일 전체 모임에 시간이 안돼 오늘 따로 잡았다는 련이의 정성에 그저 고맙고 미안 미안!

이튿날, 칠암의 한 횟집에 도착하니 집행부 몇 친구가 미리 와 우리 일행을 반갑게 맞으며 안쪽 자리로 안내한다. 연이어 속속 들어오는 부산 동창들은 두 손을 벌리며 자야! 순아! 옥아를 불러싸며 반기는데 영락없이 그때 그 시절 여고생들이다.

제일 구석에 앉은 나는 그들을 잘 알 수 없고 그들 역시 나를 슬쩍 일별

하고는 익은 얼굴만 찾아 반긴다. 드디어 내 옆 친구에게까지 찾아오는데 할 수 없이 나는 그들을 편하게 해주고자 문쪽 입구 자리로 옮겼다.

늙었네, 그대로네, 살쪘네, 말랐네 투박한 사투리와 웃음소리는 큰 방을 거쳐 밖으로 밖으로…….

음식이 하나씩 상에 채워지자 들뜬 기분이 조금씩 가라앉는다. 나는 잘못 초대받은 이방인이 되어 머쓱해진 기분으로 오직 먹는 일밖에 할 일이 없는 듯 젓가락질만 해댄다.

가만히 셈해보니 동래여고를 졸업한 지 53년만의 만남이다. 애띤 단발머리에 교복을 입고 참새떼마냥 재잘거리기만 했던 10대의 여고생에서 70대의 백발의 할매로 반백 년이 훌쩍 넘어선 것이다.

이번 여행이 이루어진 것은 순전히 서울의 애야 덕분이다. 그 친구의 사위가 회원으로 있는 부산의 C호텔에 묵게 해 준 것이다.

부산이나 서울이나 서로 왕래가 잦은 친구들은 우정이 줄곧 이어졌지만 나는 오랜 직장 생활과 직계 가족이 없어서인지 부산의 몇 친구만 겨우 연결될 뿐인데 그나마도 아픈지 보이지 않는다. 하기사 서울 동창중에도 몸이 아파 불참한 정이, 순이도 있으니…….

40명 가까이 먹으면서도 여전히 쑥덕거리니 시끄럽긴 매한가지이다. 내 앞에서 계속 음식을 독촉하며 확인하던 련이도 참 친했었는데 한참 후에야 서로 입을 열게 됐다.

멀리서 한 친구가 나를 유심히 보더니 다가온다.

니 순자 아이가 맞제? 맞네! 어리버리해 있는 나를 반긴다. 니가 내 연애편지 많이 써 줬대이. 자꾸 보니까 피색이 조금 나오네. 반갑대이 니 신세 많이 졌다 아이가.

지금껏 우스꽝스런 방관자의 위치에서 주인공이 된듯 몇 명의 친구가 오면서 나도 그랬다며 같은 말을 한다. 머쓱해진 나는 발갛게 달아오른 얼굴로 그들에게 미소로만 답할 뿐이다. 얼굴 따로, 이름 따로 아—니 정확히는 이름도 몰라, 성도 몰라이다. 그러나 여러 친구가 나를 알아보고 고마워하니 지금까지의 꾸어다 놓은 보릿자루는 차츰 그 존재 이유를 보이기 시작하게 됐다. 그 옛날 숨겨진 연애편지 사건을 자진 까발리며 진정 고마움을 나타내는 친구가 많았고 그게 아닌 친구들은 그런 일이 있었냐며 놀랜다.

그랬다. 학생시절에 그 무엇보다 연애편지란 말만 들어도 극비사항임은 말할 것도 없다.

대체로 여고생들의 글씨는 오종종한데 비해 내 글씨는 큼지막하고 시원시원하단다. 해서인지 처음엔 속지를 넣은 예쁜 통투에 겉봉만 부탁하던 친구도 야금야금 내용물을 보여주며 대필을, 그 다음엔 내용까지 수정해 달라기도 했다.

강산을 몇 번이나 바뀌게 한 53년의 깊은 골이 20세의 약관, 이립, 불혹, 지명, 이순을 거쳐 이제 고희도 지났다. 70세의 종심은 맘 내키는 대로 해도 법에 어긋나지 않는다던가 이제 부끄럼도, 그럴 필요도 없어진 지금은 서글픔만 남아 있다.

나는 나갈 때 그사이 어색하고 초라했던 내 몰골에 봉창하듯 카메라를 들고서 '모두 다 립스틱 짙게 바르고 나온나' 앞장 서 밖에 나왔다. 마치 수학 여행중이라도 되는 듯 찰칵!

그냥 헤어질 수는 없다. 모두 다 고 고!

해운대의 한 단란주점에 몇십 명이 들어가 진을 쳤다. 몇 명의 조용한 동창들은 아예 화면에서 먼 자리에 앉고 끼많은 동창들은 노래책을 폈으나 잘 안보인다며 돋보기를 찾느라 부산하다.

음치인 나는 이때다 싶어 앞자리에 앉아 노래책을 익숙하게 넘기면서 종이에다 신청곡의 번호를 매기는 작업을 시작했다.

그들은 내 이름을 불러싸며 신청곡을 줄줄이 엮어낸다.

내 눈이 백내장에다 난시와 근시로 고생하지만 가까이는 안경이 필요없다 해서 어쩌다 노래방을 찾을 땐 이렇게 가슴 저린 실력발휘를 하게 되는 것이다.

어둡고 화려한 색조명 아래에서도 DJ역할을 착착 해내고 있으니 나홀로 웃음이 절로 나온다. 서울, 부산, 대구 찍고…… 다 함께 차 차 차!

시공을 초월해 달린 타임머신은 가속도가 붙어 새록 새록 느껴지는 우정이 갓 구어낸 빵처럼 부드럽게 촉촉하게 우리 모두를 감싸고 있다. 한창 물오른 생선처럼 독창으로, 합창으로, 서로 하나된 뜨거운 용광로가 금방 53년을 녹여내고 있다.

서울의 희야가 금일봉을 희사하니 이보다 아름다운 우정이 또 있을까? 멀리 앉아 있던 친구들도 박수를 치며 신나게 호흡을 맞추는데 끝내야 할 시간이라 나는 끝 곡으로 '만남'을 찍었다. 우린 모두 기립한 채로 서로 어깨 동무하며 "우리의 만남은 우연이 아니야……" 이어서 교가로 마무리 짓고 밖으로 나왔다.

해운대의 찝찌레한 바닷바람이 우리를 식혀준다.

셋째날, 점심때 칠암의 모임에 참석못한 금이가 해운대의 한 한식집으로 우리를 불렀다. 우리가 앞서 도착해 방에서 기다리는데 헐레벌떡 들어온다. 중앙의 비워 놓은 자리에 앉으며 큰 죄라도 지은 양 미안해 한다. 어떤 식으로 우리를 기쁘게 영접할까를 궁리하다 일찍 와 입구에서부터 서울 동창들이 들어서는 쪽쪽 얼싸안으며 맞아야지 마음 먹었단다. 그런데 그녀의 환영 이벤트가 틀어지고 보니 민망하고 아쉬운 감정으로 눈물까지 글썽이고 있다.

서로 근황을 물어보다 드디어 그녀의 시선이 나에게 꽂혔다.

니 순자 아이가? 순자야! 이거 얼마만이고, 내가 연애할 때 순자 니가 내 연애편지 다 써 줬대이. 결혼해서 남편이 살아있을 때 옛날 연애시절 얘기하믄서 순자 니 얘기도 많이 했대이…… 니 한테 신세 참 많이 졌는데…….

서울 동창들은 금이가 연애한 줄은 다 알았지만 내가 써준 것은 모른다. 아—니 금이 니도 그랬나? 순자가 연애편지를 대필해줬다고 어제도 많이 들었는데 우째 우리는 몰랐노?

당연하다. 누가 알새라 특히 선생님이 아실까봐 하교후 가게가 많이 달린 우리 집에 와서도 엄마 눈을 피해가며 남의 가게 한 구석에서 연애편지를 써 주곤했으니 모를 수밖에, 그러나 이런 식으로 내 입에다 자물통을 달고 보니 어느새 내 성격의 일부가 된 것도 같다.

그후 오랜 직장생활에서도 누가 믿거라 하고 나에게 말하면 난 절로 입이 봉해진다. 나중에 사실을 밝혀야 될 사건이 발생해도 때는 이미 늦어버려 불이익을 당한 경험도 몇 번 했다.

그런데 참으로 아이러니컬하게도 정작 나는 나를 위한 연애편지는 한 번도 써본 것 같지 않으니…….

금이처럼 혼자 된 동창, 이미 가버린 동창, 지금 몸이 아파 고생하는 동창도 있지만 자식 농사를 잘 지은 동창들도 꽤 있다.

이제 이곳을 떠날 시간이다. 우리 운제 또 보겠노? 죽기 전에 볼 수 있겠나? 우야튼 모두 건강하재이, 그라믄 서울에는 단디이 가거라. 내사마 섭섭해서 말이 안 나온다. 만나면서 한 사람씩 차례로 얼싸안으며 맞이하려했던 것이 틀어져 속상했던 금이는 우리랑 헤어질때는 일일이 손잡고 놓지를 않는다. 그녀의 눈에는 또 이슬이 맺히고 있다. 나는 잘 안다. 그녀가 왜 눈물이 글썽이는지를!

그런데, 그런데 말이다. 그 금이가 지금은 이 세상에 없다.

지병인 간암으로 올 여름 우리곁을 떠난 것이다. 겨우 1년 지났을 뿐인데…… 내 손을 지긋이 잡으며 순자야! 운제 조용히 만나자 했던 그녀를 떠올리며 그 눈물의 의미를 잘 안다고 했던 내가 얼마나 교만했었는지를 나는 지금 깨달아야 한다.

은행나무 두 그루

홍애자
| 수필가, 국문학과 60 |

매년 봄이 찾아오면 으레 걱정스러운 게 황사바람이다. 중국으로부터 불어오는 모래바람은 봄의 정취와 봄을 기리는 마음에 생채기를 내고 있다.

봄이 봄답지 못하게 몸살을 앓고 있어 찾아온 첫 계절이 안쓰럽다. 지난 겨울을 잘 견뎌냈나 싶었던 은행나무가 시름시름 앓는 듯싶더니 가장이들 속이 하얗게 말라버렸다. 순이 벌써 나왔어야 하는데, 말라서 부스러지니 틀림없이 생명을 다 한 것 같다. 안타까운 마음을 말해 무엇 하랴.

몇 해 전 떠나신 아버지가 거의 40여 년을 정성스레 가꾸며 기르던 은행나무 분재다. 아버지가 생각나면 은행나무를 들여다보며 마음을 달래곤 했는데 기어이 병들게 하다니, 소홀하게 다루었던 것을 후회한들 비쩍 마른 줄기에서 새 순이 나올 것 같지가 않다. 아침저녁 베란다로 나가 나무를 쓰다듬어 주었다. 그리고 "사랑한다. 나무야 꼭 살아나거나." 물기가 오르지 못한 마른 줄기를 어루만져 주며 중얼거린다. "너무 미안 하구나 나무야."

마음 한 구석이 휑하니 찬바람이 돈다. 아버지가 홀로 되시고 내게로 오실 때 가져와 소중하게 가꾸던 나무인데 그것 하나 잘 보듬지 못한 나의 무심함이 원망스럽다. 조카아이에게 영양제를 사오게 하여 나무 언저리에 꽂아주었다. 화분이 작거나 영양이 모자라서 제대로 구실을 못한 것인가 싶어 가을에는 꼭 큰 화분으로 갈이를 해주리라 다짐을 해본다.

사람 같으면 앓는 소리라도 내련만 가엾은 은행나무는 초라한 모습으로 나를 맞는다. 나의 말소리를 듣고 기운을 차릴 수 있을까. 나의 손길을 느끼고 소생할 수 있을까. 아버지가 생존해 계실 때 나는 아버지께 내 마음을 깊이 전하지 못했다. 잡숫는 것과 용돈 드리는 것, 의복 신경 써 드리는 것 외에는 그저 무덤덤하게 대했다. 듣기 좋은 말 한마디조차 인색했던 것을 돌이켜본다.

때때로 사람들과의 만남에서 외교적 발언이 필요할 때가 있다. 마음속에서 시키지 않아도 상대에게 기분 좋은 말을 해줌으로 그의 즐거워하는 모습 때문에 오히려 내가 더 기쁨을 느끼게 되는 것을 체험하곤 한다. 되돌아오는 메아리처럼. 이런 이치를 알면서도 아버지께는 왜 그리 냉담했는지, 지난 세월을 떠올리면서 자책에 시달리곤 한다.

한 달이 지났을까 깜짝 놀랄 일이 생겼다. 분재를 보러 나가니 두 나무에 뾰족하게 파란 순이 얼굴을 내밀고 있지 않은가. "아, 나왔구나. 살아났어." 감동의 순간이다. 마치 아버지를 만난 듯 그렇게 가슴이 설렌다. 죽은 나무라고 가장이를 툭툭 잘라버려 한 나무는 순이 나올 곳이 두어 곳 밖에 없는데, 그곳에서 여린 순이 뾰족이 올라왔다. 또 한 나무도 몇 군데에서 연두색 순이 나오고 있다. 마른 나뭇가지에 파랗게 새 순이 피었다. 순마다 입을 맞춰주었다. "잘 했어. 기특하다." 쓰다듬어주며 칭찬을 아끼지 않았다.

"누굴 보고 사랑한다고 하는 거요?" 거실에 있던 남편이 다가오며 의아해 한다. "이것 봐요. 순이 나왔어요. 나무가 살았어요."

오늘은 하늘이 맑고 햇빛이 찬란하다. 지는 해가 피를 토하듯 붉게 물든 서녘하늘을 마주보며 은행나무에 물을 흠뻑 뿌려준다. 순에서 갓 피어난 앙증맞은 이파리가 말갛게 웃는다. 이제야 나는 아버지께 미안했던 마음을 접을 수 있을 것 같다.

짧은 기간이었지만 은행나무와의 두 달간 교류는 내게 큰 교훈으로 남았다. 늘 웃고 밝은 마음으로 누구에게나 좋은 말을 건네는 다정스런 인품으로 살아갈 것이다.

잊히지 않는 꿈 둘

김예나
| 소설가, 도서관학과 64 |

꿈 하나, 레드 산드라

아직도 나는 꿈을 꾼다. 꿈을 꾸면서 잠꼬대까지 아주 심하게 해서 지방에서 열리는 문학세미나에 참석할 때나 여행을 다닐 때면 룸메이트에게 미안하고 조심스럽다. 평생 룸메이트인 나의 남편은 세월 따라 면역이 생기기도 했겠지만 베개에 머리를 얹기만 하면 이내 코를 골아버리는 잠버릇 덕분에 나는 그나마 소박(?)만은 면할 수 있었다.

지금까지 내가 꾼 꿈들을 기억 속에서 모두 끄집어내어 한 꼭지씩 짤막한 시놉시스를 만들어 낼 수만 있다면 대단한 상상의 보고가 될 수 있지 않을까 하는 황당한 생각까지 들 정도로 나는 꿈쟁이다. 그 숱한 꿈 가운데서도 1963년과 1965년 겨울, 꿈속에서 보았던 레드 산드라와 콤팩트는 달콤함과 섬뜩함의 대명사처럼 늘 내 기억 안에 살아있다.

연중 가장 을씨년스러운 십일월의 어느 오후 나는 창이 넓은 방에 앉아 해바라기를 즐기고 있었다. 장미 한 송이가 담긴 크리스털 꽃병은 잘 손질된 마호가니 다탁 위에 놓여 있고 꽃병 주위에 소복이 깔린 햇볕은 눈이 부시도록 화사했다. 나는 한껏 홍채를 좁힌 채 투명한 빛의 중심을 응시했다. 유리창에서 다탁까지 방추형으로 쏟아져 들어오는 햇살이 만든 빛기둥은 이 세상 것이 아닌 것 같이 신비롭고 아름다웠다. 마치 밤하늘의 은하수처럼 유리빛기둥 안에서 부유하는 미세먼지가 온갖 색깔의 빛을 내며 어우러지는 소리 없는 춤사위 속에서 다탁 위 크리스털꽃병에 꽂힌 장미의 빨강색이 어찌나 강렬한지 내 영혼은 차츰 혼미해졌다.

잠에서 깨어난 후에야 나는 꿈에서 보았던 장미꽃이 레드 산드라(Red Sandra)인 걸 어렵사리 기억해냈다. 그 꿈을 꾼 지가 햇수로만도 반세기 가까운 세월이 지난 지금까지도, 그 꽃의 눈부신 빨강색, 크리스털 꽃병, 빛기둥 안에서 부유하던 온갖 색깔의 미세먼지, 심지어 다탁 위에 그림자 지어 보이던 또 하나의 꽃병까지 생생하게 떠오를 정도로 아주 산뜻한 꿈이었다.

아니, 고백하자면 정작 내 기억의 실체는 꿈을 꾼 다음 날 밤, 막 떠나려고 부릉거리는 마지막 버스에 나를 태워주던 남자친구인지도 모르겠다.

'어젯밤 네가 보았다는 레드 산드라야!'

낡은 바바리 자락 안에서 꺼낸 장미 한 송이를 내밀며 친구는 마치 서툰 마술사가 묘기를 보여줄 때처럼 흥분한 모습이 역력했다. 나는 너무나 뜻밖이어서 포장지 안에서 수줍게 고개를 내민 레드 산드라보다 더 얼굴이 달아올랐다.

'그리구 이건 네 예쁜 꿈값이야!'

게다가 놀람과 기쁨으로 한껏 달떠서 장미를 받아든 내 뺨에다 어설프게 입술까지 찍어주며 속삭이던 남자친구의 기억은 내 젊은 날의 표상이다. 지금 그 사람 소식은 까마득해도 준비한 묘기를 마지막까지 열심히 보여준 서툰 마술사의 진심은 레드 산드라의 빨강색깔과 함께 또렷하게 내 안에 남아 있다. 가난이라는 말 자체가 젊음의 다른 표현이던 시절, 나를 집에까지 바래다주고 되돌아갈 차비가 모자라서 나만 막차에 태워보내면서도 가볍게 웃으며 넘겨버릴 수도 있는 하루 밤의 꿈을 소중하게 여겨준 그 친구가 오늘밤엔 별스럽게 그립다.

사랑을 알기 시작한 내 인생의 봄이 장미꽃으로 피어나던 시절의 이야기다.

꿈 둘, 콤팩트

'음치' '길치' '몸치' '방향치'가 있다면 나는 엄청난 '사람치'다. 한두 번 인사 나눈 사람을 몰라보는 일은 다반사고 이름과 사람을 일치시키는 일은 더욱 난제라서 상대에게 내가 먼저 이름을 묻는 일은 좀처럼 없다. 모모한 기업의 회장님이나 현역 장관의 이름도 엽렵하게 외우고 있는 이가 단 한명도 없을 정도다. 여북하면 모부처의 현역 장관인 고등학교 동기동창에게 '선생님은 누구신데?' 라고 물었다가 그 장관을 에워싸고 있던 숱한 동창들로부터 날아드는 돌팔매를 납작해지도록 맞았을까.

버릇이란 게 그리 쉽게 고쳐지는 게 아니어서 지금도 나는 친구 남편의 직장이나 시댁에 대해 별로 아는 바가 없다. 그런 나였기에 그는 처음부터 그저 '그'였을 뿐이다. 그를 떠올릴 때면 네모반듯하면서도 유머가 있는, 본데 있는 집안에서 잘 자란 청년이란 기억이 먼저 떠오른다. 공학도이면서도 피아노와 첼로를 손수 연주하기까지, 삶을 즐길 줄 아는 댄디보이기도 했다. 하느님을 어려워 할 줄 알고 말이 통하는, 마주 하고 있으면 내 영혼이 말갛게 씻겨지면서 편안해지는 사람이었다. 그와 함께 했던 나의 일상은 모두가 시였고 노래였노라고 말하면 누구 사랑 한 번 안 해 본 사람 있는 줄 아느냐고 비아냥거릴 사람도 많겠지만 '그'를 아는 이들은 그 시절 나의 시가 아름다웠노라고 내 손을 들어주지 않을까.

이 글을 쓰면서 곰곰이 생각해 봐도 왜 그랬었는지 이유를 모르겠다. 분명한 것은 꽤 여러 번, 아니 어쩌면 번번이 나는 그와의 약속시간에 늦곤 했다. 몇 번이나 팔목에다 시계를 그려주면서 늦지 말 것을 부탁하던 그의 진심이 이제 다 늙어서야 미안함으로 다가선다.

꿈속에서도 나는 몹시 마음이 바빴다.

구세군의 사랑의 종소리가 하늘까지 날아오르는 십이월 끝자락의 거리는 저마다 바쁜 사람들로 한없이 혼잡했다. 마음 같아선 그가 기다릴 시간을 단 5분이라도 줄여주고 싶어서 뛰어가고 싶었지만 거리는 빨리 걷기조차 힘들 정도로 사람들이 시루 안의 콩나물처럼 그들먹했다. 게다가 새라도 되어 나는 듯이 달려가고 싶은 나의 조급함과 달리 쥐가 났을 때처럼 다리조차 뻣뻣한 게 잘 걸어지질 않았다.

어렵사리 약속한 찻집에 도착했을 때 나는 땀으로 함빡 젖어 있었다. 나는 잠시 숨을 골랐다. 기다리고 있을 그의 앞에 서기 전에 헝클어진 매무새부터 고쳐야겠다는 생각에 나는 콤팩트부터 찾아들었다. 급하게 뚜껑을 열었지만 거울은 그를 만날 기쁨으로 달떠있을 내 얼굴을 비춰주지 않았다. 거울은, 희노애락의 수많은 내 얼굴을 언제든지 원할 때마다 보여주던 거울은, 새파랗게 녹이 쓸어 있었다. 땀에 젖었던 온 몸으로 오싹 소름이 돋는 섬뜩함에 나는 잠에서 홀연히 깨어났다.

예나 제나 나는 그 어떤 경우에도 연속극의 주인공이 되고 싶지는 않다. 그가 내로라하는 댁의 '도련님'이란 걸 알았을 때 나는 얼른 '그'를 놓아버렸다. 오랜 세월 홀로 가슴앓이를 많이 했지만 그를 놓아주었기에 아직도 내로라하는 댁의 '도련님'이 아닌 아름다운 '그'로 내 안에 머물 수 있는 거라고 나는 믿는다.

바하를 사랑하면서도 '코리나 코리나' 리듬에 흥겹게 몸을 풀던 그, 기대는 기쁨이다에서부터 연인들이 배워야 할 덕목을 영화 'lovers must learn'으로 알려준 그, 무악재를 그랜드 캐년이라 하면서 나의 집을 찾아오던 그. 생애 처음으로 향수를 선물해준 그, 남산엘 가면 우리 이대 쪽을 향해서 정중한 목례를 보내고는 나 보곤 우리 공대 쪽으로 절하라고 옆구릴 쿡쿡 찌르던 개구쟁이 소년 같던 그, 어쩌다 둘이 자주 가던 찻집 앞을 지날라치면 여전히 그의 휘파람소리가 가슴 위로 소리를 내며 지나간다. He'll have to go, He'll have to go 라고.

아주 가끔씩 지면을 통해 그의 안부를 듣게 될 때가 있다.

그럴 때마다 나는 그가 고맙다. 이 험한 세상을 튼실하게 잘 살아주는 그가 자랑스럽다.

바람이 불어오는 곳을 헤아릴 수 없듯이 사랑이 어디서부터 날아와서 내 가슴에 꽃을 피워내는지 나는 알지 못한다. 그럼에도 나는 여기까지 오면서 여러 사랑을 만나 노래하고 울음 울었다. 어느 사랑의 갈피를 들춰봐도 애틋하고 아름답다. 나이가 들어도 지나간 사랑이 치기어린 젊은 날의 객기라고 여겨본 적이 없다. 어떤 사랑이든 소중한 나의 삶의 한 소절이다. 사랑은 오직 하나라지만 늘 어느 쪽에서 다시 떠오를지 짐작할 수 없게 움직이는 무지개이기도 하다. 사랑은 머리가 아니고 가슴이다!

남편과 '오빠'

안혜초
| 시인, 영문학과 64 |

남편에게 '오빠 오빠' 하다니. 아니, 이건 예사로 보아 넘길 사안이 아닌데…….

몇 년 전엔가 맨 처음 TV에서 그런 말을 들었을 때, 나는 화들짝 놀라 흥분했다.

"아유, 오락 프로에 나와서 하는 말 가지고 뭘 그러세요? 세상엔 별별 사람이 다 있는 건데."

나도 마음 한구석으론 그렇게 생각하고 싶었다. 그러나 방송의 위력이 얼마나 대단한 것인가. 더구나 인기 연예인들이 일반 대중, 특히 청소년에게 미치는 영향력이 나 자신에게 크게 신경 쓰지 말자고 하면서도, 마음 한 구석으로는 또 그에 대한 우려를 깨끗이 버리지 못하고 있던 차에, 언제부턴가 TV 드라마에서도 남편에게 '오빠, 오빠' 하는 대사가 들리기 시작했다.

아니, 드라마에서도? 방송작가의 책임이 얼마나 큰데…….

곧장 그 작가에게 편지라도 쓰고 싶었으나, 그보다 내게 더 중요하고 시급한 일들에 떠밀려서 얼마 동안인가 잊고 지내다 보니, 이걸 어쩐다? TV뿐만 아니라 여기서도 저기서도 심지어는 내 주변의 아주 가까운 친지들 가정에서조차 전혀 거리낌없이 예의 '오빠, 오빠' 하는 그 말이 빈번하게 들려오는 게 아닌가.

정말 이래서는 안 되는데…… 연애기간까지야 그런대로 이해할 수 있다 하더라도 결혼해서 부부관계로 맺어지고 나서까지 그런다는 건 천륜에 어긋나는 언행이랄 수도 있는데.

생각해보면 우리들 60대 부모들이 미혼 시기였을 때만 해도, 남녀간에 가깝게 지내며 사귀다가 남자 친구에게 '오빠'라고 부르게 되면 그건 상대방 구혼남에게 연인관계로 들어가거나 결혼까진 하고 싶지 않다는 완곡한 거절 표시나 다름없었다. 마찬가지로 남자 쪽에서 "이젠 오빠라고 해."라고 하면 여자 역시 거절의 뜻으로 받아들였고. 빗나간 큐피드의 화살. 상대방이 싫지는 않지만 왜 그런지 영 연애의 감정이 생기질 않고 슬그머니 발뺌을 하고 싶을 때 흔히 써먹던 그 말. 그렇건만 아무리 변하는 세상이라 할지라도 어떻게 이렇게까지 거꾸로 변하고 있는 걸까.

잠시 흥분과 개탄을 한껏 누그러뜨리며 차가운 머리, 따뜻한 가슴이 되어 젊은 세대의 개연성이랄지, 그 심리 상태를 헤아려보려고 노력해 본다. 정말 왜 그럴까. 어떤 연유에서 결혼을 하고서까지 사랑하는 남성에게 오빠라고 부르는 게 하나의 추세, 풍조처럼 돼 가고 있는 걸까.

오빠가 없는 가정에서 자라나 오빠라는 존재가 사무치게 아쉬워서 그런가 보다 하기엔 여러 가지로 너무 아닌 것 같고, 80년 초부터 알게 모르게 점점 더 사회문제가 되고 있는 성폭행, 성추행에 대한 두려움이 은연중 의식의 밑바닥에 깔려서일까. 은연중 그런 두려움에서 이 세상에 오빠처럼 믿을 만한 남자는 없기에, 알게 모르게 '보호받고 싶은' 심리작용으로? 그리고 오빠 오빠 하며 응석부리고 '의지하고 싶은' 나약한 여성심리에서? 은연중 성폭행, 성추행에 대한 두려움은 그런대로 이해가 가기도 한다.

그러나 또 하나의 커다란 이유, 한두 자녀 밖에 갖지 못한 부모들의 과잉 보호 속에서 금지옥엽으로 자라나 그 역시 알게 모르게 의식의 밑바닥 깊숙이 잡게 된 '의존심의 발로'는, 남녀평등이 많이 현실화해 가고 여성

상위시대 운운까지 하는 현 시점에서의 젊은 세대 여성들에게는 여간 모순이 아닐 수 없다.

물론 이를 극복하고자 스스로의 자립심을 키우기 위해 부단히 정진, 노력하고 있는 진짜 똑똑하고 능력 있는 여성이 훨씬 더 많을 거라고 믿고 싶지만.

남편에게도 오빠, 친정 오빠에게도 오빠, 이건 웃어야 할지 울어야 할지 헷갈리고 창피스럽고 난감해하면서도, "요즘 애들 너도나도 다들 그 모양인데, 어쩌겠어요? 흉 보며 닮는다고 멀쩡한 애들까지도요. 애 낳고 키워가면서 저절로 깨우치게 되기만을 기다려 보는 수밖에요." 그렇게 수수방관, 너무나도 쉽게 묵인해버리는 부모 세대들에게도 책임이 적지 않다고 생각한다.

세 살 버릇 여든까지 간다는데, 스무 살 버릇이 여든에 아흔까지 가지 않는다고 누가 장담할 수 있겠는가.

하기야 '오빠 오빠' 하던 것이 아이 낳고 키우면서부터는 '아빠 아빠' 하는 호칭으로 자연스럽게 바뀌게 됨이 대부분일 거라고 얼핏 예상하기도 하지만('아빠 아빠' 하는 말버릇도 실은 문제다. 친정 아버지에게도 '아빠 아빠', 남편에게도 '아빠 아빠' 하니까), 은밀하면서도 가장 심각하다 할 문제는, 그 남편이나 그 아내의 '변심'에 있다.

그 남편도 그렇고, 그 아내도 그렇고, '오누이 같은 부부'는 언젠가는 그 한계에 부닥칠 수도 있기 때문이다. 남편은 결국에 가서는 오빠가 아니라 남편인 것이고, 아내 역시 결국에 가서는 여동생이 아니라 아내라는 얘기다.

'오누이 같은 사이'에서는 가족적인 유대감 · 친근감이 보다 강화되고 돈독해질 수 있는 반면, 연인관계에서의 스킨십, 부부관계에서의 섹스십에 대해 지나치게 가벼이 생각할 수가 있다는 뜻이다. 이로 인해 남편은 남편대로, 아내는 아내대로 그 내면에 알게 모르게 불만감이 누적돼 가고, 자신을 진정 남자로 만들어주는 여자, 자신을 진정 여자로 만들어주는 남자를 찾고 싶다는 원초적 본능에 이끌려 가게 될 수도 있다는 말이다.

그러다가 급기야는 가정이 파괴되는 돌이킬 수 없는 비극에 이를 수도 있고. 그러므로 너도나도 때를 놓치지 말고, 서로서로 일깨워주며 바로잡아야 할 건 가능한 제때 바로잡아야 한다. 연애 시절부터 너무 '오빠 오빠' 하지 말고. 오래 길든 습관일수록, 갑자기 단시일 내에 바로잡기는 힘들어지니까.

가정이야말로 이 험난한 세상에서 가장 믿을 수 있는 안전지대이며 우리 모두 살아 있는 마지막 순간까지 아름답고 행복하게 만들어가고 지켜가야만 할 가치가 충분한 곳 아닌가.

사랑, 그 절절한 이름 앞에

김선진
| 시인, 국문학과 66 |

〔사랑〕이라는 낱말을 『새 우리말 큰 사전』에서 찾아보았다.

사랑 : 1. 중히 여기어 정성과 힘을 다하는 마음. 2. 이성에 끌리어 몹시 그리워하는 마음, 또는 그런 관계. 3. 일정한 사물을 즐기거나 좋아하는 마음. 4. 동정, 긍휼, 구원, 행복의 실현을 지향하는 정념. 곧 독생자 예수를 보낸 하나님의 사랑, 이웃 사람에 대한 사랑, 하나님을 사모하는 사람의 사랑으로 나눔. 대강 이러한 정의를 읽어 볼 수가 있다.

사람은 어머니의 뱃속에서 열 달 동안 사랑을 익히다가 태어나면서 어머니와의 끈, 탯줄을 끊고부터 사랑에 눈이 떠진다고 본다. 어머니의 품속에서 어머니의 젖가슴을 더듬으며 엄마의 젖꼭지를 물면서 사랑의 포만감을 느끼지 않을까? 젖비린내 밴 엄마 냄새를 맡고 포근히 잠들기도 하고 잠시라도 보이지 않는 엄마를 찾아 칭얼대기도 한다.

이 세상에서 단 하나 밖에 없는 절대적인 부모님의 사랑을 먹으면서 아기들은 자라난다.

어느 시기에 다다르면 가족이 아닌 이성에 점차로 눈이 떠지면서 또 다른 사랑을 체험하게 된다. 세상에는 아가페적인 사랑과 에로스적인 사랑이 늘 공존하고 있지만 나를 사랑해 주는 사랑보다 내가 사랑하는 사랑에

때때로 목숨을 걸기도 한다.

내가 쏜 큐우핏(Cupid) 화살로 평생을 행복이란 굴레를 스스로 쓰기도 하는 부부도 있지만 먼발치에서 바라만, 바라만 보다가 해바라기 하며 평생을 늙어 가는 사람도 있을 것이다.

행복한 맺음도 많겠지만 이룰 수 없는 사랑에 눈이 멀고 귀가 멀어 끝내는 이승에 발 붙이지 못하고 쓸쓸히 떠나가는 인생도 허다하다.

내가 아주 어린 시절 들었던 옛 이야기가 지금 이 나이까지 잊혀지지 않고 가끔 생각이 난다. 경남 양산군 하북면 순지리 신평이란 마을에 나의 외갓댁이 있었다. 외할머니의 먼 일가되는 종호라는 분의 가슴저린 사연을 나의 짧은 기억으로 옮겨 보고자 한다.

나는 양산에서 태어났지만 다섯 살 때 부산으로 부모님을 따라 이주해 왔다. 그러나 수시로 외갓댁이 있는 신평에 자주 가곤 했다. 갈 때마다 종호 오빠 댁의 포도 넝쿨 그늘이 깊었던 마당이 마냥 좋았으며 그 집 자매들 영순, 계남, 봉남 언니들의 귀여움을 독차지 했다.

혼인 날짜를 받아 놓은 계남 언니는 마당을 향해 늘상 방문을 열어두곤 무릎에 수틀을 올려놓고 수를 놓고 계셨다. 그때는 너무 어려 몰랐지만 아마도 시집 갈 준비를 하신 모양이다. 어느땐 어린 나를 데리고 그 사형제 분들이 통도사를 지나 영취산 백운암까지 놀러 갔던 적도 있었다. 때로는 안기기도 하고 때로는 업히기도 하면서 해가 저물도록 내려오질 않아 물풍지까지 마중 나와 계신 외할머니의 꾸지람도 들었던 기억이 난다.

그렇게 가족같이 잘 지내시던 종호 오빠가 어느 날 부산 신창동의 우리 집엘 들리셨다.

그 날은 하룻밤도 묵지 않고 바로 고향으로 가신다 하여 어머니께서 애써 붙들지 않으셨다 한다. 종호 오빠는 어린 내가 자꾸만 붙드는 손을 난감해 하며 달래어 두고 곧장 양산 신평의 본가로 간게 마지막 본 모습이었다. 올라 간 그날 밤 스스로 목숨을 끊으셨다 한다. 무슨 인연에서인지 대구에 살고 있는 어떤 기녀(妓女)를 사랑 했었다고 한다. 내 어린 기억에도 종호 오빠는 훤칠한 키에 미남이 아니었던가 싶다. 아마도 대구에서 공부를 하다가 그 어떤 인연의 고리를 놓지 못하고 고뇌하다 이룰 수 없는 사랑을 죽음으로 마감한 것이 아닌가 생각 된다. 어떤 여자였을까? 아니 어떤 기녀였을까? 얼마나 절절한 사랑이였을까?

집안에서 그 두 연인들의 사랑을 인정하지 않자 막다른 골목에 선 절박한 마음은 우리집에 들렀다 간 그날밤에 홀연히 놓아버린게 아니였을까. 어머니께서는 그 날 내가 강력히 자고 가라고 붙들었다면 어땠을까 하시며 내내 안타까워 하셨다. 어린 고사리 손으로 잡는 내 말이라도 들었다면 아직도 건재하고 계시지 않았을까.

지금은 그 분을 기억하는 모든 사람들이 이 세상에 안 계신다. 우리 어머니를 위시해서…….

이제는 전설 같이 되어버린 옛 이야기를 아직도 털어내지 못하고 외갓댁이 있던 신평만 생각하면 내 가슴 저 밑바닥의 그리움 모두가 소용돌이 치며 솟구쳐 오른다.

아버지의 사랑법

김현자
| 문학평론가, 국문학과 66 |

서울로 유학 오기 전날 아버지는 내게 다음과 같은 서약서를 들고 선서를 시키셨다.

"딸 현자는 삼가 아버지께 서약합니다. 부모님의 마음을 늘 헤아려 행동할 것이며, 동생들의 사랑을 생각할 것이며, 학구에 전심전력을 다할 것이며, 모든 사람과 사귐에 있어 관용을 다할 것이며, 특히 남자 교제에 있어서는 신중을 다할 것을 여기 엄숙히 서약합니다."

한 손을 들고 약간은 우스꽝스럽게 어색해하며 가족들 앞에 서서 읽어 내려간 그 글귀는 이제 돌아가신 아버지에의 그리움과 함께 내 마음 한 자락에 깊숙이 새겨져 있다.

나의 부모님은 자식에 대한 따뜻하고 섬세한 배려와 지극히 작은 일도 잘 한 일이면 칭찬을 아끼지 않고 힘을 북돋아 주셨다.

기회 있을 때마다 산으로, 들로 소풍을 가서 자연의 너그러움과 순수함을 알게 해 주셨다. 계절마다 달라지는 꽃 냄새, 풀냄새를 맡으며 쑥도 캐고 메뚜기도 잡고, 풀밭을 걸으며 소리도 지르는 가운데 풍성함을 만끽하곤 했다. 구름이 걸려 있는 산봉우리, 낮게 속살거리며 흘러내리는 물소리, 풀냄새 나는 언덕에 누웠을 때의 기분과 감동은 어린 날의 밝은 기억과 함께 어른이 되어 어려울 때면 늘 좋은 힘이 되어 주곤 한다.

초등학교 3학년 때였던가, 우리 반의 어떤 애가 많은 돈을 잃어버린 일이 있었다. 공교롭게 담임선생님이 편찮으셔서 결근 중이었기 때문에 옆 반 선생님이 울고불고 하는 그 애의 돈을 찾아 주려고 우리를 닦달하셨다. 다 같이 눈을 감게 하고 가져간 사람은 조용히 손을 들라고 했으나 아무 성과가 없자, 선생님은 소지품 검사를 해서 돈을 많이 가지고 있는 아이들을 몇 명 가려냈다. 그 날 일주일 치 용돈을 탔든가 어쨌든가 해서 비교적 돈을 많이 가지고 있었던 나도 그 속에 끼어 꼬치꼬치 캐물으시는 선생님의 취조에 응해야 했다. 결벽증이 있는 편인 나는 그 돈의 출처를 따지는 그 자체가 불쾌해서 눈물이 나왔다. 흥분한 채 설명을 했지만, 집에 돌아와서까지도 자존심이 상해서 울었다. 자초지종을 들은 아버지는 아무 말씀이 없으셨다. 다음 날 아버지는 선생님으로서는 당연히 내게도 그런 것을 캐물어 보실 수 있는 일이란 것, 억울한 것을 지나치게 못 참는 내 결점을 따끔하게 지적한 편지를 건네 주셨다. 대나무 자(尺)에 단정한 붓글씨로 "모든 일을 다른 사람의 입장에서도 생각해 볼 줄 아는 지혜를 지녀라."는 경구와 함께.

때로 다른 사람과 의견이 팽팽하게 맞서거나 나로서는 도저히 이해가 되지 않는 말을 하는 사람이 있을 때, 나는 어린 날의 아버지가 주신 그 대나무 자를 머릿속에 떠올리며 일단 흥분을 가라앉히려 애쓴다. 자기주장이 강하고 조금만 억울한 소릴 들어도 못 견디는 내 성벽이 발동하려 할 때마다 그 대나무 자는 남과 잘 조화하며 살아가라고 이르시는 것 같다. 남동생 둘을 아래로 둔 딸들 셋이 새 옷 해달라고 조를 때마다 "어떤 사람이 모자 하나를 10년 동안 썼더니 유행이 세 번이나 돌아오더란다."고 웃으시며 우리들 입막음을 하셨다. 당신의 부지런함과 근검, 절약은 매우 철저했다. 아버지, 어머니 그리고 다섯 남매가 소풍을 가면서 땅콩 1근을 사가지고 갔는데, 얼마나 조끔씩 나눠 주셨든지 돌아올 때까지도 남아 있어서 우리 형제들은 "아버지 땡보"라고 지금도 그 애길 하면서 웃곤 한다.

그러면서도 아들딸의 의견이나 하고자 하는 일을 최대로 존중해 주셨으며, 항상 적극적으로 최선을 다하라는 것을 강조하셨다.

내가 대학에 입학하던 해였다. 그 해부터 입학시험에 체육점수가 가산되었는데, 지금처럼 형식적인 것이 아니라 점수 차이가 많이 나고 비중이 컸었다. 나는 달리기 종목이 좀 문제였었다. 내 차례가 되어 뛰기 시작했는데 스탠드 위에서 애가 타서 지켜보시던 어머니가 나를 응원하시느라 같이 100m를 뛰셨다. 나는 그 사실을 나중에야 알았지만, 나의 대학 친구들은 20여 년이 지난 지금까지도 그 때의 장면을 잊지 않고 이야기 하면서 "네가 대학 교수가 된 것은 순전히 어머니의 격려의 덕인 줄 알라"고 말하곤 한다. 이 일 저 일로 마음이 산란하거나 공부가 뜻대로 되지 않을 때 나는 그 운동장의 라인을 따라 걸으며 그 지극한 어머니의 마음을 떠올리곤 한다.

사랑하는 큰딸

봄기운이 완연하구나. 뜰에는 네가 좋아하는 자목련이 피었다. 그 동안도 얼마나 많은 일들에 바쁘게 돌아가고 있을까, 항상 안쓰러울 뿐이다.

부모는 자식 앞에서는 바보가 되나 보지. 그러나 아들딸들이 성실히 알차게 성장할 때 그 부모의 바보스러움은 빛이 되고 지혜가 되는 거라고 엄마는 다짐한다. 꾸준히 알맹이 있는 공부를 해 두어라…….

서울에 유학 온 딸에게 1주일에 두세 번씩은 어김없이 부쳐져 오곤 하던 어머니의 편지의 일부분이다. 자식 사랑하는 일에 세상의 어느 부모가 그렇지 않으리오만 부족함 없는 햇볕과 시원한 그늘로 흡족한 사랑을 알게 하고 그것으로 인해 세상 사람들에 대한 믿음과 신뢰를 심어주셨다.

이 일 저 일로 자신을 들볶으며 제 무게에 시달리는 우리들의 일상, 신문을 읽고 TV를 봐도 언제나 시원한 일이 없는 바깥세상의 소식이나 늘 무거운 과제에 허덕이는 사람들의 얼굴을 바라보노라면 하루하루의 생활이 숨 막히도록 메마르게 느껴진다. 그럴 때는 책과 반찬거리가 범벅된 가방이 귀찮고 입은 옷과 신발이 무겁고 때로는 머리카락을 달고 다니는 것조차 무거운 느낌이 들기도 한다.

그런 순간마다 사람들은 구원처럼 어머니 아버지가 계신 집을 생각한다. 어릴 적 손가락 하나 까딱할 힘도 없이 지쳐 돌아온 저녁이면 "자고 나면 새 힘이 돋는다."고 어깨를 부추겨 주시던 어머니의 치유력으로 늘 아침은 어김없이 힘차게 밝아오곤 했다.

아버지 어머니 두 분이 다 돌아가신 지 10년이 넘었다. 그래도 나는 아버지와의 약속을 잊지 못하고 그 사랑 앞에 목이 메인다.

수레바퀴 사랑

이영강
| 소설가, 국문학과 66 |

오래 전, 텔레비전에서 어느 청소원 부부에 관한 이야기를 방영한 적이 있다. 쓰레기를 수레에 잔뜩 싣고 땀을 뻘뻘 흘리고 있던 그들의 모습이 지금도 눈앞에 선하다. 남편은 앞에서 끌고 아내는 뒤에서 밀어주고 있었다. 그러나 수레는 뭐가 그리 심통이 났는지, 떡 버티고 서서 끌려가지 않으려고 안간힘을 썼다. 그래도 계속 끌고 밀고 하니 수레는 한 발짝씩 발걸음을 떼기 시작했다. 처음엔 거북이 걸음마였으나 조금씩 속도가 붙으면서 정상운행을 하고 있었다.

시작부터 나는 콧잔등이 시큰했다. 희뿌연 새벽 안개 속에 펼쳐진 화면, 우울하기 그지없는 배경음악과 해설자의 착 가라앉은 음성이 나를 더 슬프게 했다. 반면에 열심히 수레를 끌고 있는 그들의 모습에서 나는 사랑과 꿈을 보았다. 서로 끌어주고 밀어주며 같은 방향을 향해 계속 전진하면 언젠가는 그 꿈이 이루어질 것이다. 화면에 심취하다보니 수레바퀴는 어느새 내 인생길로 접어들고 있었다.

남편을 만나 부부의 인연을 맺고 살아온 지가 어언 40여 년이 되었다. 40년이면 강산이 네 번이나 변할 세월인데도 내 생활은 물에 물탄 듯, 술에 술탄 듯, 그냥 그렁저렁 굴러왔다. 그러나 겉으로는 그렁저렁 굴러왔지만 내 속은 강산이 변한 그 네 번보다도 더 많은 변화를 겪었다.

유교의식이 철저하게 밴 봉건적인 집안에서 자란 나는 이북사람과 결혼을 했다. 해방 직후 7남매를 거느리고 목숨 걸고 남하한 집안이었다. 다행히 그들은 모두 38선을 무사히 넘었고 서울에 둥지를 틀어 보금자리를 꾸몄다. 그리고 한참 세월이 흐른 후에 나는 그 집 막내딸과 친구가 되어, 그녀의 바로 위 오빠랑 결혼을 했다. 사 년을 한 반에서 공부를 했지만 한 번도 서로의 집안을 왕래한 적이 없는 친구였는데, 어느 날, 우연의 만남이 인연으로 이어진 것이었다. 그리하여 나는 중매쟁이가 된 친구와 양쪽 부모님의 참석 하에 맞선을 본 그 삼 개월 후에 약혼을 하고, 또 그 삼 개월 후에 결혼을 했다. 급하지도 않았는데, 남편이 내 손을 기술적으로 잡아끌고 어른들이 등을 떠밀어 모든 일이 일사천리로 진행이 되었다.

결혼을 하고보니 시댁의 문화가 내게는 너무나 생소했다. 어떨 땐, 아주 이상한 나라에 온 기분이었다. 남의 험담을 신이 나 죽겠다는 듯이 떠벌이다가는 뭐가 그리 좋은지 방바닥을 치면서 깔깔거리다가 그것도 모자라 발랑 드러누워 떼굴떼굴 구르며 배를 쥐고 웃는 시누이들, 그것도 부모님 앞에서. 한데 언제부터인가 나 역시 그 분위기 속에 휩쓸리고 있었다. 늘 자로 잰 듯 반듯반듯하고 한치의 오차도 용서치 않는 친정집의 침묵보다는 정겹기까지 했다.

그러나 남편의 실망스럽기 그지없는 개인적인 면이 하나, 둘 나타나기 시작했을 때, 그것은 집안 문제와는 별개의 폭풍우가 되어 나를 휩쓸어갔다. 첫아기를 임신하여 배가 남산만하게 불렀을 즈음, 나는 한밤중에 홀로 마루에 걸터앉아 한없이 운 적이 있다. 정말 그때는 딱 갈라서고 싶은 심정이었는데, 내가 왜 그렇게 울었는지는 지금 기억에 없다. 잊혀진다는 진리가 있다는 것은 얼마나 다행한 일인가? 모두가 하나하나 가슴 한복판에 각인되어 지워지지 않고 있다면 지금까지 그렁저렁 살아올 수도 없었을 것이다.

내가 받은 상처가 세월의 강물에 씻겨 흘러가 버렸다고 말을 한다면, 남편 역시 내게 할 말이 있을 것이다. 수레바퀴는 두 바퀴가 균형이 맞아야 정상적으로 굴러가니까. 균형이 깨져 한쪽 바퀴가 삐걱거리면 다른 한 쪽도 구르지를 못한다. 그래서 부부도 발 묶고 뜀뛰기 시합을 하는 것처럼 항상 서로 맞춰 가면서 속도를 조절해야 조화를 이루게 되는 것일 게다. 하나 둘, 하나 둘, 구령을 부르면서 때로는 입가에 잔잔한 미소를 띠우고 눈을 마주쳐 가면서.

그러나 끝내 조화를 못 이루고 계속 삐걱거리면 새 바퀴로 갈아 끼워야 하는 것이 속세의 인생살이기도 하다. 자꾸만 삐걱거리다가 속도를 조절하지 못할 지경에 이르면 수레는 그만 통째로 낭떠러지로 굴러 떨어진다. 그렇게 되면 두 바퀴가 다 작살이 나버린다. 한쪽이 멀쩡했다 하더라도 굴러 떨어진 후에는 회복할 길이 없다.

내 친구 중의 하나가 60이 넘은 나이에 이혼을 했다. 친구 말을 빌리면, 그동안 잘 달려오다가 언젠가부터 삐걱거리기 시작했는데 이제는 다 망가져버려 도저히 수리도 할 수가 없게 돼버렸다고 했다. 계속 가다간 낭떠러지로 굴러떨어질 위기에 처했으니 어쩔 수가 없게 돼버린 것이었다. 그들은 정말 잘 달려온 부부였다.

대학시절, 그들은 아주 열렬히 연애를 했다. 둘은 항상 그림자처럼 붙어 다녔고, 졸업 후 바로 결혼을 하고 미국유학 길에 올랐었다. 모든 친구들의 흠모 대상이 되었던 두 사람은 참말로 그림같이 아름다운 한 쌍의 부부였다. 그런데 남편이 근 10년 동안이나 여자를 감춰두고 있다가 육십 줄에 들어서서 들통이 난 것이었다. 나는 첨에 친구의 이혼을 말렸다. 이 나이에 어쩌겠냐고 그냥 참고 살라고 했다. 한데 남편이 완전히 맘이 돌아서서 이혼을 강력히 요구한다는 것이 아닌가?

그러나 이혼을 한 후의 친구는 한쪽 바퀴만 가지고도 잘 굴러가고 있다.

부부가 손을 잡고 같은 길을 걷기 시작할 때, 그들은 그 길이 어떤 길인지를 모르는 상태에서 발걸음을 떼어놓는다. 길의 시작이 당장은 눈에 보일 수도 있으나 그것이 결코 영원한 길은 아니다. 변화무쌍한 것이 인생길이기 때문이다. 앞으로 펼쳐질 그 길이 아스팔트로 잘 포장된 탄탄대로일 수도 있고, 험난한 가시밭길일 수도 있다. 그리고 길의 끝이 보이지 않고 또 언제 목적지에 도달할지도 모른다. 그냥 주어진 길을 그대로 걸어가면서 발에 걸리는 돌부리는 걷어내고, 걷어낼 수 없는 장애물들은 피해서 가야 한다. 또 허옇게 널브러져 있는 쓰레기들을 치워가며 걷고 또 걸어야 할 것이다.

그러나 뻔히 알면서도 마음먹은 대로 되기가 그리 쉽지 않다. 달리다가 숨이 차면 쉬기도 하면서 꾸준히 노력하며 길을 닦다 보면 우리의 마음도 저절로 닦여지지 않을까? 여기 저기 부딪쳐 상처가 나고 또 그 상처가 아물다 보면 모가 나 있던 마음도 자연스레 둥근 모습으로 변해갈 수 있을 테니까. 뾰족뾰족한 바위들도 수천 년에 걸친 파도에 씻기면 둥근 곡선을 그리지 않는가? 결국 마음만 잘 닦여지면 어떤 길을 가더라도 우리는 앞으로 나아갈 수가 있다. 이것이 곧 꾸준히 노력하며 쌓는 사랑의 힘이 아닐까?

생각해보니 내 수레는 첨부터 조금씩 삐꺽거렸다. 그랬다가 속도를 조절하니 다시 정상운행을 했고, 잘 달리기도 했다. 어느 때는 또 삐꺽거리는 것조차도 느끼지 못한 채 40여 년을 끌고밀고 하면서 오늘날에 이르렀다. 지난 날을 되돌아보니 참으로 부지런히 살아온 세월이었다. 그래도 넘어져 크게 다치지 않고 여기까지 온 것이 참 감사하다는 마음이 든다. 육십을 훌쩍 넘어서고 보니 더 그렇다. 그리고 나는 지금 내 나이가 참 좋다. 오래된 수레바퀴이긴 하지만 성능에 맞추어 속도를 조절해 쉬엄쉬엄 가고 있으니 참으로 편안하기 때문이다.

잘 달리던 그 시절로 돌아가고 싶지도 않다.

돌아가 보면, 남편도 그 시절로 돌아가 그 자리에 그대로 서 있을 게 아닌가?

그리움의 꽃

이재연
| 소설가, 독문학과 67 |

혼자서 누구를 그리워하는 것은 외로운 일이다. 먼발치에서 사랑하는 이를 지켜볼 수밖에 없고, 그리움을 누르며 스스로 열정의 불꽃을 태워야 한다.

결혼 전에 나는 나를 사랑하고 또 사랑한다는 사람 대신 다른 사람을 그리워했다. 나를 사랑한다는 사람의 그 사랑한다는 말이 왜 그렇게 공허하게 들렸는지. 내 쪽에서 수고를 하지 않았는데도 사랑한다는 그 말이 싱겁기까지 했다. 나는 내 쪽에서 누군가를 사랑하므로 변신해 나가 새로 태어나고자 했다.

그 무렵에 나는 신문지상에서만 대하던 작가가 같은 동리에 살고 있다는 것을 알았다. 어느 날 용기를 내어 연상의 이혼남인 그의 집을 예고 없이 방문했다. 그는 글을 쓰고 있다가 있는 모습 그대로 나를 맞이했는데, 나는 첫눈에 내 속에서 무엇인가가 번쩍하는 걸 느꼈다. 그는 하얀 와이셔츠 팔소매를 걷어 올리고 무덤덤한 태도로 나를 대했다. 나는 순간 내 혼과 영과 무의식이 어울려 위로 붕 떠오르는 듯했다. 그 뒤로 나는 한 남자와의 밋밋한 사랑의 허전함을 채우려는 듯 붙잡을 수 없는 그를 그리워하기 시작했다. 해질 무렵이면 그를 먼발치에서나 한번 훔쳐보려는 듯 언덕바지의 어스름 속에서 헤매었다. 속에서 솟아나는 그리움에 싸여, 그리움이 남아 그리워하며 안개가 낀 듯한 몽상의 세계에서 서성거렸다. 꿈의 날개를 펴고 파닥거리는 마법에 걸린 듯한 어슴푸레한 시간은 내가 생각해도 불가사의했다.

사십 고개를 넘어서자 나는 몸이 자주 아파 영육이 강건해지기를 간절히 소망했다. 그 무렵 창조주 하나님께 사로잡힌 남자를 알게 되었다. 그와 얘기하고 나면 이 지상의 고통은 잠깐이고, 영원한 나라의 백성이 된다는 믿음으로 캄캄하던 속이 환해지곤 했다. 마음이 맑아지고 영혼이 자라고, 무엇보다 믿음이 깊어져가는 것을 느꼈다. 자연히 그 영적 능력 있는 사람이 달라 보이기 시작했다. 그에 대한 환영은 늘 소망 속에서 빛으로 다가왔다. 나의 변화에 응답이라도 하듯 그 사람을 그리워하기 시작했다. 싱그러운 꽃향기에 취한 듯 비몽사몽 속에서 그리움의 날개를 파닥거렸다.

언젠가 그와 함께 숲속 집회에 참석한 적이 있었다. 숙소에 도착한 다음날 아침이었다. 나는 그와 같이 언덕 위 모임 장소에 가기로 약속했기 때문에 숙소 문 입구의 바닥에 앉아 스케치를 하며 기다리고 있었다. 그때 문 입구 쪽에서 남자 목소리가 들려왔다.

"아주머니!"

등 뒤에서 들려오는 소리에 얼굴을 돌려 뒤를 보았다. 언제나 신의 손을 붙잡고 있는 듯한 그 사람이었다. 그 순간, 나의 신기루 같은 환상은 깨져버렸다. 눈에 보이는 세상은 황폐한 들판 같았다. 그에게 나는 어느 특정한 그 누군가가 아니라, 단지 한 아주머니였던 것이다. 그 주위의 많은 아주머니 중의 한 사람이었다.

사십대는 영육이 무르익어 풍성하지만 갈등과 허무함으로 위태롭기도 하다. 나는 이 기간을 잘 보내기 위해 어느 상담 소그룹에서 공부를 했다. 지도 선생은 여러모로 능력 있는 분이었다. 그의 주위에는 늘 그를 존경하는 사람들이 있었다. 강의 시간은 서로에게서 나온 기운이 서로에게 흘러 들어가는 생기 있는 강물과 같았다.

—꿈을 갖는다는 것은 현실 속에서 고통을 수반한다.

—기다리면 무르익을 때가 있다.

—자유함이란 지구에서 끝없이 가는 것.

그 선생의 말은 내 메마른 가슴에 떨어져 파릇파릇한 새싹으로 돋아나는 듯했다. 낯선 항구에서 보고 느끼고 눈이 떠져 또 다른 항구로 발을 옮기는 듯했다. 그의 말 한마디 한마디에 껍질을 벗고 고양되고 성숙해갔다. 그는 나의 스타, 별이었다. 그의 별빛을 받으며 희미한 정체성을 회복하고 내 속의 가능성을 엿보며 기쁨으로 설레었다.

정신적으로 누굴 좋아하는 사람은 스스로 변화하면서 성숙해야 한다. 그 선생과 한 번도 함께 차를 마셔본 적이 없고 오붓하게 거닐어본 적도 없는데도 생애 중 자신을 가장 변화시키는 사람이라는 생각이 들면 사랑이란 사랑하는 자의 몫이고, 변신의 또 다른 이름 같다. 사랑은 양이 아니라 어느 순간 부딪친 한 번의 눈짓으로, 한 마디의 말로 운명이 달라지는 위에서 내려오는 선물인지 모른다.

혼자서 누굴 그리워하는 것은 슬픈 대가를 치른다. 언젠가 화사한 햇살이 거리를 비치는 날 오후, 그 선생은 택시정류장에서 젊은 여자랑 얘기를 하며 서 있었다. 그 순간 가슴이 찢어지는 듯 아팠다. 그날 나는 대형문고에서 나와 그냥 정처 없이 거리를 거닐고 있을 때였다. 또 언젠가 12월의 어느 추운 날 저녁이었다. 모임이 끝나고 집으로 돌아갈 때였다. 호텔 앞을 지나고 있는데 그와 그의 아내가 차 타는 모습이 영상의 한 장면처럼 눈에 들어왔다. 아늑한 울타리가 그립고, 누군가 따뜻한 사람의 말이 그리운 추운 겨울 저녁 눈앞에서 펼쳐지는 풍경은 잔인했다. 삶의 탈출구마냥 환상의 성 안에서 홀로 춤추고 노래 부르다가 막상 현실 속에서 그 환상의 주인공을 훔쳐본 순간은 절망적이었다. 그의 현실은 환상에 슬픔의 비를 뿌려주었다. 사랑의 햇살은 홀로 충만하여 빛 속에 서 있을 때 내가 모르는 어디에서 다가오는지 모른다.

작년에 몇 년 만에 그 선생을 만났다. 우리는 차를 마시며 지나온 얘기를 하다가 무슨 말 끝인지 나를 좋아한다는 말을 했다. 얼떨결에 나도 말했다. 저도 선생님을 좋아해요. 나는 사랑한다는 말도 아닌 좋아한다는 그 말 한마디에 십 년의 그리운 세월이 향긋한 한 송이 생명의 꽃으로 피어나 위로 퍼져나가는 것을 느꼈다. 사랑이란 말이 난무하는 세상. 3줄의 문자만 보내도 사랑이란 이모티콘을 서너 개를 보내야 직성이 풀리는 세상. 난 좋아한다는 그 말 한마디를 듣는 순간 참으로 행복했다. 기억과 추억을 깔고서 살아나는 말. 내가 그리워해서 새로 태어났음으로 잊지 못할 그 한마디의 말은 영원한 꽃이 되었다.

사랑의 이름으로

김미현
| 문학평론가, 국문학과 88 |

사랑과 점(占)의 세 가지 공통점은? 한동안 유행하던 질문이다. 대답은 첫째, 모두 자기 이야기로 생각한다. 둘째, 힘들면 찾게 된다. 셋째, 귀에 걸면 귀걸이, 코에 걸면 코걸이다. 사랑만큼 주관적이고 환상적이며 유동적인 없다는 이야기일 터이다. 세기의 연인이었던 마릴린 먼로가 죽었을 때, 9개월 전에 그녀와 이혼했던 극작가 아서 밀러는 장례식에도 불참했다. 하지만 재결합을 며칠 앞두었던 유명한 야구선수 조 디마지오는 그녀가 죽은 후 20년이 넘도록 매주 그녀의 무덤에 꽃을 바쳤다고 한다. 그러니 사랑이란 언제, 누가, 누구와 하느냐에 따라 그 이름이 달라지는 '선물' 혹은 '괴물'이라고 할 수 있다.

문학이 이런 사랑이야기를 놓칠 리 없다. 성, 죽음, 성장, 권력, 가족, 사회 등 모든 주제를 포함하는 가장 커다란 우산과 같은 주제가 바로 사랑이기 때문이다. 사랑 아닌 것을 통해서도 사랑을 이야기할 수 있는 것이 문학의 특권이다. 무릇 문학이란 삶의 모순이나 이중성이 오히려 축복인 괴상한 장르이기 때문이다. 사랑은 문학의 젖줄이자 상처이다. 반복되고 재생산하면서 복제되고 변형된다. 그러니 사랑이란 언제 죽을지 모르는 '생물'이자 죽어도 사라지지 못하는 '유령'이라고 할 수 있다.

당연히 이런 사랑은 시대나 사회를 반영한다. 사랑도 성장하면서 나이를 먹고, 죽은 다음에 다시 살아난다. 문학에서 문제 삼는 것이 사랑의 영원성이나 보편성과 더불어 각 시대에 따라 달라지는 사랑의 사회성이나 시대성인 이유도 여기에 있다. 사랑은 시대의 성감대로서, 내면의 최전방인 '투명한' '밀실'이나 사회의 최후방인 '조그마한' '광장'에서 일어나는 감정의 리얼리즘이다. 그러니 사랑이란 언제나 '사적'이면서도 '공적'인 인간적 제도라고 할 수 있다.

문제는 '지금' '이곳'에서 이처럼 사랑의 중요성이 더욱 커져가는 데도, 사랑을 하기는 더욱 힘들어졌다는 사실이다. 모두가 사랑을 이야기하지만, 누구도 사랑으로 인해 행복하지 않다. 그런데도 사람들은 사랑을 포기하거나 무시하지 못한다. 사랑의 필요성은 증대되었지만 안정성은 감소되었다. 사랑의 주인이 되는 것이 노예로 사는 것보다 어려워진 것이다. 어쩌면 우리는 사랑하고자 하는 욕망은 크지만, 사랑을 위한 준비는 점점 부족한 현실과 대면하고 있는 것은 아닐까. 그래서 우리는 사람을 사랑하는 것이 아니라 사랑을 사랑하는 딜레마에 빠진 것은 아닐까.

이전에 해방 이후의 연애소설을 역사적으로 살펴보는 글에서 잠정적으로 내린 결론은, "자유시대(1950년대)의 연애는 '낭만적 사랑'을 배경으로 한 '에로틱 러브'였다. 그래서 지배이데올로기로 작용하는 도덕 규범과 마찰을 일으킬 수밖에 없었다. '연인'이 아니라 '연애' 자체를 중시하는 '3인칭'의 연애였기 때문이다. '순수시대(1970년대)'의 연애는 '폭력적 사회'를 배경으로 한 '플라토닉 러브'였다. 자본의 논리와 대칭되는 정신적인 연애가 필요했었기 때문이다. 그래서 이 시기의 연애는 자신이 가진 것을 나누어 줄 연인이 중요해지는 '2인칭'의 연애였다. '불감시대(1990년대)'의 연애는 '냉정한 사회' 속에서의 '플라스틱 러브'였다. 감정을 배제한 인공물에 가까웠기 때문이다. 제대로 된 연애를 할 수 없는 '나'가 중심이 되는 '1인칭'의 연애이기 때문이다."였다. (졸고, "연애부터 연애까지", 『판도라 상자 속의 문학』, 민음사, 2001)

그 연장선상에서 이제 2000년대의 사랑을 이야기해 보자. 2000년대를 대표하는 대표적인 젊은 작가 백가흠의 「루시의 연인」(『조대리의 트렁크』, 창비, 2007)에서 '루시'는 "자위용 섹스인형"을 말한다. 주인공 준호는 군대에서 태권도 연습을 하다가 강제로 다리가 찢겨 불구가 된다. 그런 그에게 허락되는 '여자 아닌 여자'는 루시와 같은 "전신 인형"뿐이다. "루시는 금발이다. 서양여자의 실제 머리카락으로 만든 것이어서 풍성해 보이고 윤기가 흐른다. 실리콘으로 처리된 루시의 몸은 사람의 것과 거의 비슷하다. 준호가 다가가 루시에게 입을 맞춘다." 이런 사랑을 뭐라 부를까. 왜 제목이 '준호의 연인'이 아닌 '루시의 연인'일까. 긍정적으로 말하면 인간 아닌 존재로까지 확대된 사랑의 가능성이겠지만, 슬프게 말하면 리얼 돌(real doll)을 연인으로 생각할 수밖에 없는 사랑의 비인간성을 말한 것일 터이다.

이제 사랑은 '비인칭'의 것이 되었다. '루시의 연인'이 준호가 쓰고 있는 포르노싸이트의 소설 제목이기도 한 사실에서 드러나듯이 더 이상 사랑은 인간과 인간 사이에서 일어나는 고상한 관계가 아니라 인간과 사물, 혹은 사물 같은 인간과 인간 같은 사물 사이에서 일어나는 비루한 사건이 된 것이다. 하지만 이 소설의 가장 슬프고도 아름다운 장면은 자신이 마음에 두었던 책방 여자 정원이 사기를 치고 사라지자 정원의 사진에서 눈을 도려내어 루시에게 붙여주는 장면이다. 어쩌면 루시는 정원이라는 여자의 대체물이었을 수 있다. 그렇다면 준호가 사랑한 것은 인형 자체가 아니라 인간이었을까. 문제는 정원이 루시를 대체한 것이지, 루시가 정원이를 대체한 것이 아닐 수도 있다는 '혐의'이다. 인간이 인간을 대체하는 것이 아니라 사물이 인간을 대체할 수도 있다는 점에서 여전히 준호의 사랑은 비인칭의 사랑이라고 할 수 있다.

또 다른 젊은 작가인 박민규의 최근작 『죽은 왕녀를 위한 파반느』(예담, 2009)는 "못생긴 여자와, 못생긴 여자를 사랑하는 남자를 다룬 최초의 소설"이라는 작가의 말처럼 지독하게 못생긴 여자를 여주인공으로 내세운 특이한 사랑이야기이다. 어느 정도로 못생겼느냐면, 디에고 벨라스케스의 그림 「시녀들」에서 맨 앞에 있는 검은 옷을 입는 시녀를 상상하면

된다. 영화로 치면 '처키의 신부'쯤 되는 외모일 듯하다. 남자들은 한번도 이처럼 못생긴 여자를 사랑하지 않았다. 그래서 아름다움만이 여자들의 경쟁력이었다. 왜 인간은 이처럼 아름다움만을 사랑했을까.

박민규에 의하면 "누군가를 사랑하는 일은, 그래서 실은 누군가를 상상하는 일이야. 시시한 그 인간을, 곧 시시해질 그 인간을…… 시간이 지나도 시시해지지 않게 미리, 상상해 주는 거야. 그리고 서로의 상상이 새로운 현실이 될 수 있도록 서로가 서로를 희생해 가는 거야. 사랑받지 못하는 인간은 그래서 스스로를 견디지 못해. 시시해질 자신의 삶을 버틸 수 없기 때문이지. 신은 완전한 인간을 창조하지 않았어, 대신 완전해질 수 있는 상상력을 인간에게 주었지." 인간은 추하기 때문에 아름다움만을 사랑했다. 그래서 박민규는 이처럼 눈에 보이는 아름다움을 이제는 시시하다고 말 할 수 있는, 그래서 너무나 못생긴 여자까지도 사랑할 수 있는 '네오 아담'과 '네오 이브'의 사랑이 도래하는 세상을 꿈꾼다. 부끄러워 말고 부러워 말자는 것이 그의 사랑에 관한 모토이다.

인형부터 추녀까지……. 2000년대 사랑의 스펙트럼은 이토록 다양해지고 넓어졌다. 더 이상 사람들은 사랑이 힘들어서 불가능하다는 말을 하지 못할 듯하다. 대신 다른 것들을 사랑하면서 자신들에게 가능한 사랑을 하고 있기 때문이다. 여기서 이런 사랑도 사랑인지, 혹은 사랑이 어떻게 변한 것인지에 대해 논하는 것 자체가 무의미한 일일지도 모른다. 사랑은 그저 사랑일 뿐이니, 어떤 진실도 모두 진실이다. 그리고 원래 변하는 것이 사랑이다. 우리는 그저 100년도 못되는 사랑을 하지만, 사랑은 몇 억만년을 사랑해오지 않았는가. 그러니 이처럼 유한한 존재인 우리가 할 수 있는 일은 사랑에 대해 침묵하지 않는 것이다. 백년의 사랑은 천년의 사랑의 시작이자 끝이니, 마치 십년의 사랑이 백년의 사랑과 맺는 관계와 같을 것이다. 그래서 작가들은 아직도, 그리고 여전히 사랑에 대한 소장(訴狀)을 쓰고 있다. 누가 사랑을 아름답다고(만) 했는가.

제 3 부

서른두 번째 남자

허미자 _ 조선시대 여성들의 사랑의 표현 | 김선영 _ 한때의 사랑 | 이영자 _ 무지개가 뜨기까지 | 이민수 _ 바람은 갈대와 관계없이 존재한다 | 허숭실 _ 초승달빛이었나 | 김선주 _ 금지된 사랑 | 김소엽 _ 첫사랑 | 서용좌 _ 평행선 | 김현숙 _ 볼펜의 추억 | 조한숙 _ 달팽이에 대하여 | 이강원 _ 사랑은 아무나 하나 | 박명희 _ 사랑은 아름다워라 | 이청해 _ 서른두 번째 남자 | 김영두 _ 사랑을 실천하는 법 | 권지예 _ 열정의 마중물, 사랑 | 정끝별 _ 사랑아, 우리를 몰아 어디로 가려느냐

조선시대 여성들의 사랑의 표현

허미자
| 문학평론가, 국문학과 57 |

조선시대 여성들은 유교적 봉건체제 아래에서 독립된 인격체로서의 권리와 지위를 누리지 못하였다.

일반적으로 여성들은 규방에 갇혀서 한 남성만을 바라보며 삼종지도와 칠거지악만을 강요받는 생활을 하였다. 그러나 기생들은 합법적으로 여러 남성과 상대하여 자유분방한 생활을 할 수 있었다. 그런데 자아를 위한 생활이 아니라, 남성을 위한 도구로서의 생활을 하였음으로 진정한 의미의 사랑을 표현할 수 없었다.

그러다보니 규방여성이나 기방여성 모두 문학을 통해서나 진정한 사랑을 표현하였다. 규방시인 허난설헌의 경우 신혼초기부터 별거나 다름 없는 생활을 하면서 서당에서 공부하는 남편 김성립을 기다리며 고독한 사랑의 시를 지었는데, 이 시는 방탕한 시라고 하여 『난설헌집』에 실리지도 못하였다. 여기서 우리는 당시의 사회제도가 얼마나 비인간적이며 모순이었던가를 알 수 있다. 다음의 시를 보자.

〈강사에서 글 읽는 남편에게〉

제비는 처마 비스듬이 짝지어 날고,
지는 꽃은 요란스럽게 비단 옷 위를 스치누나.
규방에서 기다리는 마음 아프기만 한데,
풀은 푸르러져도 강남에 가신 님은 여지껏 돌아오지 않네.

〈寄夫江舍讀書〉

燕掠斜簷兩兩飛,
落花撩亂撲羅衣.
洞房極目傷春意,
草綠江南人未歸.

난설헌은 제비를 통해 남편과 한 쌍이 되어 날아가고 싶은 연상을 한다. 봄의 끝자락에 지는 꽃을 보면서 사랑하는 마음은 슬픔으로 영상된다. 여름이 되어도 가신 님은 돌아오지 않고 기다리는 마음은 아픔으로 표출된다. 여기서 고독한 사랑, 기다림의 사랑은 난설헌에게는 삶의 전부를 의미한다.

또 이수광의 『지봉유설』을 보면, 다음의 난설헌의 「연밥을 따는 노래」도 방탕한 시라고 문집에서 빼어버렸다고 한다.

해맑은 가을 호수 옥처럼 새파란데,
연꽃 우거진 곳에 목란배를 매었네.
물 건너 님을 만나 연밥 따 던지고,
행여나 뉘 봤을까 한나절 부끄러웠네.

〈采蓮曲〉
秋淨長湖碧玉流,
荷花深處繫蘭舟.

逢郞隔水投蓮子,
遙被人知半日羞.

연꽃처럼 불타는 난설헌의 사랑이 가을 날 호수가에서 님에게 연꽃을 따서 던진다. 여기서 연꽃은 연(蓮 · 憐 · 戀)이라는 동음이의어를 통해 "당신을 사랑한다."는 영상작용을 한다. 시중 화자가 던진 연자(蓮子)는 글자 그대로 연밥이면서, 연자(憐子), 즉 당신을 사랑한다는 뜻이기도 하기 때문이다. 페르샤에서는 젊은 남자가 여인에게 튜립을 주는 것은 그 꽃처럼 그의 얼굴이 불타며 그의 마음이 불타고 있다는 것을 상대편에게 알리는 것이라고 한다. 난설헌은 자기의 불타는 정열을 연꽃을 통하여 영상화 한다. 이러한 정경이 얼마나 아름다우며, 얼마나 순수한 사랑의 호소이련만, 난설헌이 생존한 조선시대에는 음탕한 시로 평가되었던 것이다.

우리는 부안의 이름난 기생 이매창을 기억한다. 매창은 조선시대 기방시인으로 크게 알려져 있다. 그는 조선시대 대시인인 유희경과 사랑하는 사이였다. 유희경이 부안에 잠시 머므르다 서울로 돌아간 뒤에 아무런 소식이 없었음으로 다음과 같은 시조를 짓고 절개를 지켰다 한다.

梨花雨 흣날릴제 울며 잡고 離別한 님
秋風落葉에 저도 날을 생각는가
千里에 외로운 꿈만 오락 가락 하괘라

위의 시조 속의 "낙엽"은 매창이 유희경을 그리워하며 기다리는 불안의식으로 표출된다. 이 불안한 상황에서도 매창은 사랑을 확인해 본다. 여기서 "꿈"은 님과 만날 수 있는 유일한 사랑의 통로가 된다. 그리고 매창은 꿈의 공간을 통하여 님과의 만남을 단축시킨다.

매창이 유희경을 사랑하면서 많은 한시도 지었는데, 그 고장의 아전들이 매창을 추모하면서 『매창집』을 출판하였다.

조선시대 여성들의 사랑의 의미는 곧 그리움과 기다림의 원형이라고 생각된다.

조선시대 여성들은 촛불처럼 제 몸을 사르는 사랑을 표현하다.

한때의 사랑

김선영 _ 본명 김은자
| 수필가, 국문학과 60 |

〈사랑을 위하여〉는 케빈 코스트너가 '빌리 채플'로, 그리고 켈리 프레스톤이 '제인'이라는 이름으로 열연했던 샘 레이미 감독이 만든 미국영화다.

빌리는 오직 야구만이 인생의 전부인 것처럼 알고 지내던 스포츠 광(狂)이었으나 우연한 기회에 사랑을 마음 안에 심게 되어 생의 또 다른 활력소를 만나게 된다. 복잡한 다리 한가운데서 차가 고장나 애를 태우고 있는 생면부지의 여인, 제인을 처음 보는 순간에서부터였다. 이후 빌리는 제인의 발랄한 모습 한쪽에 드리워져 있는 그늘, 우울한 그림자를 발견하고 집요하게 캐물어 마침내 제인이 16살 때, 아이를 낳고 미혼모로 혼자 아이를 키우고 있다는 사실을 알게 된다. 그러나 빌리는 이 사실을 안 이후에도 여전히 제인을 사랑하긴 하지만, 오직 자기네 두 사람만의 사랑의 성을 축조하지 못하는 아쉬움에 애를 태운다. 그러면서도 빌리는 사랑의 아픔을 추스러줄 야구가 있기에 얼마든지 가능할 수 있다고 자신했었지만, 이것은 단지 표면에 지나지 않을 뿐, 야구에 대한 열정과 사랑 사이에서 고민하다 사고를 당하게 되고, 그로 인한 좌절감에 성격이상현상을 보이기 시작하면서 제인과의 사이에도 금이 생기기 시작한다. 그러나 이런 상황 속에서도 시간은 흘렀고, 누구도 세월의 위력 앞에선 어쩔 수 없어 빌리는 19년 동안의 선수생활을 마감해야할 때에 이르고, 제인마저도 빌리의 곁을 떠나고 만다.

자기 생의 마지막 경기에 착잡한 심정으로 마운드에 오른 빌리. 그는 공을 던지며, 제인과 처음 만났던 날을 반추해 떠올리며 공을 던지고, 제인은 뉴욕 행 비행기를 향해 걸음을 떼어놓지 못하고 공항의 TV를 통해 빌리의 마지막 경기를 지켜보고 서 있다.

사람들은 누구나 자기 삶의 투수로서 '노히트 노런' 즉, 무안타 무득점을 상대에게 안기기 위해 나름의 열을 올리곤 하지만, 어느 정도씩의 연민과 가책을 가슴에 안고 살아야 하는 비극적 존재들인지도 모른다. 사실 여러 유형의 '사랑' 중 특히 남녀 사이의 사랑은 불가근(不可近) 불가원(不可遠)? 가까이 다가갈 수만도 없고, 또 그렇다고 멀리 밀쳐놓으려 애를 쓸 수만도 없는 '절제'를 필요로 한다.

나에겐 지금까지 동행하며 함께 살고 있는 네 개의 이름이 있다.

호적에 올리기 위해 습관적으로 붙여진 이름 하나와 어머니가 지어 부르기 시작해 지금도 그분을 떠올리면 나도 모르게 입 속에 맴도는 소위 아명(兒名), 그리고 결혼을 하고 기존의 이름으론 단명할 수밖에 없다는 말을 듣고 남편이 효자동 어느 골목의 철학원에서 지어줘 안고 사는 세 번째의 이름……

순서는 바뀠지만, 마지막 남은 이름 하나가 '세미라미스', 이 이름으로 처음 나를 불러준 이는 6 · 25때 피난을 와 알게 된…… 당시 연세대 영문과에 재학 중이던 Y였다.

그가 무슨 영화였는지는 모르지만, 몇 명의 친구들과 영화를 보고 돌아와서부터 이 이름으로 시작하는 쪽지편지를 써서 내게 주곤 했었고, 먼저 간 친구 희선이의 시화전이나 연극을 하는 내 무대에도 빠지지 않고 와 사진을 찍어주곤 했던 것이 Y…….

지금 생각해보면 전쟁 후 어렵던 시절, 외삼촌 친구로 흰색바탕에 꽃수가 새겨진 실크양말을 선물이라고 들고 왔던 중1때의 운렴이는 그 양말 때문에 끝나고만 풋사랑이었지만, 그의 친척이 되는 주일학교 선생이며 탁구를 잘해 내게 가르쳐주기도 했던 이가 Y였다.

그렇게 대학생활의 시작에서 끝날 때까지 쪽지 표 이름은 유효하였다.

'세미라미스'는 고대 아시리아의 전설 속의 여왕이었고, 아시리아(지금의 이라크 북부지역)는 오리엔트 역사상 최초의 세계제국을 세운 셈족계의 국가였다. 세미라미스와 아시리아에 관한 여러 전설이 전하곤 있지만, 이런저런 설(說)이 많은 관계로 이들에 관한 어떤 서사도 신뢰할 만한 것이 많지 않다. 그러나 니네베의 수도를 건축했던 아시리아 왕 니누스의 총애를 받아 왕자 니뉴아스를 낳았지만, 왕을 독살헤 니뉴아스에 의해 생을 마감했다는 전설이 있어 유럽 곳곳에서 연극뿐만 아니라 가극 〈로시의 오페라 '세미라미테'〉의 소재가 되고 있는 '세미라미스'의 전설…….

무수한 도시를 건설했으며 경이로운 건물들을 많이 세웠지만, 그것들은 다 시간 속에 묻혀버려 남아 있지 않고, 그중 기원전 500년경에 세워졌다는 '세미라미스 공중정원'은 세계고대 7대 불가사의 중의 하나로, 바빌론의 평지보다 높은 곳에 축조를 했다고 해서 붙여진 이름으로 연속된 계단식 테라스로 된 노대(露臺)에 성토하여 수목을 심어놓아 마치 삼림으로 뒤덮인 작은 산과 같았다고 했는데…… 들은 바로는 지금도 그 흔적이 남아 있다고 한다.

컴퓨터를 배워 인터넷 안에 방 하나를 꾸밀 때, 아이디(ID) 즉, 방문을 열고 들어갈 때마다 주문처럼 써넣어야 하는 별명을 만들라는 해 오랫동안 잊고 지내던 이름, 그 문제의 네 번째 이름을 검색창에 써놓고 엔터키를 쳐봤다.

별로 마음에 들지 않았다. 그런데 그는 왜 이런 이름을 내게 붙여 불렀던 것일까.

이제 찾아가 물을 수도 없는 일……, 전설의 여왕은 그만두고라도 7대 불가사의를 만들 수 있는 지혜와 저력을 길러 당당한 삶을 살아가길 바라, 이 이름으로 날 불렀을 것이라는 아전인수 격의 해석을 하는 것으로 궁금증의 문을 닫기로 했다.

녹음이 짙어가는 5월의 교정에서 행사를 준비하는 우리 학교 운동장 안엔 연희동산에서 몰려온 아카시아 꽃내음이 언제나 가득하곤 했었다.

무지개가 뜨기까지

이영자
| 수필가, 영문학과 60 |

나는 가끔 나무로 만들어진 기념품 진열장의 유리문 안을 들여다 본다. 흰빛 크리스탈 물개, 희고 푸른 사기로 만들어진 네덜란드의 나막신과 풍차, 칠보접시, 긴 물담뱃대, 미이라가 누워있는 작은 상자…….

그 하나하나는 내가 다녀온 나라의 공기와 정서며, 그들을 만났을 때의 계절과 함께한 사람들, 그들을 발견했던 장소의 풍광을 선명히 되살려 놓으며 그립고 긴 지난 세월 속에 나를 데려다 놓는다. 언제나 나의 마지막 시선은 그들 사이에 끼여 있는 세 개의 호두에서 멈춘다. 유리문을 열고 호두를 꺼내어 손바닥 안에 감싸 쥐면 서로 부딪히는 매끄러운 소리를 들을 수 있다. 〔4288. 8. 8〕이라는 작고 까만 글씨가 새겨져 있는 호두는 흘러온 50여년의 세월만큼의 윤기를 자르르 흘린다.

* * * * *

머리 땋은 여자 고등학교 3학년인 L과 그녀의 막내 여동생은 T시에서 기차를 타고 몇 개의 터널 속을 통과하여 S읍의 작은 역에 내린다. 터널 속에서는 녹쓸어 닫히지 않는 창문 안으로 매캐한 연기가 여과없이 쏟아져 들어와 손가락으로 코를 막고 숨쉬기를 멈추어야 한다. 마중 나온 M을 따라 끝없이 펼쳐진 푸른 논밭 사이의 흙길, 10여리를 걸어가야 하는데 다리가 아파오면 저만큼 눈에 띄는 커다란 느티나무 그늘을 찾아가 쉬면서 빨갛게 달아오른 뺨 위의 땀을 닦는다. 8월, 정오 무렵의 태양이 잎이 무성한 나무 꼭대기 위에서 이글거리고 있다.

본채와 사랑체와 소여물통 옆의 창고가 넓은 마당을 가운데 두고 배치되어 있는 초가집안으로 들어서서 이윽고 짐을 푼 두 소녀는 길고 더웠던, 그러나 가슴 벅찬 하룻 동안의 고단함을 내려 놓는다. L의 집에서 2년여 동안 하숙 생활을 했던 M의 초대로 시골에서의 일주일간의 여름방학은 이렇게 시작된다.

우리는 해지기 전에 저녁 식사를 마치고 나면, 시원한 늦은 오후의 바람 속으로 작은 교회를 지나 둑길에 오른다. 둑길 왼쪽에는 분홍빛 연꽃들이 활짝 피어 있는 넓은 연밭이 은은한 향기를 품고 있어 L은 연꽃들의 실체인 그 영혼을, 그 향기를 심호흡한다. 둑길 오른쪽은 깊어서 고요한 호수를 끼고 있다. 호수는 〔이름없는 호수〕라는 재미있는 이름을 가지고 있다. 찰싹거리는 물결에 씻기는 호수 기슭에는 크고 작은 자갈들이 제멋대로 흩어져 있고 호수 기슭은 완만하게 경사져 오르는 등성이와 이어져 있다. 잡풀들이 덮여있는 등성이에는 스무여 그루의 소나무가 푸르게 서 있다. 우리는 소나무 기둥에 기대 앉아 노래도 부르고 라마르틴의 시를 읊기도 하고 침묵 속에서 바람소리와 물결 소리와 하나가 되기도 한다.

M은 자기 곁에서 고즈넉히 걷고 있는 L의 옆모습을 훔쳐보며 남 몰래 가슴이 뛰고 있는지 모른다. L은 신화집에서 읽은 에코(Echo)와 나르시서스(Narcissus)의 이야기를 하고 있다. 숲의 요정 나르시서스를 사랑하였으나 받아주지 않아 야위어서 목소리만 남게 된 에코, 물에 비친 자기 모습에 반한 나머지, 물에 빠져 죽어 수선화가 된 나르시서스—우리가 알고 있는 메아리와 수선화의 슬픈 내력은 진작에 L의 감수성에 신비스러운 여운을 남겼던 것일까. L의 이야기를 듣고 난 M은 호심을 흔들어 놓을 것 같은 큰 소리로 유쾌하게 웃는다. 왜인지는 모르는 체 M의 웃음

소리는 L의 발자국을 마치 가벼운 구름처럼 둥둥 떠다니게 한다.

M은 집 뒤 밭에서 보라색과 흰색 도라지꽃을 꺾는다. 생전 처음 도라지꽃의 어여쁨을 알고 감탄하는 두 소녀에게 M은 흰 꽃을 호숫물에 담근다. 순간 그 순백의 흰 꽃은 빳빳한 은박지로 변한다. 그 오묘한 변신에 그들은 신기해 어쩔 줄 몰라 한다. 시골의 여름 낮에는 깊이 모를 적막과 열기가 푸르고 광활한 벌판을 가득 덮고 있다. 뜨거운 흙담은 길게 무료함으로 이어지고 흙빛은 유난히 붉은색을 띤다. 점심을 먹고 나면 열기와 적막과 무료함에 굴복하여 자주 낮잠에 떨어지고 만다. 낮잠에서 깨어나면 전신에 번지르르 땀이 끈적거리고 불쾌하고 몽롱하기까지 하다. 맑은 정신이 되돌아오기까지는 한참이나 걸린다. 그리고 수박을 먹기도 하고 옥수수를 먹기도 한다. 옥수수 밭에서 꺾어 온 옥수수의 껍질과 수염을 벗겨내고 큰 가마솥에 쪄낸 후 촘촘하고 매끈한 알들을 떼어먹을 때는 M이 새로운 세계의 지평을 열어 주는 시간이기도 한다.

톨스토이의 『전쟁과 평화』를 알게 되고 안드레이 공작의 이름이 가슴에 새겨진다. 무엇보다 누군가의 막대기에 머리를 세게 얻어맞고 벌렁 뒤로 넘어진 안드레이 공작이, 격렬한 전투가 중단된 고요 속에 하늘을 바라보며 생각하는 장면을 M은 참으로 잊혀지지 않을 어조로 들려준다. "어째서 나는 여태까지 이 높은 하늘을 못 보았을까? 그렇다. 이 끝없는 하늘 이외의 것은 모두 허무하다. 이 하늘 이외에는 아무것도, 아무것도 없다. 그러나 그 하늘마저도 없어졌다. 정적과 평안, 이 외에는 아무것도 없다." 의미의 실체는 붙잡히지 않지만 심오한 여운이 L의 가슴에 각인된다. 안데르센의 인어 공주 이야기를 듣고 난 후 두 소녀는 너무나 숭고하고 슬픈 인어 공주의 사랑 때문에 하루 동안 가슴앓이를 하기도 한다.

그 날, 4288년 8월 8일에 M은 아침 일찍 두 소녀와 함께 이슬 맺힌 풀숲과 삼나무 덤불 사이로 난 길을 하염없이 걸어 마을 뒤쪽에 높이 솟은 P산을 오른다. L의 어린 동생은 팔월의 열기에 숨차고 힘들어하며 M이 이끌어 주는 등산 지팡이를 붙잡고 간신히 한걸음씩을 옮겨 가다가 끝내는 더 이상 산 오르기를 거부하고 나무 그늘에 주저 앉는다. 일행은 나무 그늘에 자리를 잡고 끝간데 없이 푸른 평야를 내려다보며 큰 노동 후의 편안한 숨을 깊이 들여 마신다. 나무 아래에는 설익은 푸른 호두들이 떨어져 있다. 호두를 주워 주머니에 넣고 주먹밥을 먹고 물을 마시며 비록 도중에 중단하긴 했더라도 생전 처음인 산행의 희열을 경험한다. 다음날 M은 주머니에서 호두를 꺼내고 푸른 껍질을 벗긴 후 밤빛 살갗에 산행날짜를 새겨 넣는다. 〔4288.8.8〕 하나는 L이 갖고 또 하나는 여동생이, 다른 하나는 M이 갖는다.

방학이 끝난다. 이름없는 호수, 호면에 흔들리는 푸른 달빛, 모깃불 태우는 냄새와 연밭, 그리고 옥수수 그 모두를 뒤로 하고 다시 T시로 돌아온다. 놀랍고 새로웠던 경험들은 L과 함께 성숙되어 가면서 L의 도시 일상에 대치되는 커다란 현실이 되기도 하고 L의 마음 깊은 곳으로부터 이곳에 없는 M을 향하여 무언가 호소를 보내게도 한다.

많은 세월이 흐른다. 그리고 어느 날, 몇 강과 몇 산을 이어주는 사랑의 무지개는 홀연히 L과 M의 하늘 위에 걸리고 만다.

* * * * *

나는 손바닥 안에 감싸여 있는 세 개의 호두를 진열장 안의 제 자리에 내려 놓는다. 아득한 추억이 되어버린 세 개의 호두는 나의 이야기인 것도 같고 다른 누군가의 이야기인 것도 같은 젊은 날의 그림 한 폭을 펼쳐 놓고 다시금 긴 침묵 속에 빠져든다.

바람은 갈대와 관계없이 존재한다

이민수
| 소설가, 기악과 64 |

여자는 어쩔 수 없이 부끄럽다. 사랑 애기할 때는 더더욱. 그리고 애틋하고 감동적이고 재미있는 사랑 이야기일수록 소문이라는 발을 가지게 된다. 여자는 소문에 약하다. 소문은 대개 유쾌할 수 없는 것이기 때문이다. 그래서 자유로울 수 없다.

여기에 여자는 대신 사람은 이라든지 인간은 이라고 써야 마땅할지도 모르겠다. 남자도 사람이고 그런 면이 있으니깐.

그러나 남자들은 여자들에 비해 부끄러움이 적다고 본다. 자기 연애담이나 사랑의 경험에 대해서 자랑스럽게 떠벌리기도 잘하며 과장도 잘한다고 한다. 물론 예외는 있겠지만 대체로. 소문에 대해서도 여자보다 훨씬 강하고 현실적으로도 그렇다. 그래서 그만큼 자유롭기도 하다. 같은 연애사건이라도 나혜석과 그 상대자인 최린의 경우만 보아도 현실에선 너무 극심한 차이가 있었다.

누구도 흉내 낼 수 없을 만큼 자기감정에 충실하고 모든 통념을 무시하고 그 시대 유럽의 최고의 지성들과 거리낌 없이 사랑을 나누며 자기 신념대로 산 루 살로메도 소문의 칼날에는 무심 할 수 없었든지 여자는 악의적인 세간의 평판에 의해 죽을 수도 있으며 그런 소문의 악의성은 혼자

로선 힘이 없는 테두리 안의 여자들이 집단을 만들어 그 집단의 힘으로 그들과 다르게 사는 여자를 말살시키고 싶은 무언의 합의로 만들어진다고 했다. 소문이란 원래 진실과는 다르게 커가며 선의적인 것보다는 악의적인 것이 발도 빠르고 힘도 좋으니깐.

남편의 극진한 후원을 받으며 20세기 현대문학의 대표자로 우뚝 솟은 삶을 산 버지니아 울프도 여자는 창작에서마저도 자유롭지 못하다고 했다. 자신도 의식하지 못하는 무의식의 통제를 받는다며. 무엇이 그런 말을 하게 했을까? 같은 여자로서 잘 알 것도 같지만 무엇이라고 확정적으로 말할 수는 없다. 그것은 건방진 일이 될 터이니깐.

베른하르트 슐링크의 소설 『다른 남자』에 사랑해 보지 않은 사랑에 대한 죄라는 구절이 있다. 그 글을 읽었을 때 픽 하고 웃었다.

사랑해 보지 않은 사랑에 대한 죄라고? 사랑해 보지 않았다면 사랑에는 죄가 될지언정 현실에서는 오히려 죄가 되지 않는 다고 생각했기 때문이었다. 불후의 명작 속의 심금을 울리는 사랑은 모두 사랑해보지 않은 탓에 생긴 비극이 아니고 사랑한 탓에 생긴 비극이 아닌가? 전설처럼 되어진 아름다운 사랑 이야기도 물론 그렇다.

사람들은 해피엔딩으로 끝나는 사랑 이야기보다 비극으로 끝나는 사랑 이야기에 더 깊이 심취한다. 그 이유는 정확히 설명할 수 없지만. 그리고 그 비극은 모두 불륜이나 허락 받지 못한 사랑이거나 금지된 사랑을, 하지 않은 탓이 아니라 사랑한 탓에서 비롯된다.

사랑의 백미로 꼽히는 트리스탄과 이졸데, 파울로와 프란체스카는 불륜이고 아벨라와 에로이즈는 허락받지 못한 사랑이고 로미오와 쥬리엣은 금지된 사랑이다. 그래서인지 어떤 소설가는 제도화된 결혼에선 진정한 사랑이란 존재할 수 없다고 소설 속에서 말한다. 일리는 있지만 완벽한 진리라고는 생각지 않는다. 그러나 기억되는 말 중의 하나다.

고전이 아닌 현대 소설에서는 사랑을 사랑했지만 죄가 되지 않고 사랑을 아름답게 완성한 사랑 이야기도 있긴 하다. 『메디슨 카운티의 다리』나 『다른 남자』의 경우 사랑 때문에 비극적인 삶의 종말을 갖지 않는다. 그것도 불륜이긴 하지만. 도덕의 잣대보다 진실된 감정에 우위를 주고 여자들 자신도 무엇보다 자신의 감정과 심정적 요소를 중요시하게 된 까닭에 그런 소설이 대단한 성공을 거둘 수 있게 된 것은 아닌지?

그건 또 예수님은 마음으로도 간음하지 말라고 하셨지만 지금은 휴머니즘이 예수님 말씀보다 강해져 이성과 상관없이 존재하는 감정을 가진 인간으로서는 어쩔 수 없는 일이라고 항변하는 소리로도 들린다. 그렇게 인간을 창조하신 것은 하느님이지 않느냐며. 격세지감을 안 가질 수 없을 만큼 세상은 이렇게 달라졌다.

그러나 인간 자체는 달라졌는가?

2,000천 년 전이나 지금이나 아직도 사람들은 지치지도 않고 사랑 얘기에 빠져들고 슬픈 사랑에 눈물짓고 아름다운 사랑에 가슴 아련해 하고 목말라 한다. 자신 안에 진정성이 있거나 말거나 상관 않고 진정한 사랑을 동경한다. 비슷한 사랑이 끝없이 되풀이 되는 드라마를 계속 보고 자신에게 애절한 사연이 없어도 가슴 쥐어뜯는 그리움을 호소하는 가요를 즐겨 부른다. 사랑 노래도 목이 터져라 열창한다.

왜 그럴까? 무엇이 우리를 그렇게 만들며 사랑에서 놓여나지 못하게 하는가? 사랑이 없으면 인생도 없다고 하는가?

이제는 이성간의 사랑에서 어느 정도 옆으로 비켜 서 있는 나이가 되었다고 생각하는데 이번 수필집 주제가 진솔하고 애틋한 이성간의 사랑 이야기라는 공문을 읽고 마구잡이로 떠오르던 생각들이다. 그리고 이어지던 이런 저런 생각들.

그 중에서 아주 오래되어 기억이 아슴푸레한 이야기가 하고 싶어졌다.

옛날에 한 선비가 과거 시험 보러 한양에 갔었다. 그 때 장안을 떠들썩하게 하는 화제가 있었다. 남산에 있는 큰 바위 한가운데에 긴 칼이 꽂혀 있는데 마음이 정결한 자만이 그 칼을 뽑을 수 있다고 했다. 자신 있다며 수많은 사람이 도전했지만 그 칼을 뽑은 사람은 한 사람도 없었다는 이야기였다. 시험을 끝낸 선비가 고향으로 돌아가는 길에 도성 밖에서 주막집을 하는 누님 댁에 들렸다가 그 이야기를 했다. 그 이야기를 들은 누님이 자신이 한번 해 보겠다며 나섰다. 그 선비는 장안의 한다하는 요조숙녀도 망신만 당했다는데 주막집을 하는 홀로 된지 오래인 누님이 무슨 망신을 당하려고 그러나 싶어 만류했으나 누님의 고집을 꺾지 못했다. 헌데 놀랍게도 누님이 그 칼에 손을 대자 이제까지 한 번도 꿈쩍 하지 않았던 칼이 스르르 빠지기 시작했다. 모두 놀라 쳐다보는데 중간쯤에서 딱 멈추더니 더 이상 빠지지 않았다. 돌아오는 길에 누님이 한탄하듯 말했다. 아주 오래전 어느 석양 무렵 주막에 한 나그네가 왔었는데 돌아가는 그 뒷모습이 죽은 남편과 너무 닮아 설레며 잠못든 적이 있었다고. 그런데 세월이 흘러 잊고 있었다고.

물론 이 이야기는 만들어진 것일 것이다. 그러나 마음에 여운을 남기며 왜 이런 이야기가 만들어졌으며 우리에게 시사하려는 것이 무엇인지 생각하게 했다.

인간 본성을 이해하라는 것일까?

살아 있는 인간의 가슴엔 사랑에 대한 유혹의 바람이 자신도 모를 만큼 정교하게 숨어 있어 난 아니다 라고 말하지만 누구나 다 흔들릴 수 있다는 것일까?

어디선가에서 한 소리가 들려왔다.

'바람은 갈대와 관계없이 존재한다.'

바람은 정열로 갈대는 관념으로 나 나름대로 풀이해 본다.

사람을 움직이게 하는 것은 정열이지 관념은 아니라고 했다.

가슴 속에 바람이 숨어있는 한 대상이 있든 없든, 생각이 있든 없든 사랑은 준비된 상태다.

그래서 사랑 이야기에 무심할 수 없다.

이게 맞는 말인지 그렇지 않는지는 모르지만 오늘은 그렇게 해석해 본다.

'바람은 갈대와 관계없이 존재한다.'

이 말은 어디에서 읽은 것인데 언제 어디서 읽은 것인지는 기억할 수 없다.

초승달빛이었나

허숭실 _ 본명 허윤정
| 수필가, 불문학과 64 |

제주도를 감싸고 있는 바다가 하얗게 포말을 풀어 놓으며 흔들리고 있다. 육지를 향해 날고 있는 기체에서 섬이 점점 멀어지며 작아지다가 시야에서 사라지자 초승달의 잔광이 눈앞에 어른거렸다.

해마다 사월 초파일이면 똑같은 글귀가 쓰인 엽서가 날아오곤 했다. '날마다 좋은 날 되소서. 불기 2546년, 석가 탄신을 기리며'란 짧은 글을 받을 때마다 마음이 편치 않았다. 퍼내고 퍼내도 고이는 열기를 바람에 실어 보내던 그의 엽서가 2002년을 끝으로 더는 오지 않았다. 거리마다 내걸린 초파일 연등을 보며 '이제는 마음을 내려놓았는가 보다.' 안심이 되면서도 가슴 한쪽이 허전했다.

어느 날 바빠서 도저히 틈을 낼 수 없다는 내게 그는 "오늘이 마지막으로 볼 수 있는 날"이라며 굳이 불러냈다. 백화점 분수대 앞에 서 있는 그를 본 순간 나는 소스라치게 놀라 눈을 감아버렸다. 검고 숱이 많던 머리카락은 온데간데 없었다. 칙칙하게 먹물을 들인 승복 차림에 고무신을 신은 그는 허름한 바랑을 메고 있었다. 나에게 두 손을 모으고 합장을 했으나 그의 눈빛은 여전히 타는 듯 했다.

교회에서 함께 자랐고 미션계 고등학교와 대학까지 졸업한 그가 수도승이 되다니. '오늘이 마지막으로 볼 수 있는 날' 이라던 그의 협박 같은 말이 무슨 뜻이었는지 알 것 같았다. 북적대는 백화점에 더는 있을 수가 없어 우리는 서울 대공원으로 자리를 옮겼다. 시월의 공원은 주말이 아니어서 한산했다. 점심으로 나온 비빔밥에 꾸미로 얹은 볶은 고기를 젓가락으로 골라내는 그의 모습을 무연히 바라보다가, 오래 전에 내가 근무하는 직장까지 느닷없이 찾아오던 그와 커피만 마시던 기억이 떠올랐다. 그와 단 둘이 먹은 비빔밥은 처음이자 마지막이 된 음식이었다. 초승달도 눈부시다더니 바라보기만 해도 가슴이 타올랐던가, 수계(受戒)를 받고 수도승이 된지 여러 해가 지났건만 물기어린 그의 눈빛은 아직도 흔들렸다. 우리는 한적한 공원을 걸으며 지난 이야기를 나누었다.

88올림픽을 앞둔 김포공항은 삼엄하고 꽤나 붐볐다. 나는 해외로 출장 가는 남편을 배웅하러 갔다가 우연히 그를 만나 당황했으나 천연스레 남편에게 소개했다. "어릴 적부터 교회에서 친하게 지내던 친구예요." 그는 만나게 되어 반가웠노라고 인사를 하고는 쫓기듯이 밖으로 나갔다. "저 친구 Y대 철학과 나오고 금성 대리점 한다는 그 사람이지?" 남편은 무심한 척, 저만큼 가는 그의 뒷모습을 바라보면서 그를 기억해 냈다. 마침 그의 가족이 미국으로 이민을 가던 날이었다. 고등학생인 두 아들과 아내가 탑승구로 들어가 버리자 그는 힘주어 뜨고 있던 눈을 스르르 감고 중얼거렸다. '아빠를 용서해 다오. 아무리 애를 써 봐도 내 마음을 붙잡아 둘 수가 없구나.' 그는 가족을 태운 비행기가 뜨는 것을 보려고 주차장 쪽으로 발길을 돌리던 참이었다.

주일 낮 예배가 끝나면 중등부 학생들은 2층 교육관으로 모였다. 신앙 동인지를 만든다고 등사판을 밀면서 검정 잉크를 서로 얼굴에 발라 주고는 깔깔대며 도망 다녔다. 시골아이처럼 순박해 보이고 말 수가 적은 그가 2층 난간에 기대 선 나를 슬쩍 밀면서 "누구누구 다리는 새다리"라고 놀렸다. 나는 몸이 약해서 다리가 새처럼 가늘고 연약해 보였었다. 그것이 여자를 향한 철없는 그의 첫 고백이었다. 남자 형제들 틈에서 자란 나는 남학생들과 스스럼없이 지내는 편이었다. 가슴 설레는 감정은 없었지만 체격이 크고 무던한 성품의 그와 함께 있으면 편안해서 군 복무를 위해 떠나는 그가 아쉽게 느껴졌다. 그가 입대하던 날, "사고 없이 잘 다녀와, 기도해 줄게." 라며 다정함을 표했다.

"첫 휴가 받고 나왔더니 네가 벌써 결혼했다고 하더라."

"제대하고 나오니까 큰형수가 선을 보라고 하기에 선보고 두 달 만에 결혼해 버렸어."

그와 이야기를 나누며 옛 기억을 토막토막 회상하다가 파란빛이 도는 그의 까까머리로 눈길이 갔다. 크리스천이던 그가 수도승이 된 것을 되돌려 놓아야겠다고 나는 눈에 불을 켜고 설득하기 시작했다.

"넌 어렸을 때부터 깍쟁이였지, 남의 마음은 다 빼앗아 가면서 네 것은 하나도 안 주었으니까."

나는 그의 말을 듣는 순간 죽비를 맞은 듯 정신이 번쩍 들었다. 할 말을 잃고 시무룩해진 나를 바라보던 그가 "눈에서 힘을 빼니까 옛날 모습 그대로네. 나를 그냥 내버려 둬. 어차피 우리는 공유할 것이 하나도 없는 사람들 이었어." 라는 말로 오금을 박았다. 돌아오는 차 속에서 그를 잊으리라 다짐했다. 수도승이 되었건, 아직도 타는 눈빛을 잠재우지 못한 혈혈단신 외톨이가 되었건.

어느 해 가을날, 그가 불쑥 일산 집으로 찾아왔다. 갑작스런 방문에 난처해하자 그는 덧니를 드러내며 히죽이 웃었다. 그의 웃는 모습을 보며 세속의 까다로운 질서들이 덧없는 울타리로 느껴졌다. 우리는 호수공원으로 나가 해를 등지고 자신들의 그림자를 밟으며 엽서에 담지 못했던 이야기를 나누었다. 신과 악마는 그의 영혼을 저울질하며 싸움을 그치지 않아 그는 갈등에 시달리며 방황했다. 그가 지금껏 믿어온, 그리스도만이 구원의 길이라는 신앙은 지나친 편견과 형체 없는 폭력이라는 자각이 끊임없이 그를 괴롭혔다. 중년에 접어든 그는 의사들도 포기한 병으로 죽을

날만 기다리면서 하나님을 단 한 번도 찾지 않았다. 죽음을 앞두고 두려워 떨면서도 목숨을 간구하지 않았다. 자신도 이해할 수 없는 심정이었다. 그는 죽음을 준비하기 위해 산사(山寺)에 들었다가 우주의 티끌조차도 궤도를 따라 운행되고 있음을 깨달았다. 생명과 죽음은 자연의 질서요, 윤회의 고리에서 벗어날 수 없음을 깨닫고는 불교에 귀의하게 되었다. 그는 병이 기적적으로 회복되자 벽도 지붕도 허물고 제주도로 날아가 두견이가 되었노라고 바랑에 담아 두었던 두루마리를 한 갈피씩 풀었다.

봄 햇살이 솔잎을 금빛으로 물들이던 날이었다. 그에게 '이제는 집착을 내려놓고 눈을 뜨라'는 시 한 편을 적어 보냈다.

> 나도 봄산에서는
> 나를 버릴 수 있으리
> 솔이파리들이 가만히 이 세상에 내리고
> 상수리나무 묵은 잎은 저만큼 지네
> 봄이 오는 이 숲에서는
> 지난날들을 가만히 내려놓아도 좋으리
> 그러면 지나온 날들처럼
> 남은 생도 벅차리
> 봄이 오는 이 솔숲에서
> 무엇을 내 손에 쥐고
> 무엇을 내 마음 가장자리에 잡아두리
> 솔숲 끝으로 해맑은 햇살이 찾아오고
> 박새들은 솔가지에서 솔가지로 가벼이 내리네
> 삶의 근심과 고단함에서 돌아와 거니는 숲이여 거기 이는 바람이여
> 찬 서리 내린 실가지 끝에서
> 눈 뜨리
> 눈을 뜨리
> 그대는 저 수많은 새 잎사귀들처럼 푸르른 눈을 뜨리

그대 생의 이 고요한 솔숲에서
—「그대 생의 솔숲에서」 전문, 김용택

사월 초파일이 몇 번이나 지나도록 엽서도 전화도 없기에 '드디어 깨달음에 들었는가' 하면서도 궁금하고 서운함을 떨칠 수 없었다. 이제 만나면 묻어둔 이야기를 차분차분 나눌 수 있으리라, 마음을 다잡았지만 여전히 설레는 가슴을 안고 제주도를 찾았다. 자연의 질서가 삶의 길이라 했던가. 시간은 정해진 궤도를 타고 어김없이 흘러갔다. 아무리 애걸복걸해도 기다려 주지 않았다. 그는 이미 몇 해 전에 관음사가 바라보이는 한라산 돌밭에 한줌 가루가 되어 스미었다. 다비식을 치를 만큼 고명한 스님은 아니었지만 제주도의 고승들이 그의 몸을 거두어 주었다. 나그네 길을 접고 입적했으나 이승에 두고 간 살붙이와 가슴에서 떼어내지 못한 정인들이 그의 발길을 잡았을까. "두견이의 구슬피 우는 소리가 자주 들려" 관음사 스님의 그 말을 곱씹으며 하늘을 올려다보았다. 하늘도 별빛도, 가슴도 캄캄했다. 어둠속에 실낱같은 초승달이 떠올랐다. 은은한 달빛을 받으며 그는 눈을 감고 가슴도 닫았는가. 옥빛이 퍼지는 하늘로 새 한 마리가 멀어져가고 있었다.

금지된 사랑

김선주
| 소설가, 불문학과 65 |

여학교 시절, 나는 소설 속에 파묻혀서 살았다. 소설을 읽으면서 주인공들의 사연에 울고 웃으며 밤을 홀딱 홀딱 새우곤 했다. 어머니가 제발 잠을 자라고 하시면, 알전구만 있는 스탠드를 이불 속에 넣고 밤 새워 책을 읽곤 했었다. 그 중에서 가장 속도감 있게 읽히는 것은 남녀 간의 사랑 장면이었다. 소설 속에 전개되는 사랑은 어쩌면 그렇게 감미롭고, 흥미진진하고, 서럽고, 아름다운지…….

나는 어느 틈에 애틋하고 열렬하면서도 비극적이고 운명적인 사랑을 기다리고 있었다.

고등학교 1학년 때였다. 학교에 가면 공부보다 친구들과 어울려 노는 것이 더 재미있던 시절이었다. 왜 그렇게 웃을 일이 많았는지. 낙엽만 굴러가도 웃는 다는 말이 맞는 시절이었다.

1학기 중간고사가 끝난 날, 나는 단짝 친구들 다섯 명과 어울려 교문을 나서면서 홀가분함으로 나비처럼 팔랑거렸다.

그때, 교문 앞에서 서성거리고 있는 남학생들 5명이 눈에 들어왔다. 그들은 우리들을 보더니 기다렸다는 듯이 다가왔다. 푸른 상의에 다이아몬드 모양의 배지를 달고 있는 그들을 보며 우리들도 과히 싫지 않은 기색이었다. 우리들과 함께 겨룰 수 있다고 자부하고 있는 K고등학교 남학생들이었기 때문이었다. 그중에 한 학생이 앞으로 나서며 용감하게 말을 걸었다.

"너희들 몇 학년이니?"

"우리는 고 일이다 왜?"

우리 쪽에서도 씩씩한 친구가 나서서 퉁명스럽게 대꾸를 했다.

"그래? 우리도 고 일이다. 이제 우리가 고등학생이 되었으니, 너희들과 함께 서클을 만들고 싶어서 왔다."

"서클을 만들자구?"

우리는 갑작스러운 제의에 새침때기처럼 쌀쌀한 표정을 지으며 그들의 말에 한 마디 대꾸도 없이 한적한 덕수궁 뒷길 쪽으로 급하게 방향을 잡았다. 그것은 그들의 말을 무시하는 척하면서도 은근히 그들이 따라오게 명분을 만들어주기 위한 유인술이기도 했다.

그들도 그것을 알아차렸는지, 재빠르게 따라오면서 음악도 듣고, 영어도 함께 공부하는 모임을 만들자면서 우리들을 끈질기게 설득했다.

그 당시 나는 유난히 내성적이어서 한 마디 말도 못하고 걸어가기만 했다.

그때, 그들 쪽에도 나처럼 별로 말도 없이 친구들 뒤를 따르기만 하는 남학생이 있었다. 나는 그를 언뜻 보았다. 계집애 같이 갸름한 얼굴에 짙은 눈썹이 먼저 눈에 확 들어왔고, 그 밑으로 맑고 큰 눈에 우수가 깊숙이 어리고 있었다. 이상하게 그 눈동자가 내 가슴속으로 화살처럼 날아와서 박히는 듯했다.

그날, 우리는 한적한 돌담길을 걸으며 마냥 튕기면서 비싸게 굴었고, 그들도 우리를 설득하다가 자존심이 상했는지, 시청 앞까지 따라오다가 그만 가버렸다. 나는 도도한 척 무표정했지만, 왠지 가슴에 이상한 미련이 남으면서 아쉬웠다. 하지만 그것으로 그만이었다.

몇 달이 지난 뒤, 추석날이 다가왔다.

그 당시 내가 가장 좋아하는 명절은 추석이었다. 맑고 싸늘한 공기도 상쾌했지만, 둥근 달을 보면 이상하게 가슴이 벅차오르면서 소원이 이루어질 것만 같은 순전한 마음이 되곤 했다. 그리고 송편이며 햇과일, 푸짐한 음식들을 먹으면서 일가친척들을 만나게 되는 것이 마냥 즐겁기만 했다.

그런데 그날, 어스름한 저녁 무렵에 낯선 아주머니가 초인종을 누르며 아버지를 만나러 왔다고 했다. 대문을 열어준 나는 아주머니 뒤를 따라 들어서는 남학생을 가까이서 보자마자 크게 열린 눈동자를 깜박거리지도 못하고 굳은 자세로 바라보고만 있었다.

그는 바로 몇 달 전에 교문 앞에서 보았던, 우수어린 눈동자의 남학생이 아닌가?

그도 놀라고 나도 놀랐지만 우리는 너무나 뜻밖이어서 아는 척도 하지 못했다. 아버지 방으로 들어간 그들은 한동안 나오지 않았다. 나는 마당에서 서성거리면서 휘영청 떠오르고 있는 보름달만을 하염없이 바라보며 궁금증으로 조바심이 일었다. 이상하게 가슴이 마구 두근거렸다.

그들과 오랫동안 이야기하던 아버지와 어머니는 우리 형제들을 불렀다.

"얘들아! 인사드려라. 내 외숙모님이시다. 그리고 이 아이는 내 외사촌이고……."

우리들은 모두 어리둥절했다. 갑자기 웬 외숙모? 그러면 저 남학생은 나에게는 오촌 당숙이니까 아저씨라고 불러야 하지 않는가?

"외삼촌은 정말 훌륭하신 분이셨다. 일제시대에 중국에 가셔서 우리나라의 독립운동을 주도하신 분이다. 해방 몇 달 전에 안타깝게도 돌아가시고, 늦게 결혼한 외숙모 혼자서 갓난아이를 안고 우리나라에 돌아와서 살았단다. 그동안 온갖 고생을 하시다가 이제야 겨우 우리 집을 수소문해서 찾아오신 거란다. 이제 이렇게 알았으니 너희들도 잘 지내거라."

나는 속으로 지극히 혼란스러웠지만, 그가 오촌 당숙이라는 것이 너무나 신기하기도 하고 흐뭇하기도 했다. 나에게 저런 아저씨가 생기다니! 그저 꿈만 같았다.

그 뒤에 그의 주선으로 우리 친구들과 그들이 함께 하는 서클이 이루어졌고, 너무나 즐겁고 재미있어서 방과 후에는 운동장 구석에서 친구들과 함께 서클에서 일어난 일들을 되새기며 웃고 떠드느라고 시간이 가는 줄도 몰랐다. 그때의 서클활동이 우리들의 학창시절을 얼마나 풍요롭게 했는지…….

그는 명절 때가 아니더라도 우리 집에 자주 놀러오곤 했다. 우리는 같은 학년에다가 그 당시에는 유명한 K여고, K고교 학생이었기에 만나면 화제가 많고 시간 가는 줄을 몰랐다.

나는 밤마다 피아노를 배우러 동네에서 조금 떨어진 곳으로 다녔다. 그 당시에 나는 피아니스트를 꿈꾸고 있었다. 그 집은 길가로 창문이 있는 이층에피아노가 있어서 밖에까지 소리가 들렸다. 레슨이 끝나고 내려오면 그가 기다리고 있었다. 왜 날 기다리고 있느냐고 물으면 네 피아노 소리가 너무 좋아서 듣고 싶어서 왔다고 했다. 그 때는 피아노가 별로 없던 시절이라서 그럴 수도 있다 싶었다. 그리고 우리 집까지 밤길을 걸으면서 하루의 일들을 재잘대곤 했다. 나는 그를 보면 마냥 든든했고, 그저 물색없이 즐겁기만 했다.

그러던 어느날, 아버지가 나를 부르셨다. 아버지의 표정은 무섭게 굳어있었다.

"오늘부터 피아노 배우러 가지 마라. 절대로 안 된다. 알았지?"

청천벽력 같은 명령이었다. 나는 아버지가 너무 어려워서 항의도 제대로 하지 못하고 울먹거리면서 방을 나왔다. 우리집에서 아버지의 말씀은 곧 법이었다. 아무도 이의를 달거나 거역할 수 없었다.

나는 영문도 모르는 채 피아노를 그만 두어야 했다. 어머니에게 애타게 이유를 물었지만, 어머니도 아무 말씀을 하지 않으시며 전에 없이 단호하게 아버지의 말씀을 따르라고만 할 뿐이었다.

나는 음악대학에 가려던 꿈을 접을 수밖에 없었다.

고등학교 삼 학년이 되자 공부에만 몰두하게 되었고, 그도 우리 집에 오지 않았지만 별로 이상하게 생각하지 않았다. 그때는 서클활동도 중지

했다. 우리는 저마다 대학 입시 준비로 바빴으니까.

마침내 우리들이 대학생이 되었을 때, 그가 학교로 찾아왔다.

나는 법대생이 된 그를 축하해 주면서 함께 대학생이 된 것이 무척 다행스럽고 기쁘기만 했다. 하지만 그의 표정은 그렇게 밝지는 않았다.

독립운동가의 집안은 경제적으로 어려워서 고생하는 사람들이 많았고, 특히 어머니 혼자서 생활을 이끌어가는 그는 늘 어둡고 외로운 표정이었다. 그래도 나는 그가 좀 안됐다는 생각뿐 깊이 이해하거나 알려고 하지 않았다.

그를 만나면 학교생활이며, 데이트한 이야기들을 숨김없이 털어놓으며 시간이 가는 줄을 몰랐다. 음악을 듣고 차를 마시면서 주로 말을 많이 하는 쪽은 나였다. 그는 맑고 큰 눈을 들어 나를 지긋이 바라보면서 무슨 이야기나 재미있게 들어주곤 했다. 그럴 때마다 오촌 당숙인 그의 존재가 누가 보아도 떳떳하고 당당해서 너무나 편하고 자연스러웠다.

바람이 몹시 불어대는 봄날이었다. 화사하게 피어있던 벚꽃이 난분분 흩날려서 공연히 마음이 심란하던 날이었다. 디쉐네 음악실에서 만난 아저씨가 한동안 망설이더니 더듬거리면서 말을 꺼냈다.

"나, 다음 달에 미국에 간다."

"미국? 왜? 뭣 땜에?"

"여기서는 숨이 막혀서 죽을 것 같아. 아무도 알지 못하는 곳에서 내 인생을 시작하고 싶어. 이대로 가다가는 난 폐인이 될 것만 같아."

그의 얼굴은 고통으로 일그러져서 금방이라도 울음이 터질 것만 같았다. 눈물이 그렁그렁 맺힌 눈동자를 인광처럼 번득이며 나를 직시하는 그의 눈길을 보는 순간 나는 숨을 훅 들이켰다. 이때까지와는 다른 낯선 눈빛이었다. 나는 이유를 묻고 싶었지만 갑자기 목이 턱 막혀서 말이 나오지 않았다. 이유를 물었다가는 어쩐지 걷잡을 수 없는 격랑 속으로 휩쓸려 들어가서 헤어날 수 없을 것만 같은 막연한 두려움이 몰려왔다.

나는 혼란스러워지는 머리를 세차게 흔들면서 애써 이성을 수습했다. 그리고 '아저씨가 이곳보다 더 좋은 곳으로 간다는데 내가 어쩔 것인가'

하는 앵돌아진 마음으로 태연한 척하며 그저 잘 가라는 말 밖에 하지 못했다.

그가 떠난 뒤, 나는 한동안 그의 환영을 안고 허둥거렸다. 교문을 나서면 그가 나를 기다리고 있을 것만 같았다. 언제까지나 옆에 있고, 이별 따위는 없는 친척이라는 이유로 그의 존재를 너무나 당연하게 생각했다는 깨달음이 들면서 항상 손에 쥐고 있던 조약돌을 놓친 기분이었다.

하지만 그것도 잠깐이었고, 나는 자유분방한 대학생활을 즐기느라고 그의 부재는 간간이 아쉬움으로 다가올 뿐, 별로 가슴앓이를 하지는 않았던 것 같다.

일 년 이상이 흐른 뒤였다.

어머니와 우연히 그에 대한 이야기를 나누게 되었다.

"엄마, 그 아저씨는 왜 미국으로 갔을까?"

"이제 너도 성인이고, 그들도 이곳에 없으니 말해도 될 것 같구나. 그때, 아버지가 왜 피아노를 그만 두라고 그렇게 단호하게 말씀 하셨는지 아니?"

"내가 어떻게 알아? 나 정말 그때, 미치는 줄 알았어. 아버지는 너무하셔."

"그게 다 이유가 있었단다."

"이유라니?"

"외숙모가 하루는 아버지를 찾아오셨어. 노트 한 권을 가지고."

"웬 노트?"

"그 아이의 일기장이었어. 거기에는 온통 네 이야기뿐이었고, 참을 수 없는 사랑으로 괴로워하며 몸부림치는 사연으로 가득 찼더구나. 네가 보고 싶어서 밤마다 피아노 치는 곳으로 달려갔다는 이야기도 있구……."

"뭐라고? 사랑? 그게 말이나 돼?"

"외숙모가 울면서 아버지한테 매달렸어. 제발 이 일을 수습해 달라고. 그 아이는 외숙모의 전부라면서…… 외숙모를 보내고, 아버지가 얼마나 역정을 내시며 걱정하셨는지 아니?"

나는 둔기로 머리를 맞은 것처럼 어리둥절했다. 그러면서 나는 비로소 지난날들을 곰곰이 되새겨 보았다.

순간, 나는 번개처럼 뇌리를 스쳐가는 그와의 일들을 부여잡았다.

그러고 보니 그의 우울하고 애절한 눈빛을 그저 무심히 넘겼다는 생각이 들었다. 그게, 그저 아저씨 본연의 모습, 그 자체인줄만 알았고, 나에 대한 고통스러운 사랑 때문이었음을 전혀 모른 것이었다.

그때서야 너무나 미련했던 내가 후회스러웠다. 그가 한 번 쯤 표시라도 했더라면, 그를 설득하며 해결점을 모색했을지도 모를 텐데…… 그리고 한때의 열병으로 지나갔을지도 모르는데…… 하지만 그게 과연 가능했을까?

그는 너무 똑똑하고 이지적이지 않았나 싶다. 아니면 도저히 이룰 수 없는 금지된 사랑이 너무나 엄청나고 무서웠는지도…….

그는 그렇게 미국으로 간 이후에 나에게 단 한 번의 연락도 없었고, 지금까지 그가 어디에서 무엇을 하고 있는지 전혀 모른다.

세월이 흐를수록 인간의 가슴속 깊은 곳을 들여다 볼 줄 몰랐던 내가 너무나 안타깝고, 마냥 혼자만의 생각에 빠져서 누구에게 상처를 입히는 줄도 몰랐던 내가 한심하다는 생각이 든다.

하지만 너무나 철이 없었기에 나는 그 어마어마한 금지된 사랑을 무사히 넘겼는지도 모른다. 내가 그토록 꿈꾸던 비극적이고 운명적인 사랑이 나에게 다가왔다가 저 혼자서 스스로 멀어져간 것도 모르는 채.

아버지 없이 혼자 외롭게 자라서 삶의 엄숙한 계율을 일찍 알았던 그만이 상처를 입고 생의 물줄기를 바꾸어 버렸으니…….

지금도 그를 처음 만났던 그 날이 선연하게 떠오른다.

맑고 강렬하게 빛나던 그의 눈동자도 지금은 안개처럼 희미하고 아련해졌겠지…… 그때는 아무렇지도 않던 내 가슴이 이제야 쥐어짜듯 저려든다.

영원히 다시 돌아오지 않을, 너무나 순수해서 아름답고 슬픈 젊은 날들이 내 가슴속에서 일렁거리며 서리서리 쌓인 그리움을 자아내고 있다.

첫사랑

김소엽
| 시인, 영문학과 65 |

아카시아 꽃 향기가 그윽하게 번지는 5월!

눈부신 햇살과 감미로운 공기가 내 가슴속에 아이스크림처럼 녹아져 내리는 사춘기였다.

나는 막 고등학교를 들어간 풋내기 고교생이었다.

대전여중을 졸업하고 나의 친구들은 대전여고로 거의 진학을 했으나 아버지의 권유로 대전 사범에 들어가게 되었다. 졸업 후 학교 선생으로 곧바로 취직이 될 수 있기 때문에 그렇게 권하셨던 것 같다.

사범학교는 지금의 교육대학에서 배울 수 있는 모든 과정을 학생들에게 가르쳤다. 아동심리 발달심리 교육사 교육철학 등과 예체능과목을 고루 가르쳐 전인적 인격을 지닌 교사를 양성하는 것이 목적이었다. 그래서 오르간이 필수과목었다. 코오르붕겐 악보를 다 쳐야 패스하는 과정이 있었다. 그 시절 대전사범에는 피바디 사절단의 도움으로 오르간이 한 이십 대 정도 있었기 때문에 새벽에 일찍 나오지 않고서는 오르간을 차지할 수가 없었다.

그 때만 해도 50년대 말이라 모두 가난해서 피아노나 오르간을 가지고 있는 아이들은 거의 없었기 때문이다.

오월 어느날, 내가 새벽처럼 일어나서 오르간실에서 오르간을 치고 있었을 때 누군가 밖에서 나를 응시하고 있었다. 눈이 마주쳤다. 잘생긴 남학생이었다. 믿음직한 우뚝한 코와 잘 정돈된 이목구비를 갖춘, 이제까지 내가 본 사람 중 제일 잘생긴 남학생이 나를 계속 주시하고 있었다. 건반 위에 놓인 내 손이 떨리기 시작했다. 악보가 보이지를 않았다. 가슴이 쿵쾅거리는 소리가 내 귀까지 들렸다.

한참을 건반 위에 놓인 떨리는 내 손을 바라보고 있었다.

이윽고 그 남학생이 문을 열었다.

"다 쳤으면, 양보해 주실 수 있습니까?"

나는 귀까지 빨개진 얼굴로 난감해졌다. 내일 시험인데 지금 아니면 칠 시간이 없는데 어쩔 것인가……. 마음속으로는 아직 쳐야 되는데…… 하면서 나는 어느새 "네. 그러지요." 하면서 자리를 내주고 있었다.

이것이 첫 번째 만남이었다.

한 일주일이 흘렀을까 편지가 날아오기 시작했다. 소위 연애편지라는 것을 난생 처음 받아 보았다. 얼마나 부끄럽던지…… 부모님을 뵐 수가 없었다. 나는 아직도 어리광이 가시지 않은 그런 아이인데 어느새 내가 처녀가 되어 연애편지를 받는다는 사실이 너무나 부끄러워서 어쩔 줄을 몰라 했다. 나는 그 편지의 밑부분을 물에 묻혀서 살며시 떼어내고 편지를 읽었다. 소월시가 적혀 있었다. 소월의 「그리움」이란 시로 자기 마음을 대변하여 보내준 그 시가 내 마음을 밀고 막무가내로 들어왔다. 무엇보다도 글씨가 명필이었기 때문에 더 마음에 들었다. 나는 그 당시 모범생이었고 더욱이 대전사범을 일등으로 들어간 학생으로 주목을 받고 있었기 때문에 불량기가 있는 학생들이나 하는 연애라는 것을 나는 해서는 안 되는 위치에 있었다. 나는 철저히 내 감정을 감추고 모범생이어야 했다.

그래도 나는 연애편지가 그렇게 나를 황홀하게 하는 것임을 몰랐다. 나는 혼란스러웠다.

나는 편지를 다시 봉했다. 그리고 나는 모범생이기 때문에 이 따위 연애편지는 받지 않는다는 묵시적 표현으로 다른 봉투에 넣어 그 주소로 다시 돌려 보냈다. 그러기를 몇 년이 계속되었다. 그러나 그가 나를 잊을 수 없었던 것은 1958년도에 이승만 대통령이 한일관계를 정상화시키기 위해서 '한일청소년 세미나'라는 주제로 충남도청에서 도지사를 모시고 모임을 가졌을 때였다. 나는 대전여중의 적십자 대표로 나갔고 그는 다른 남자중학교의 대표로 나와서 도청에서 일본대표와 함께 만난 자리에서 나를 인상 깊게 보게 되어 기억에 남겨 두고 있었는데 뜻밖에도 대전 사범에 와서 그 기억의 여학생을 만나게 되어 연심을 꽃피우게 되었다는 사연을 그의 편지를 통해서 읽고 알게 되었다.

아카시아 꽃이 다 떨어져 누웠고 어느새 숲에도 가을이 물들기 시작했다. 내 가슴은 무언지 모를 그리움으로 가을 하늘을 뜬 구름처럼 달렸고 그리움이 지쳐서 내 가슴도 단풍들기 시작했다. 그 무렵, 오르간을 치고 나오는 어스름 하교길에서 나는 그가 내 뒤를 거리를 두고 따라오는 것을 느꼈다. 나는 나도 모르게 골목길로 접어들었다. 그리고 얼마를 걷다가 모퉁이를 도는 순간 고개를 살짝 내밀고 뒤를 돌아보았다. 나를 보았던 그가 순간 주춤하더니 이내 나 있는 쪽으로 달려왔다. 나는 반사적으로 달아났다. 그러나 나는 그에게 붙잡혔다. 그는 나에게 만나줄 것을 간청했다.

나는 그를 만나기 전날 밤 잠을 이룰 수가 없었다.

밤새껏 가슴이 뛰고 만나서 무슨 말을 어떻게 해야 할까를 생각했다. 내가 그를 만나야겠다고 생각했던 가장 큰 이유는 그가 얼마 전에 돌연한 사고로 아버지를 잃었기 때문이었다. 학생대표를 맡고 있었고 같은 반 남학생들에게 인기가 많았던지 담임선생을 필두로 반 전체 학생들이 장례식에 참여해서 장지까지 함께 갔다 왔다는 소문이 전해졌다. 나도 그를 위로해 주고 싶었다. 그리고 그에게 용기를 잃지 말기를 당부하고 싶었다.

7남매의 장손이었던 그에게 지워진 짐은 생각보다 엄청 무거운 무게였으리라.

그 다음날 나는 그를 만나서 이렇게 말했다.

"지금은 아직 고등학생이니 우리 대학 들어가서 만나요. 저는 꼭 대학에 진학할 예정이니 거기도 꼭 대학에 진학해서 그 때 다시 만나요."

사범학교에서 서울의 좋은 대학에 진학하기란 쉬운 일은 아니었다. 왜냐하면 사범학교 학생들이 중학교에서 우수한 학생들이 들어오지만 대학 진학과는 무관한 학교이기 때문에 그 당시에 대학입시 필수과목인 영어 수학을 등한시 하고 예체능과목 위주로 교과과정이 짜여 있기 때문이었다. 그러나 나는 그러한 어려움을 딛고 진학을 하고자 했다. 좋은 시를 쓰려면 외국문학을 알아야 했고 그래서 국문학과가 아닌 영문학과를 택했던 것이다. 이는 그 당시 우리 학교에 계셨던 시인 한성기 선생님의 영향이자, 교내 백일장에서 수상을 해서 강소천 선생님이 서울에서 오셔서 시상을 해 주시면서 많이 배우고 열심히 하라는 말씀도 큰 도전이 되었던 것 같다. 나의 어린 생각은 그 남학생이 나의 짝이 되려면 적어도 대학을 나와야 되지 않을까 하는 생각도 있었고 또 아무리 어려운 가운데라도 그 남학생이 초등학교 선생으로 썩기에는 너무 아깝다는 생각이 들어서 그에게 용기와 꿈을 주는 일이 내가 할 수 있는 최대한의 역할이라는 생각도 들었던 것 같다.

약속대로 그 남학생도 대학에 진학을 했고 나도 진학을 하게 되었다. 나는 모범생의 금기를 깨게 되었지만 대학에 들어간 후였다.

대학에 들어가서 대학 2학년 때인가 그가 다니는 대학의 개교기념일 축제 때 그 남학생은 학생회장이 되어 나와 나의 친구들을 초청하였고 그 답례로 이화여대 축제 때 나도 그 남학생 일당을 초청하여 하루를 재미있게 지냈다. 그리고 나에게 십대의 사춘기도 서서히 저물어 갔고 그렇게 움튼 첫사랑의 설레임도 잦아들 무렵 서로 다른 사람과 사랑하여 결혼을 하게 되었다. 첫사랑은 이루어지지 않아야 첫사랑의 의미가 새겨지는 것이지 이루어지면 첫사랑은 퇴색되는 것 아닐까.

아직도 아카시아 필 무렵이면 나는 지금도 연분홍빛 마음에 물들어 십대의 내 삶의 중요한 한 컷으로 소중하고 아름답게 간직하고 있다.

평행선

서용좌
| 소설가, 독문학과 67 |

사랑을 글의 주제로 받은 순간 평행선이 떠올랐다. 평행선을 화두로 삼을 량이면 그건 이미 시시한 시작이리라. 그렇다. 하지만 "종교적인 긍휼"이라거나 "아끼고 위하는 정성스런 마음" 같은 보편적 사랑이 아닌, "남녀가 서로 정을 들여 애틋하게 그리는 마음"으로서의 사랑을 이야기하려는데 대뜸 평행선이 떠오른 것을 어쩌랴. 심장도 머리도 둘인 두 개체 간의 사랑이라면 서로 다른 선의 만남을 의미할 터인데, 그것이 잠시라도 우연이라 해도 평행선이 되어야 서로를 건네다 볼 수 있고 사랑 등을 이야기할 수 있지 않나 말이다. 서로를 향해 질주하는 선은 질풍노도처럼 만났다하더라도 곧 비껴가버리지 않겠는가 말이다.

물론 이러한 염세적인 견해는 한 개체가 그리는 선이 곡선이라기보다는 직선 쪽에 가깝다고 보는 데에서 출발한다. 만일 길가다 동무를 만나서 한눈 팔 량으로 멈칫거리거나 굽어져 어울릴 수 있다면 사랑의 감정도 보듬고 어우러져 다른 모습을 그려낼 수 있으련만, 어쩐지 그것은 희망이나 꿈같은 말로 들린다. 태어나면서 손발을 버둥대던 우리는 늘 어딘가로 버둥대면서 나아가고 그래서 그 길이 우리의 인생이 된다. 기껏 잘해야 비슷한 각도로 움직이고 있는 다른 길손을 동무 삼을 수 있으면 그게 낙일 것이다. 어쩌다 불꽃이 튀어 한데 어우러진 두 길이 있어, 다시 서로에게서 영 멀어지지 못하고 머뭇거리며 주변에서 서성대며 길을 간다면 그것 역시 축복 아닐까. 함께 세상에 새로운 길손을 퍼뜨리기라도 하면 그 또한 잊히지 않아 더욱 버벅대고 주저앉아 그렇게 살아가는 삶. 사랑은 제 본디를 깨닫게 하는 일에도, 길을 계속 가게 하는 일에도 무르다. 사랑은 사람을 물러터지게 하고도 그것에 만족하게 한다. 사랑은 허술하고 바보스럽다. "현명한 이가 말하길, 바보들만 사랑에 빠지는 법이라 했지"라던 노랫말이 진리다. 바보가 아니고서야 무슨 그런 평생을 갈 중증의 바이러스에 옮는단 말인가.

이 병은 『폭풍의 언덕』 같은 중독된 사랑이나 『베르테르의 슬픔』 같은 치명적 사랑으로 소설 속에나 파묻혀 영생한다. 이 병은 실 인생에서는 애절하게 끝날 때가 많다. 중세 철학자 아벨라르와 제자 엘루아즈처럼 사랑 속에 결혼하여 아들을 두고도 생이별하는 연인들. 문중의 간섭으로 각각 수도생활에 들어갔으니, 그들의 "사랑의 서간"이 수백 년을 넘어서까지 세상의 연인들을 감동시키면 무엇 하리. 더러는 공권력도 사랑을 죽이는 변수다. 2차 대전 후, 보통 사람들처럼 십대에 만나서 몇 년 후 결혼하고 아들 둘 낳고 단란한 가정을 꾸렸지만 느닷없이 원자무기 비밀을 소련에 건넨 스파이혐의로 체포되어 전기의자에서 생을 마감한 로젠버그부부. 폭력은 사적인 차원에서도 마찬가지다. 흑인이면서 명 쿼터백으로 이제 은퇴한, 네 아들의 아버지이자 멀쩡한 남편. 자선활동에서까지 돋보인 남부러울 것 없던 그가 별장에서 잠든 사이 갓 스물을 넘긴 여친에게서 네발의 총격을 받는다. 순수했던 첫사랑을 접고 명사와의 인생을 꿈꾸었던 여자의 종말, 참혹한 비극. 허황한 것이 사랑일까. 사랑은 치기다. 사랑은 없다.

아니, 동서고금 세기적 스캔들을 뿌려댄 이들의 숨 막히는 열정들을 생각하면 사랑은 그 무엇인 것 같기도 하다. 정직하게 말하면 가끔은 가까이 이웃에서도 힘든 길을 선택한 대단한(?) 사랑도 없진 않다. 기어코 첫 연인을 기다렸다가 그녀가 아이 둘 데리고 고향 내려오는 기차간에서 훔쳐 달아난 집안 오라버니가 있었다. 그 아이들 둘하고 나중에 낳은 아이들 둘, 해서 네 자녀를 흠 없이 길러냈고, 아내의 조금 이른 임종까지 잘 지켜낸 오라버니. 더 기막힌 쪽도 있었다. 처자식을 고향에 두고 대처에 나와서 대학에 다니던 남자가 처녀 유치원선생님에게 반했다. 유치원선생님은 유부남의 구애에 발끈하여 보란 듯이 서울로 시집을 가더니만, 딸 하나를 낳았다는 소문과 더불어 곧 다시 낙향했다. 결국 각각 아들과 딸을 버리고서야 두 사람이 결합하더니 네 자식을 더 낳아서 남달리 유별나게 키워냈다. 70대, 80대 할아버지들의 청춘시절 이야기다 참. 그런 형질은 드물게 유전되는지, 속 좁은 내겐 불가사의다.

베란다 쇠창살을 저 너머로 바라보며 일요일의 늦은 아침을 먹는다. 조밀한 영국식 화단엔 이름 모를 푸르름이 가득하다. 창살 밖으로 선반에 내어놓은 몇 화분들에도 초록이 어우러져 있다. 그 밖으로는 짙푸른 나뭇가지들이 무겁게 흔들린다. 이십 년도 넘은 낡은 닭장 아파트 2층에 앉아서 쇠창살 사이로 건너다보는 하늘도 하늘이다. 그런데 쇠창살 너머로 여름을 맞은 건 처음이다. 작년 추석에 다니러온 아이들의 걱정에 그제서 창살을 두른 것이다. 여름을 유난히 타느라 창문이란 창문은 다 열어두고서야 잠드는 아버지를 생각하면 잠이 안 온다는 아들. "자다가도 벌떡 일어나서 한숨을 쉰다니까요, 아버님 어머님 걱정에!" 라던 며늘애 말이 주효했다. 원래 학교가 있었던 터에 지은 아파트라서 고목들이 즐비하고, 창살은커녕 창밖으로 너울거리는 푸른 나뭇잎은 성냥갑 아파트인 것을 못 느끼게 했다. 바로 창밖에 새들까지 집을 지어 새끼를 낳고 길러가지고 함께 날아간 적도 있었으니 말이다. 그때 꼭 네 마리를 낳아 데리고 날아갔는데, 이듬해에도 그 이듬해에도 항상 같은 울음소리의 그 새들이 날아든다. 베란다 바깥으로 내어단 화분 턱에 내어놓은 춘백 꽃잎을 갉아먹으러 와 앉는 놈들도 꼭 그런 꼬마들이다. 모양새도 목소리도 안 예쁜 놈들이 왜 예쁘기만 할까. 새들이고 사람이고 꼭 예쁠 필요가 없다 싶다. 어디 예쁜 사람들만 사랑을 하고 그러는가. 창살 속에 들어앉아 바라보는 새도 화초도 하늘도 뭐 다 괜찮다. 섬세한 감각들이 나이 따라 누그러진

탓도 있겠지만, 애들 사랑에 못 이겨 해 붙인 것이라서 창살도 답답치 않을 수도 있겠다.

우리는 아마도 창살에 갇힌 채로 적응하나보다. 사랑하는 사람을 만나고 함께 살기 시작하면 그렇게 창살 속에서도 갇힘을 모른다. 신기하게도 새 생명들이 태어나면 아예 바깥세상은 바라다보지도 않고 그들에게 현혹되어 산다. 그때부턴 그리 많이 흔들리지 않고 평행선을 이루어, 왼쪽에서 오른 쪽에서 아이들을 바라보며 따라가며 산다. 아이들이 어른이 되어 우리를 걱정할 만큼 더 커버렸는데도, 우린 그저 그들을 뒤쫓느라 '거의 반듯이' 평행선을 그리며 산다. 아주 엇갈리지 않으려면 조심히 평행을 유지하기만 하면 된다. 너무 서로에게 끌려 들어가면, 그 각도로 조금 더 내달으면, 그만 상대를 뚫고 지나가버리게 되니까. 그래서 조금 비겁한 채로 평행선을 따라 산다. 혹시 우리들의 가슴 한 편에 묻힌 작은 파편 같은 추억 하나도 진정 어떤 사랑의 증거가 되기엔 미미하다. 그건 그저 잠시 호수에 비친 구름의 그림자이거나 아예 호수 저 혼자의 일렁임이거나.

복숭아 껍질을 벗긴다. 아직 본격적인 장마가 시작되기 전에 따 들인 것들이라 당도도 높고 무엇보다 벗겨 드러난 속살에서 물기가 뚝 뚝 듣는다. 두 개를 벗길 양이면 늘 어느 하나가 더 먹음직스럽다. 너무도 당연히 더 맛있어 보이는 쪽을 당신의 접시에 올려놓으면서 느낀다. 누군가에게 더 맛있어 보이는 것을 내밀면 그것이 사랑일 것. 나란한 두 베개 깃을 새로 갈아놓으면서 풀기 더 고슬고슬한 쪽을 그리로 밀어놓으면 그것이 사랑일 것. 이 시시한 진부한 존중이 어우러져 나란히 선.

볼펜의 추억

김현숙
| 시인, 영문학과 69 |

우리가 살아가는 데 필요한 의, 식, 주라는 기본틀 외에도 삶의 질에 동원되는 구체적인 물류는 이루 말할 수 없이 많다.

그 중에서도 우리를 둘러싼 자연환경과 더불어 사회적 환경을 인지하고 또 소통하는 수단으로서의 문구야말로 우리에게서 떼놓을 수 없는 또 하나의 기본 필수품이다.

역사나 지리 또는 문화와 학문과 예술과 같은 기록이 없다면 인류는 발전할 수 없었으리라. 말하자면 숫자나 글자, 기호 또는 그림 등 책의 내용을 담고 있는 종이와 잉크는 문구류의 기본 단위가 아닌가.

베이징올림픽의 열기가 계속되는 밤, 중계를 보다 잠을 놓친 나는 Mega TV로 영화 '별빛 속으로'를 보게 되었다.

이승만 독재에 항거하는 60년대 시대적 배경을 가진 대학가의 아련한 사랑 이야기다. '진정한 사랑은 죽음까지도 함께 할 수 있어야 한다.'라는 젊은이들다운 열정과 순수가 산뜻하게 다가왔다.

기다림이나 그리움 없이 이루는 인스턴트 사랑이나 손익만을 따지는 세태로 보자면 정신적인 사랑은 이미 낡은 주제일 수도 있다. 그러나 오늘 21세기를 살고있는 사람들이라고 해서 사랑에 대한 진실한 욕구마저다 사라졌겠는가.

이 맹목의 사랑 지상주의는 환상적인 영상매체를 통해 여름 밤 별빛 향기로 떠올랐다.

남자 주인공이 메모를 하는 사이 볼펜이 잠시 눈을 끌었다. 그것은 까만 것과 빨간 펜을 함께 테이프로 동여맨 것으로 여고시절을 돌이키게 했다. 삼원색의 볼펜이 없던 때이므로 빨간 펜을 따로 집는 불편을 덜어내는 방편이었다.

여름방학이 막 끝날 무렵이었던가. 친구와 함께 과제물 정리를 마친 후 친구를 전송하는 길에서 우리를 쏘아보는 극장 간판의 주인공 비비안리 눈빛에 딱 붙들리고 말았다. 의기투합해 학생으로서 금지된 소위 도둑구경을 했고 혹시 선생님을 만나 정학 당하지나 않을까 극장을 나올 때까지 조바심했다.

그런데 바로 그 명화 '바람과 함께 사라지다'와 총총한 별들 아래 기억의 빨간 펜으로 나는 지울수 없는 밑줄을 긋고 말았으니.

우리들이 소모한 낱낱의 생필품 속에도 그 시대 모습과 희노애락은 녹아있는 것이어서 어설픈 볼펜 그 소품 하나로 넌짓 년대를 표현한 감독의 쎈스가 돋보인다.

우리들 유년에 만난 단순한 기능의 담백한 문구들은 경제적 여유가 뒷받침하면서 고객을 위한 복합기능과 소지의 편의까지 고려되었다. 그간 꾸준한 노력으로 볼펜만 하더라도 모양이나 색상의 옷을 화려하고 세련되게 바꾸었다. 디자인이 다양한 제품들이 다투어 기념품 또는 사은품으로 유통되고 있다. 주고 받기에 부담이 없는 가격과 일상에 요긴하기 때문일 것이다.

볼펜이야말로 전 국민문구일 것이다. 작년에 어느 지인의 사무실에서 받은 볼펜에는 전철도표가 꺼내볼 수 있도록 고안되어 깜찍했다. 이렇게 한두 개 또는 더 이상의 기능을 공유하여 빠르고 복잡한 시대에 대처하는 아이디전쟁은 바람직하고 눈부시다.

연필, 잉크를 찍어 쓰는 철필, 만년필과 볼펜, 붓펜 그리고 수성펜에 이르기까지 이들은 내 삶에 적극적으로 동참한 필기도구다. 작가들마다 작품을 쓸 때 버릇이 있다고 들었다. 말하자면 줄담배를 태운다거나 꼭 연필로 쓴다거나 그런 것인데, 컴퓨터를 사용하기 이전 20여 년 습작에 가장 많이 애용했던 것은 글씨체가 미끄럽게 빠지는 하이펜이었다.

작가들의 개성적인 육필원고에 매혹되던 또는 암호문자 해독하듯 악필에 쩔쩔매던 편집추억이나 자기만의 원고지를 만들어 썼던 작가들의 멋도 이제는 컴퓨터의 획일화에 파묻혔다. 그래도 편지지에 담긴 유일한 필체를 바꿔가며 한 시절을 공유했던 건 축복일지도 모른다.

그러나 계속 이동하는 자체가 역사고 문화이리.

때로 떠들썩하고 겉도는 바깥, 무성한 말의 세상에서 돌아와 필통에 꽂아둔 갖가지 형태의 볼펜들을 만지작거린다. 컴퓨터를 사용하면서부터는 손을 덜 타지만 항상 거기, 자기 자리를 지키고 있어야 하는 것들이기도 하다. '소유보다는 행위' 그리고 말보다는 글로 나를 절제하고 다스리는 데 동참했으니 살붙이쯤으로 느껴진다.

대부분이 잉크 없이 남아있는 그것들은 그것은 내 진심을 담은 편지나 시와 산문에 헌신한 것들이다. 나에게로 와 이제는 우두커니 닳아버린 나의 생애와 닮았지만.

그러나 아직은 별탈없는 두 손발이 주변 자연환경에 순응하고, 아직도 컴퓨터나 볼펜으로 미래를 그릴 수 있는 마음의 세계가 있다는 것을 오직 감사할 뿐이다.

달팽이에 대하여

조한숙
| 수필가, 국문학과 69 |

집으로 돌아오는 길, 내 바지에 달팽이 한 마리가 붙어있다.

아침 내내 밭에서 상추 뜯고 양상추 뽑아내고 풀 뽑고 했더니 아침 이슬로 바짓가랑이가 젖어서 감촉이 양상추 잎 같았던지 달팽이가 착각한 것 같다. 달팽이는 연한 양상추 잎을 유난히 좋아하는 것 같다. 밭에서 갓 따온 양상추 잎을 입속에 넣으면 아삭거리면서 달콤한 그 맛이 상추에 비할 데가 아니다.

금년 봄에 처음으로 밭 한 고랑에 양상추 십여 포기를 심었다. 떡잎 때부터 커가는 모습이 상추와 다른게 없어서 무심했는데 날이 갈수록 잎이 커지고 오므라들기 시작하더니 켜켜이 고갱이가 앉는 것 같았다. 손바닥만 한 잎이 착착 포개지면서 둥그스름하게 죽순처럼 커 올라오는 모습이 신기하고 오묘했다. 자라는 모습이 기특해서 뜯어다 먹을 생각보다는 관상용으로 구경했다.

바람을 불어넣으면 넣을수록 부풀어 오르는 풍선처럼 그렇게 알맹이가 계속 차 오르는 줄 알고 물만 뿌려 주었던 것이 큰 실수였다. 생생하던 잎이 어느사이 힘이 없어지면서 주저앉더니 누렇게 변하기 시작했다. 놀래서 잎을 뜯어보았더니 속이 무르고 곯기 시작했다. 잎 사이사이 달팽이들이 보금자리를 틀고 앉아있었다. 밭주인은 그것도 모르고 양상추야 더 커라 더 커라 하면서 물만 뿌려 주었다.

여름철 무더위가 오기 전에 얼른 따내야 된다는 것을 모르고 욕심을 부렸더니 금년 양상추 농사는 실패작이 되고 말았다. 대신 달팽이 식단이 풍요해 진 것 같다. 그들의 식량을 모두 뽑아 낼 수도 없고 해서 썩어 가는 것만 따 내고 싱싱한 잎들은 그대로 두었다. 가을배추 심기 이전 까지 더 무르지 않는다면 금년 양상추 재배는 달팽이 식량 공급으로 위안을 삼을 수밖에 없었다.

그런데 밭에서 이슬 먹고 잎사귀도 갉아먹고 살아야하는 건데 어쩌다 폴리에스텔 내 바지에 붙어서 따라 오려는 것인지 앞으로 닥쳐올 달팽이 운명이 예사롭지 않은 것 같아서 마음이 쓰인다.

밭에서 따가지고 가는 상추 바구니 속에 달팽이를 살짝 밀어 넣었다. 이미 상추 바구니는 승용차 뒷자리에 놓인 채 집으로 옮겨가고 있고 더불어 달팽이도 우리 아파트로 옮겨 가고 있다. 제 있을 곳도 모르고 따라오는 그놈이 한심스럽다.

달팽이는 무슨 재미로 사는 것인지, 메뚜기나 방아깨비처럼 펄쩍 뛸 수 있는 강한 다리도 없고, 나비처럼 팔랑팔랑 날수 있는 얇은 날개도 없고, 개미처럼 먹이를 물고 재빠르게 움직일 수 있는 굳센 턱도 없다. 거기다가 암수 한 몸을 지니고 있는 원시성을 면치 못하고 있는 연체동물이다. 가지고 있는 무기라고는 전혀 없는 달팽이 앞에 서면 나도 덩달아 그들에게 약해진다.

무골호인 달팽이 한 마리 놓고 내가 왜 이리 전전긍긍하는지 모르겠다.

아마도 그놈이 달팽이가 아니고 메뚜기나 방아깨비였다면 훨씬 내 마음이 편했을 것이다. 풀숲 어딘가에 툭 던져주면 푸드덕 날아서 제 살길 찾으련만 살도 연하고 느려터진 달팽이한테는 그럴 수도 없다. 아마도 그놈이 개미였다면 거침없이 집어서 달리는 차 밖으로 내던졌을 것이다. 밭작물에게 개미떼는 피해를 많이 입혀서 밉상이다. 개미떼가 등장하면 그들이 끌고다니는 진딧물로 인해 성성하던 고춧대와 잎들이 시름시름 몸살을 앓는다. 고춧대 뿐이랴. 밭 가운데 모과나무도 제 명에 못 죽을 것 같다.

요즈음 나는 『장자(莊子)』를 읽고 있다.

장자의 사상에 푹 빠져있다고 해도 좋을 것이다. 탐독하다보니 지금까지 숭상해 오던 공맹사상이 시시해 보이기까지 한다. 인간들이 추구하는 세속적이고 상식적인 가치관을 반역하며 인생과 우주의 일체를 소리 높여 홍소하는 해학의 철학자 장자 앞에서 나는 점점 위축되고 있다.

세상의 모든 것들은 유용한 것 보다는 쓸모가 없는 자리에 서는 것이 더 유익하다는 지론, 쓸모가 없을 때 생명을 오래 부지할 수 있다는 장자의 가르침에 무릎을 치고 있다.

지난 5월 말 장자의 고향을 찾아갔었다. 중국 하남성 민권현 순하마을, 청련사촌을 찾아 갔을 때, 그가 자란 시골 마을은 그냥 보기에도 열악하고 황폐한 곳이었다. 그가 먹던 우물도 마을 입구 정자도 우리를 구경삼아 나와서 맞이하던 그 동네 아이들과 주민, 그 마을 모든 여건이 장자처럼 보였다. 세속의 출세나 발전과는 반대에 서는 것을 지향하는 장자를 닮고 있었다.

무릇 이 세상의 사람이나 사물은 모두 쓸모 있고자 하여 어리석은 짓을 되풀이 하고 있는 것이다. 당신도 나도 모두 자연계의 한 생물에 지나지 않는데 사물이 사물의 가치를 매겨 어쩌겠다는 것인가라고 장자의 엄준한 꾸지람 앞에서 나는 또 위축 되었다.

그렇다.

달팽이도 나도 평등한 위치에서 자연계의 한 생물이다. 내가 인간이 사지가 멀쩡해서 달팽이를 미물이라고 만만히 보고 무시하고 그럴 처지가 아니다. 어쩌면 달팽이가 더 강한지 모른다.

어쩌면 달팽이는 장자의 수제자인지도 모른다. 가장 약한 듯 쓸모없는 듯하면서 인간의 눈에 띄지 않게 뒷자리에 앉아서 인류의 역사보다 몇 백배 더 오래 지구상에 버티고 있지 않은가. 인류가 태어나기 이전부터 지구에 태어나서 함께 살아가다가 인류가 멸망하더라도 달팽이는 생존 할 것 같다. 실속파다.

쓸모없는 듯이 모자란 듯이 뒷전에 앉아 오래 버티기, 그것이 장자의 가르침 아니던가.

그래서인가 『장자전』에 보면 「와우각상지쟁(渦牛角上之爭)」이라는 편에 달팽이를 등장시켜 위나라 혜왕과 제나라 위왕의 전쟁을 무의미하다고 했다. 무릇 모든 제국은 달팽이 왼쪽이나 오른쪽 촉각 위에 세워진 보잘 것 없고 무의미한 것들인데 싸움은 웬 싸움이냐고 웃었다. 달팽이는 이미 장자의 총애를 받고 인간들의 삶을 훈계하고 있다.

나는 달팽이에게 한 수 지고 들어갔다.

약한 것 앞에서 나는 약해진다고 하면서 그를 측은지심으로 볼 것이 아니다.

그러면서도 나는 밭에서 가져온 상추바구니에서 어디론가 사라진 달팽이를 찾기 위해 부엌을 서성거린다. 혹시나 식구들 발에 밟히지나 않을까 구석구석 찾고 있다.

사랑은 아무나 하나

이강원
| 시인, 신방학과 70 |

호세 그라나도스는 콜롬비아의 중진 시인이다. 그와는 콜롬비아 제 2 도시 메데진(Medellin)에서 개최된 〈국제 시인 페스티벌〉에서 만났다. 평소에 이런 행사의 참가가 문화 외교의 한 장(章)이라고 생각하고 있던 나는 수십 수의 시 외에 한복도 여러 벌 가지고 갔다.

야외 대형 원형극장에서 열린 개막 전야제에는 회색치마에 연분홍 저고리를 입었다. 열심히 무대를 바라보고 있는데 왠지 왼쪽 얼굴이 자꾸 뜨거워서 돌아보니 수염을 수북이 기른 중년의 남자가 뚫어지듯이 나를 바라보고 있었다. 그가 호세다.

"어제 밤에는 숨이 멎는 줄 알았어요. 그 자리에 수천 명이 있었지만 한복을 입고 앉아있는 당신의 모습 외에 나에게는 아무 것도 보이지 않았습니다."

"백 분의 일초도 내 눈을 떠나면 안 돼요. 그대로 나만 바라보고 있어줘요."

"당신은 가장 아름다운 동양의 꽃입니다."

그는 마치 주술에라도 걸린 듯 낯간지러운 말을 단둘이 있는 것도 아닌, 참가 시인들이 잔뜩 모인 식당에서 줄줄이 쏟아놓았다. 그러나 그보다 그가 해주는 말을 한마디라도 놓칠세라 열심히 듣고 있는 내 모습이 더 가관이었을 것이다. 사랑에는 국경도 없고 언어의 문제도 없다더니 아직 연애하는 것도 아닌데 워낙 달콤한 말이어서인지 어느 때보다도 그가 하는 스페인어까지 귀에 쏙쏙 들어왔다. 삼십 년 넘어 산 남편에게서는 꿈도 꾸어보지 못할 황홀한 말의 성찬이니 귀도 비상에 걸린 듯 초성능을 발휘하나 보다.

호세는 나보다 한 살 위이고 한 번 이혼하고 재혼해서 세 아이를 가진 가장이다. 아버지도 유명한 시인이어서 그의 글재주는 대를 이은 것이라고 한다. 시집 십여 권에 소설과 동화책도 여러 권 발간했다. 180cm도 넘는 큰 키, 하얀 피부에 검은 머리, 우수가 깃든 큰 검은 눈과 꽉 다문 입은 붉은 천만 들리면 투우사로, 기타를 들리면 그대로 가수로 보일 듯한 모습이다.

시인 페스티벌이 열리는 일주일 동안 모든 참가자가 다섯 차례 이상 각기 다른 장소에서 시 낭송회를 갖게 된다. 그와 나는 같은 그룹일 때도 있었지만 대부분 다른 곳에서 행사를 가졌다. 그러나 그는 자기의 스케줄을 바꿔가며 여러 차례 내 행사장에 합류하곤 했다. 특히 호텔 식당에서 모든 참가자가 함께 하는 세 끼 식사 때는 주위의 눈도 무시한 채 꼭 내 곁에 앉아서 많은 얘기를 나누었다. 의외로 그는 한국에 대해서 아는 것이 많았다. 한복, 한국 음식, 지형 역사 등에 대해서도 너무 잘 알고 있어서, '아니 나를 알게 된 것이 얼마 밖에 안 됐는데 어느새 저렇게 공부를 했지?' 궁금해서 물었더니, "좀 놀랐지요? 그러나 더 놀라지 마세요. 사실 나는 모태 공산주의자입니다. 저희 아버지도 저도 공산주의 이론에 깊이 빠졌고 그래서 북한을 4차례나 방문했습니다. 저는 김일성 전기를 2권이나 썼지요. 만약 제가 한국의 대사부인에게 이렇게 깊이 빠진 줄 안다면 그들은 큰 벌을 주려고 할 겁니다."라고 해서 나를 기겁하게 했다.

'아니 내가 그럼 지난 몇 일 동안 새빨간 빨갱이와? 그의 아버지가 문재(文才)만 대물림한 줄 알았더니 고약한 사상까지 물려주었단 말인가.'

"공산주의가 사망한 지 벌써 몇 해 째인데 아직도 그걸 붙잡고 있어요?

중국까지 무섭게 변하고 있는데. 그리고 종교와 마찬가지로 어느 특정 사상이 문학을 넘어서면 글 쓰는 데도 걸림돌이 되지요." 하며 그를 설득해 보았다.

"나도 잘 알고 있어요. 그러나 워낙 오랫동안 그 이론에 빠져 있어서 시간이 좀 필요합니다." 그는 만날 때마다 무언가 써주었고 그림도 잘 그려서 나를 스케치해서 주곤 했다. 종이가 없으면 메뉴 판, 담배 갑, 내프킨 등 가리지 않았다. 그때 나를 위해 지어준 시도 꽤 여러 편이다.

"누구나 이런 나를 불순하게 생각하겠지요. 그러나 살다보면 이런 거부할 수 없는 인연을 만나게 됩니다. 그러나 당신과 나 사이에는 걸림돌이 너무 많네요. 당신이 한국의 대사부인만 아니었어도 쿠바나 어디로 함께 가자고 했을 거요." 하면서 내 손을 꽉 잡았다. 마음속으로는 〈대사부인과 콜롬비아 빨갱이 시인의 연애〉라는 주간지 제목이 떠올라서 덜컥 겁이 나기도 났지만 그의 손에서 전해오는 진지함은 물리칠 수 없는 것이었다. 아니, 나 자신도 물리치기보다는 그렇게 오래 있고 싶은 것이 그 당시의 솔직한 심정이었다. "아니, 두 사람 연애하나? 옆에 사람들이 웃고 놀려도 모르고……." 페루의 시인 뻬드로가 이렇게 해방 놓지 않았으면 우리는 오랫동안 그렇게 손을 꼭 잡고 있었을 것이다. 일주일이 지나 행사도 끝나게 되었다. 비행기 시간이 맞는 십여 명이 함께 점심식사를 했다.

"그 냅킨, 당신이 쓴 것 맞지요?"

호세는 이렇게 물으며 내 입술이 붉게 선명히 찍힌 종이 냅킨을 소중히 자기의 책갈피에 넣었다.

"식사 할 때면 당신이 꼭 입술을 냅킨으로 살짝 찍어내더군요. 앞으로 당신이 그리울 때 꺼내보겠습니다."

누구는 중년의 흔들림이 사춘기 때보다 더 위험하다고 한다. 세상물정 모를 때보다 삶의 이끼가 적당히 낀 중년에 찾아오는 예상 못했던 사랑은 막다른 골목에 들어선 것과 같아서 출구 찾기가 어렵기 때문일 것이다. 그러나 이 흔들림은 삶의 필수과정 아닐까. 어느 누가 이런 감정의 소용돌이에 빠지지 않는다고 외칠 수 있을까.

아직도 그가 무엇에 홀려 그렇게 내게 뜨거움을 쏟아 놓았는지 모른다. 그리고 더욱 모를 것은, 나는 왜 일생일대의 로맨스 기회를 잡지 못했을까 하는 것이다. 그것도 국제적인 로맨스를!

돌이켜보면 한 편의 영화 같았던 그런 기회는 다시 오기 힘들 것이다. 10년이 지난 지금에야 아쉽고 억울하고 자신이 바보 같이 느껴지는 것을 보면 그때 받았던 충격파가 이젠 앙금으로 가라앉았나 보다.

끝내 사상의 장벽을 넘지 못한 그에게, "당신의 벽보다 더 높은 것이 제 가슴속에 자리하고 있는 윤리의 벽입니다. 그러니 잠깐의 흔들림은 지붕의 호박도 못 따는 주제에 하늘의 천도(天桃)를 따겠다고 덤빈 꼴이었지요"

그가 소중히 접어서 가져간 내 입술이 찍힌 종이 냅킨, 화석이 될 때까지 간직하겠다던 그의 말만은 영원히 간직해야겠다.

사랑은 아름다워라

박명희
| 소설가, 국문학과 71 |

완벽한 사랑을 꿈꿔본 적이 있었다. 요즘 세상에도 상대에게 오롯이 자기를 바치는 순애보적인 사랑을 할 수 있지 않을까. 사랑은 받기보다는 줄 때가 더 가슴 뛰고 애틋하지 않은가. 사랑하는 사람을 내 손 안에 넣는 것보다 그를 위해 놓아주는 사랑이 더 귀하지 않은가. 졸저 '마음의 가위질'에서 나는 그런 사랑을 말하고 싶었다.

'빗소리가 봄을 부르고 있었다. 하늘로 솟지도 못하고 땅으로 아주 잦아들지도 못한 반지하실 방에서 홀로 이삿짐을 꾸리던 그녀는 정말 아무것도 챙겨갈 짐이 없는 것을 깨달았다. 지난 몇 년 간 그와 함께 살아온 단칸 지하 셋방에서 쓰던 물건들은 꺼내놓고 보니 모두 허접쓰레기였다. 전에 살던 세입자에게서 돈 몇 푼 주고 물려받은 구식 캐비넷, 화장대 겸 책상으로 쓰던 호마이카 탁자 그 위에 놓인 손바닥만한 거울……. 아무리 보아도 신도시 새 집으로 가져갈 짐은 아니었다. 투자회사의 유능한 펀드매니저인 그의 말대로 몽땅 버려야 했다. 유일하게 새로 산 가구가 침대였다. 지난 여름 장마에 방바닥까지 물이 차올랐다가 빠진 뒤 습기를 견디지 못하고 들여놓았었다.

그런데 탁자 밑에 넣어두었던 책들은 다 어떻게 할까? 꺼내놓고 보니 제법 수북했다. 이제는 그도 까맣게 잊고 있을 이념서적들이었다. 군부 독재시절 운동권 학생이었던 그가 당시 금서였던 책들을 맡아달라고 부탁해서 소중하게 보관했었다.'

미용사였던 그녀는 경찰에 쫓겨 미장원에 뛰어든 그를 자기 집에 피신시켜 준 인연으로 그를 만났다. 그의 동지들이 감옥으로 가자 그녀 덕분에 난을 피한 그는 이후에 군으로 끌려갔다. 그녀는 처음으로 그에 대한 꿈을 가졌다. 조금 앙큼하고 비열한 음모일 수도 있었다. 외로울 그의 빈 가슴 안으로 그녀가 쉽게 들어갈 수 있지 않을까. 그러나 그는 최전방 군부대까지 찾아간 그녀에게 눈 한 번 맞추어주지 않았다. 겨울바람이 살을 벨 것 같이 휘몰아쳐서 그녀의 긴 머리카락이 손수건처럼 휘날리고 있어도 그의 시선은 언제나 그녀의 어깨너머 먼 하늘가에 있었다. 그의 동지들이 있는 구치소였다. 그 중에는 그의 연인이자 동지였던 선이도 있었다. 그는 동지들에게 늘 죄스러운 마음을 갖고 있었고 그 마음은 시간이 흐름에 따라 차츰 소외감으로 그리고 배반감으로 바뀌었다. 그가 군에서 제대하자 동지들은 모두 그에게서 떠나고 없었다. 오직 그녀만이 사철 곰팡내가 나는 그 방에서 그를 기다렸다. 오갈 데 없었던 그는 그렇게 그녀에게 왔다.

약속 없이 그와 함께 살면서 그녀는 항상 '마지막' 같은 운명에 대한 암시에 시달렸다. 어느 날 그가 외출에서 영영 돌아오지 않을 것 같은. 그녀의 의식 속에 그는 언제고 '갈 사람'이었다. 그래도 그녀는 넌지시 그의 지갑을 변함없이 채워주었고 학교 등록금을 마련해 주었다.

학업을 마치고 일을 갖게 된 그는 유능한 펀드매니저가 되었다. 그러나 그의 일이 잘 되어갈수록 돈에 대한 그의 조급한 갈증은 그의 마음을 더 가난하게 했고 그녀는 더 외로워졌다. 그가 아파트에 당첨되었다고 했을 때도 그녀는 가슴이 철렁 내려앉았다. 아파트가 생긴 것은 그에게 갈 곳이 생긴 것이니, 그녀와 결혼 서약도 한 적 없는 그가 혼자서만 이사를 가야할 것 같았다. 그런데 그는 아파트를 그녀 명의로 해주었다. 그의 지갑에 마르지 않는 샘처럼 용돈을 넣어주던 그녀에 대한 보답이라고 했다. 그녀는 보답을 바라고 한 일이 아니었다는 말도 하지 못했다. 그녀가 불안해하는 기색을 보이면 그는 그녀의 긴 머리카락을 쓸어내렸다.

당신 머리카락은 맨살 끝에 와 닿는 봄바람 같아. 푸른 들판 위로 아지랑이를 몰고 다니는 바람. 당신 머리는 수풀이야. 향수를 가득 품은.

그녀는 가슴에 얹히는 꽃다발 같은 그의 호의를 애써 외면하려 했다. 불안은 곧 현실로 나타났다. 그녀가 아기를 갖게 되자 그는 당황했다. 아기는 계획을 세워 경제적으로 더 안정 될 때 가지자고 했다. 결국 그녀는 그의 원대로 아기를 지웠다. 수술하고 집으로 오는 동안 그녀는 지워버린 아기처럼 그에 대한 미련을 버릴 수 있을 것 같았다. 그에 대한 그녀의 마음도 그녀 자신의 집착일 수도 있겠다 싶었다. 그에 대해 더 큰 욕심이 생기기 전에, 그럴 일은 없겠지만 그에 대한 미움이 싹트기 전에, 그녀로 인해 그가 괴로워하기 전에. 그녀는 사랑할수록 그를 잃어가고 있음을 감지했다.

다 버린다고 생각하니 꾸릴 짐도 없었다. 그의 옷을 따로 챙겨두고 가위집을 펼쳤다. 미용사였던 그녀가 수집해 놓았던 수십 개의 가위였다.

몇 시나 되었을까? 그는 오지 않고 자장가 같은 빗소리는 종일 들리는데 방안에 물이 차오르기 시작했다. 방수 공사가 잘못 된 것이다. 그녀는 손에 잡히는 대로 책들을 침대 위로 들어 올렸다. 물은 곧 그녀의 발목까지 차올라왔다.

물은 침대 밑에 차오르고 침대 위의 그녀는 섬 위에 앉아 있는 느낌이 들었다. 뼈끝까지 외로움이 스며들었다. 난생 처음 그가 미웠다. 그녀는 고개를 세차게 흔들었다. 그를 미워하면 자신이 더 미워질 것 같다. 어차피 그녀는 그에게 그녀의 미래를 걸지 않았었다. 깊은 산중에서 한 줄기 햇살을 받아 가까스로 피어난 풀꽃이 저 혼자 지듯 그녀도 그렇게 가면 될 것이었다. 그녀는 가위집을 꺼냈다. 그리고 쌓아놓은 책들을 펼쳤다. '전태일 평전.' 그녀는 질 좋은 가윗날로 책들을 한 장 한 장 베어냈다. 어쩌면 그 책 속에 그의 젊음과 이상이 있었겠지만 이제는 그에게서 깡그리 잊혀졌을 책들이다. 그가 보면 아마도 어린 시절 아끼던 장난감을 보듯 즐겁고 아련하게 기억할 것이다. 그러나 철없던 때의 위험한 놀음이었다고 익살스럽게 아슬아슬한 표정을 지으며 넘길지도 모르겠다. 어린 시절 소꿉친구처럼 그녀의 이름도 그렇게 그의 기억에서 묻힐 것이다. '다시쓰는 현대사.' 알뛰세르라는 저자의 이름도 가위로 서슴없이 잘랐다. 책장들이 미세한 알갱이가 되어 물 위로 뿌려졌다. 침대 주변에 모자이크처럼 떠 있는 빛바랜 종이가루들, 그 속에 잘려나간 글씨들이 장송행렬의 만장 같아 보였다. 침대 위에 손바닥 두어 개만한 거울 안에 그녀의 얼굴이 보였다. 사나운 눈초리, 기다림의 흔적처럼 내려앉은 기미, 아픔을 내뱉지 못하고 혼자 다물어버린 입술에서 날선 살기가 전해져왔다. 오직 무심하게 있는 것은 물결처럼 흘러내리는 머리칼뿐이었다. 당신 머리칼은 살끝에 와 닿는 봄바람 같아. 그 소리가 환청인 듯싶었다. 그녀는 자신의 머리채를 와락 잡아 당겨 가위로 뭉텅 잘라냈다. 그녀의 손아귀를 빠져나간 머리카락이 만장 같은 종이가루 위를 덮쳤다. 당신 머리는 수풀이야 향기를 가득 품은……. 그의 음성조차 그녀는 사악사악 잘라내기 시작했다.

서른두 번째 남자

이청해
| 소설가, 국문학과 71 |

"결혼하면 영원히 단 한 명하고만 잘 텐데, 지루하지 않을까요? 혹시 바람피울 건가요?"

구속을 두려워하는 남자가 물었다.

"사랑은 충분히 해봤어요."

다른 남자와 결혼하기로 한 멋쟁이 여자의 대답.

"요즘은 몇 번이 충분한 거죠?"

"글쎄…… 한 번 이상?"

여자가 싹 웃었다. 매력적이었다. 남자는 이 여자를 사랑하고 있었고, 두 번 같이 잔 적이 있었다. 그러나 결혼을 두려워하다 그만 다른 남자에게 빼앗기고 만 것이다.

남자는 여자의 입술을 바라보았다. 아쉬움과 회한이 그의 가슴으로 지나갔다. 남자는 여자에 대해 좀더 알고 싶었다. 그는 눈으로 여자의 과거를 물었다. 여자가 고개를 갸웃거리며 회상하기 시작했다.

"첫 번째 남자는 그럭저럭 좋았으니 물론 잊기 힘들고, 두 번째는 털북숭이었고, 셋, 넷, 다섯…… 여섯 번째는 생일날 부모님 방에서였고……."

"몇 번째 생일이었는데요?"

"열일곱 번째."

"열일곱 살에?"

남자가 놀라는 표정을 지었다.

"여덟 번째는 꽤 충격적이었죠. 아홉 번째는 울타리에서 했는데 불편하니까 시도하지 마세요."

"그러죠."

"열 번째는 멋지고 훌륭했죠. 오우, 대단했어요!"

"그가 밉군요."

"열한 번째는 열 번째보다 못해 실망했고, 열두 번째에서 열일곱 번째까지는 대학시절이었죠. 성적으로는 저조했지만 다정하고 똑똑한 소년들이었죠. 열여덟 번째는 오랫동안 상처를 남겼고……."

"가엾어라."

"스무 번째는…… 오우, 벌써 스무 번째라니…… 스물한 번째는 별로였어요. 스물두 번째는 계속 쿨쿨 잤고…… 영국에서의 첫 남자였어요."

"대신 사과할게요."

"스물세 번과 네 번째는 함께였는데 정말 묘한 경험이었어요. 스물일곱 번째는 대실수였어요."

"스물일곱 번씩이나 하고서도 대실수를?"

"고함소리가 너무 불쾌해서 섹스를 아예 포기할까 했는데 스물여덟 번째가 회복시켜줬고, 그의 아버지가 스물아홉 번째였죠. 서른 번째는…… 으음…… 서른한 번째는 맙소사! 서른두 번째는 근사했고, 그 다음…… 서른세 번째가 약혼자예요."

"오우! 나는 그 다음인가요?"

"당신은 서른두 번째였어요."

남자는 생각해보는 얼굴이 되었다. 내가 서른두 번째라니? 어떻게 된 거지?

"이게 다예요. 마돈나보다는 적지만 다이애나보다는 많겠죠. 당신은 몇 명과 잤어요?"

내가 좋아하는 영화 〈네 번의 결혼식과 한 번의 장례식〉에 나오는 잊을 수 없는 대사다. 휴 그랜트와 앤디 맥도널의. 나는 그 영화를 이삼십 번 보았다. 볼 때마다 대화가 재미있고 새롭다. 뚱뚱한 동성애자 사이먼 캘로우는 '장례식은 결혼식보다 집중이 잘 돼서 좋다'는 말을 하기도 했다. 그가 죽었을 때 파트너였던 젊은 남자의 멋진 조사도 잊을 수가 없다. 그 영화를 처음 볼 때도 그랬지만 지금도 역시 나는 생각하곤 한다. 사랑이란 무엇일까? 수많은 정의 가운데 사랑은 곧 섹스라는 현대적인 해석을 물리칠 수가 없다.

〈네 번의 결혼식과 한 번의 장례식〉, 또는 〈길버트 그레이프〉, 〈개 같은 내 인생〉 같은 코믹한 인생물을 써보고 싶다. 지적인 통찰이 가능하다면.

사랑을 실천하는 법

김영두
| 소설가, 물리학과 77 |

여름날 저물녘의 공원, 벤치에 사람들이 앉아있다. 주로 연인 사이로 보이는 젊은 남녀들이다. 벤치는 장쾌하게 물줄기를 뿜어내는 분수를 향하고 있다. 황금빛 노을을 배경으로 물보라가 하늘높이 붉게 솟아올랐다가 금구슬로 떨어진다. 남자의 손은 여자의 어깨나 허리에 둘러져있다. 간혹 여자의 몸이 남자 쪽으로 더 많이 기울거나, 자신의 허리에 둘러진 남자의 손을 마주 잡고 있는 여자도 있다.

"저 녀석들, 저기 솟구치는 물줄기처럼 시원스럽게 분출하고 싶어서, 그 찰나를 위해서, 여자에게 온갖 정성을 바치고 선물을 바치고, 별의별 유혹과 아첨을 하는 거지."

돌아보니 머리가 허옇게 센 노부부가 나란히 앉아있다.

"그게 인생이고 사랑 아니겠수?"

"그 찰나를 위해 겁의 세월을 바치는 거지."

천지가 한번 개벽한 때부터 다음 개벽할 때까지의 동안을 겁(劫)이라고 하는데, 아무리 길고 오랜 영겁이라 할지라도 찰나로 점철되어 있음을 모르는 사람이 있겠는가. 나는 50년 이상 해로했을 성싶은 노부부가 석양빛으로 길어진 그림자를 드리우며 멀어져가는 모습을 무심하게 바라본다.

사랑이 무엇인가. 과연 마음만의 사랑이 사랑인가. 사랑은 그 사랑을 실천할 때만 완성된다. 하느님에 대한 사랑은 기도와 헌금과 하느님의 말씀을 실천하는 노력봉사로 이루어져야 한다. 부모와 자식의 사랑도 이성끼리의 사랑도 마찬가지이다. 늘 아끼고 염려하고 긍휼히 여기는 마음과 금전적인 뒷바라지와 가능한 어깨라도 주물러드리면서 혹은 애틋하게 깃을 부비면서 많은 시간을 함께하는 것이다.

젊은 날에는 사랑이 무언지 몰랐다. 사랑이 무언지 몰랐다기보다는 정욕이나 열정이나 집착이나 소유욕이나 그런 감정들이 종합된 연애라는 행위가 사랑인줄 알았다. 정열만 하늘을 찔렀고 사랑을 실천하는 법을 몰랐다. 소유하려 들고 관리하려 들었다. 설익은 치기로 내 욕심만 부렸던 이기적인 사랑이었기에 고통이 뒤따랐고, 나 자신뿐만 아니라 상대에게까지 괴로움과 상처를 주었었다. 인간을 사랑하는 법도 몰랐고, 사랑을 사랑하는 법도 몰랐다. 진정으로 사랑했는지도…… 돌아보면 의문으로 남는다.

내가 처음으로 골프채를 만져볼 즈음, 나보다 5년쯤 먼저 골프를 시작해서 보기플레이를 하고 있던 친구에게 물었다.

"골프가 어떤 운동이니?"

친구는 그런 질문을 처음 받아본다는 듯, 가만히 눈을 내리깔고 생각하다가 말했다.

"예민해."

골프구력 5년차 즈음에 누가 내게 골프가 어떤 운동이냐고 물었다면 나는, 작대기로 공을 쳐서 풀밭에 파놓은 구멍에 집어넣는 운동인데, 다섯 번보다는 네 번, 네 번보다는 세 번 만에 공을 넣는 사람이 이기는 운동이야, 쯤으로 대답했을 것이다.

골프 15년차인 나에게 누가 똑같은 질문을 한다면,

"예민하고, 관능적인 운동, 섹스처럼 오르가즘을 느끼는 운동."

이라고 인생을 달관한 노인네처럼 말하리라.

"어떻게 하면 잘할 수 있는데요?"

라고 더 묻는다면, 나는 사랑을 실천하는 법을 알려주리라. 하느님에 대한 사랑을 실천하는 법이 기도와 헌금과 노력봉사이듯, 공부와 금전적 투자와 연습만이 골프에 대한 사랑을 실천하는 법이며 잘할 수 있는 길이라고.

누구라도 남녀간 연애의 진수가 섹스임을 부인하지는 못할 것이다. 그리고 섹스의 진수는 오르가즘일 것이다.

섹스를 해보았는가, 오르가즘의 순간을 느껴보았는가.

둘이 하나가 되었다가 이대로 같이 나락으로 떨어져도 여한이 없겠다고 절규하는 순간, 활화산에서 흘러내리는 용암이 온몸을 지지며 파고들어오는 것 같은 극치의 순간, 울고 싶기도 하고 웃고 싶기도 하고 고함을 지르며 발작을 하고 싶은 순간, 더 이상 오를 곳이 없어 추락이 두려워지는 절정의 순간들. 그 찰나를 맛보기 위하여 인간은 얼마나 노력하는가. 책을 읽고, 경험자의 조언에 귀 기울이며, 수없이 실행하고 시행착오를 범하며 몸부림친다.

완벽한 샷의 오르가즘을 아는가.

클럽페이스의 정중앙에 공이 부딪치는 강렬하면서도 서늘한 느낌, 화살이 날아와 과녁의 정중을 꿰뚫듯이 공이 클럽의 페이스를 뚫고 들어와 헤드의 핵에 쑤셔 박히는 느낌, 몸과 클럽과 공이 하나가 되어 2만 볼트의 전기를 발산하는 것 같은 느낌, 양방향에서 날아오던 두 대의 전투기가 공중에서 격돌하여 장렬히 산화하는 느낌.

세상에 두려운 것이 없었던 젊은 시절, 관능적인 섹스가 아닌 강한 섹스만을 추구했다. 기력을 깡그리 소진시키며 불타올랐고, 땀으로 뒤범벅이 되어 허탈하게 늘어져버리고는 했다.

의욕과 열정에 들떠 골프를 쫓아다닐 즈음, 샷은 무조건 클럽헤드로 공을 가격하는 것이라고 믿었다. 사납게 두들겨 맞은 공이 멀리 나른다고, 오직 강한 자만이 승리의 트로피를 움켜쥐는 것이라고 믿었다.

세월이 흘러, 삶의 완벽을 추구하듯, 사랑의 완벽을 추구하듯, 골프에서도 완벽을 추구하면서 환상에서 깨어났다.

"공은 이미 날아가고 있는데…… 아직도 공이 클럽페이스에 착 달라붙는 느낌요…… 아니죠. 오르가즘이죠."

어느 싱글핸디캡 골퍼가 정타(正打)를 그렇게 묘사했다.

정타란, 드라이버 샷에서 퍼팅에 이르기까지 어디에나 존재하지만 쉽게 포착할 수 없는 오르가즘이다. 행복의 파랑새처럼 손아귀에 쥐었다 싶어서 손바닥을 펴보면 날아가 버리는 허상이다. 눈으로 보거나 만질 수는 없지만 분명히 감각기관을 관통하고 지나가는 저릿한 feel이다. 골프가 추구하는 최고의 가치, "Long and Sure"에 이르는 유일한 통로이다.

정타가 없는 골프는, 오르가즘이 없는 섹스이다.

섹스에서 쾌락의 절정인 오르가즘의 순간은, 채 1초도 안된다. 골프의 샷 중에 진정한 정타의 격돌로 맛보는 황홀의 극치도 채 1초가 안된다. 프로골퍼라고 하더라도 한 라운드에 기껏 한 두 번이나 정타의 희열을 맛본다고 한다.

그 찰나에 희비가 엇갈린다. 페어웨이의 안착과 오비가 갈리며, 전율할 홀인과 공이 구멍만 핥고 나오는 찝찝한 순간이 엇갈리는 것이다. 100만 달러의 상금이 손아귀에 들어오기도 하고, 숲을 지나는 바람처럼 100만 달러가 휙 날아가 버리기도 한다.

섹스에 쾌락이 없었으면 인간을 포함한 모든 생물은 종족을 번식시키지 않았다. 전희나 후희는 진정한 사랑의 오르가즘을 위한 수단이지 목적은 아니다. 섹스에 오르가즘이 없었더라면 인간은 멸종했을 것이다.

골프의 스윙 역시 정확한 임팩인 정타를 위한 과정이며 수단이다. 골프에 정타의 오르가즘이 없었다면 우리는 진즉에 골프라는 운동의 장례식을 치렀을 것이다. 섹스가 전희나 후희만으로도 충분히 즐거울 수 있듯이 청량한 공기를 마시며 벗과 더불어 풀밭을 걷는 것만으로도 한량없이 기쁠 수는 있다. 그러나 짜릿한 정타의 희열이 있으매 골프가 존재한다. 그 찰나를 맛보려고 골퍼는 인고한다. 정확한 방향성과 거리의 극대화를 가져다주는 정타의 고지를 향한 염원으로 골퍼는 성숙한다. 정타만이 원하는 대로 공을 멀리 정확하게 보낼 수 있기 때문이다.

골프는 정타의 오르가즘을 위한 가없는 정진이다.

열정의 마중물, 사랑

권지예
| 소설가, 영문학과 83 |

흔히 폭풍 같은 사랑은 20대에나 오는 줄 안다. 그러나 요즘엔 일기예보도 잘 안 맞는다. 개인차가 있겠지만, 오히려 20대의 사랑은 장마철에 내리는 비와 같다. 장마철이면 노상 질금질금 비가 오듯 남자를 만날 기회도 많으니 늘 연애감정에 젖어서 살게 된다. 20대는 그저 습도가 높은 생의 시간대일 뿐이다. 그러나 폭풍 전야란 말이 있다. 맑고 건조하고 평화롭고 적막한 밤이 지나고 광포한 폭풍이 몰아칠 것을 아무도 눈치 채지 못한다. 제대로 된 사랑은, 바로 그때 오는 거다. 뒷통수를 치듯…….

요컨대, 사랑의 연령대는 없다는 것이다. 나는 이렇게 말하고 싶다. 사랑은 교통사고처럼 온다! 오히려 폭풍이라기보다도 갑자기 닥친 교통사고처럼. 돌아보면 어이없이, 기막히게, 이미 운명적인 사랑은 그렇게 내 앞에 닥쳐버리는 것이다. 그렇다. 모든 사랑의 보고(寶庫)인 예술작품에 나오는 강렬한 사랑은 애초부터 인간이 선택할 수 있는 게 아니었다. 미팅사이트나 결혼정보회사에서 입맛에 맞고 조건에 맞는 상대를 메뉴 고르듯 고를 수 있는 것은 더더욱 아니다. 어쩌면 폭풍 같은 운명의 사랑이 우리를 선택하는 건지도 모르겠다.

그렇다면 누구나 폭풍의 재난을 맞고 치명적인 교통사고의 피해자가 되고 싶어 한다고 되는 것은 아닐 것이다. 평생 쓰나미 같은 재해나 심각한 교통사고를 당할 확률이 얼마나 될까. 평균적으로 평생에 한 번도 될까 말까 하지 않을까. 그러나 우리는 죽음을 맞이할 때까지 그런 사랑을 꿈꿀지도 모른다. 사랑은 희망이다. 나이의 문제가'아니다. 내가 살아보니 인생이란, 20대보다는 30대가 좋고 30대 보다는 40대가 좋다. 어쩌면, 아니 사랑 또한 그러할 것이다. 희망이란 절박할 때 더 옹골찬 법이니까.

그래서 감히 나 또한 "연인"이란 영화의 원작자인 유명한 프랑스 여성소설가 마그리뜨 뒤라스의 사랑 같은 걸 꿈꾼다. 어느 날, 66세의 노작가인 그녀에게 열혈 팬이라며 마흔 살이나 연하인 문학도 얀 안드레아라는 젊은 남자가 나타난다. 그는 5년 동안 매일 연서를 보냈는데, 마그리뜨의 별장에서 재회한 두 사람은 믿을 수 없는 사랑에 빠지게 된다. 그 후 얀은 변덕스럽고 예민한 알콜 중독자인 마그리뜨의 말을 받아 적고 글을 타이핑하며 작가이자 연인인 그녀가 죽기까지 16년 동안 한시도 그녀 곁을 떠나지 않고 그녀를 사랑한다. 팔순이 넘은 노작가인 뒤라스는 죽음의 공포 앞에서 순간순간, 자신이 쓰는 작품이 늘 마지막 작품이라 생각했고, 인생의 마지막 사랑에 애절한 열정을 바쳤을 것이다. 얀과의 사랑을 그린 "이게 다예요."라는 그녀의 마지막 작품에는 그녀의 두려움, 아픔, 기억들이 그대로 녹아 있다. 그녀는 생전에 이렇게 고백했다고도 한다. 일생에 단 한 순간도 욕망과 멀었던 순간이 없었으며, 사랑을 포기한 적도 없었다. 얼마나 솔직하고 당당한 고백인가. 그 후 마그리뜨가 죽은 후 얀은 그녀와의 사랑의 추억을 "나의 연인 뒤라스"라는 자서전을 통해 부활시켰다.

그 사랑이 반드시 행복했을 거라고 나는 말 못하겠다. 요컨대, 그것은 이 글의 주제에 맞지도 않는다. 어쨌거나 사랑은 그 나이에도 찾아올 수 있다는 걸 말하고 싶을 뿐이다. 그러니 실망하지 말자. 어쨌든……. 우리는 적어도 철부지는 아닌 것이다. 결혼만 했다고, 백설공주와 왕자가 행복하게 살았대요, 라는 건 동화 속의 이야기다. 현실은 동화가 아니라는 걸 알만큼 안다. 그렇다고 결혼이 연애의 무덤이라는 말 때문에 결혼을 안 하는 바보가 있는가. 어쨌거나 결혼은 이제 각자 선택의 문제여야 한다. 어떤 사랑을 선택하느냐의 문제인 것이다. 아메리카노의 농도냐, 에스프레소의 농도냐를 선택하는 문제와 비슷하다. 그렇다고 싱글 여성의 사랑이 모두 미국 드라마 "섹스 앤 더 시티"처럼 화려하기만 한 걸까? 그렇다고 유부녀들이 모두 신사임당처럼 살고 있는 걸까? 나는 통계는 모른다. 그녀들을 붙잡고 "섹스 앤 더 시티"의 캐리처럼 설문 조사를 하고 섹스 칼럼을 쓰고 싶지는 않다. 사랑이란 주제에 관해 결국 내가 이야기하고 싶은 것은, 사랑에는 분명 인생의 묘약이 들어있다는 점을 부인할 수 없다는 것이다. 사랑을 두려워하지 말라. 폭풍을, 교통사고를 두려워하지는 말라는 것이다.

아니 폭풍같이 모든 걸 전복시키는 사랑이든 가랑비에 옷 젖듯이 부드럽게 스미는 사랑이든, 어떤 사랑이든 사랑에는 각각의 묘미가 있는 것이다. 아메리카노든 에스프레소든, 커피는 나름대로의 향미와 묘미를 갖고 있다. 싱글의 강렬하고 짙은 사랑만 사랑이 아니다. 결혼은 또 다른 사랑의 선택이다. 연애시절의 사랑과는 분명 다르다. 우리가 꿈꾸는 것은 숨막힐 정도로, 죽을 만큼 가슴 벅찬 연애일지 모른다. 그러나 그런 연애는 3년이면 끝난다고 한다. 인간의 연애감정은 도파민의 장난일지 모른다. 만약 그렇지 않다면 우리 인류의 평균 수명은 지금의 반에 이르지도 못할 것이다. 질식사하거나 심장관련의 질병으로 말이다. 우리가 결혼을 선택한다면, 그 3년 후의 사랑은 장수를 보장할 수 있는 사랑이어야 한다.

그렇다고 사랑의 실패를 두려워할 필요도 없다. 사랑은 교통사고처럼 닥치지만, 이별은 늘 교통사고 처리만큼이나 지지부진하다. 우리가 성숙해지고 인생이 풍부해지는 데는 어쩌면 사랑 그 자체보다는 사랑의 후유증을 어떻게 처리하느냐가 더욱 중요하다. 사실 솔직히 말하자면, 우리는 긴 일생동안 짧고 강렬한 사랑의 추억과 환상을 되새김질 하며 사는 동물인지도 모른다. 누구에게나 한 번 정도는 사랑의 추억과 환상이 존재할 것이다. 앞에서도 얘기했지만, 분명 사랑에는 인생의 묘약이 들어 있다. 사랑 자체는 마약이지만, 그 마약이 깰 때, 인생에 대한 새로운 각성의 경지가 열리게 된다. 그러니 실연도 두려워하지 말라. 아픈 만큼 성숙한다는 말은 맞다. 문제는 사랑이 지나긴 후에 그것들을 좋은 약재로 쓸 수 있어야 한다. 그러려면 지나간 사랑을 잘 갈무리하여야 한다. 지나간 사랑은 오히려 잘 말려진 약초처럼, 우리 인생의 미래에 새로운 처방을 위해 쓰이게 된다. 단 처방을 쓸 땐 아주 냉정하고 이성적이어야 한다.

현재 사랑을 하고 있는 여성들이건, 간혹 지나간 사랑의 추억을 음미하는 여성들이건, 사랑이란 에너지는 어떤 식으로든 우리의 인생을 변하게 하고 성숙하게 하며 인간답게 한다. 사랑의 에너지는 삶의 에너지다. 아무리 보잘 것 없는 사랑이라 할지라도 사랑이란 우리 내부의 열정을 펌프처럼 끌어올리는 한 바가지의 마중물인 것이다. 그 한 바가지의 마중물로 우리들 안의 열정은 강력하게 작동될 것이다. 인간은 다른 동물과 달리 스스로 사랑이라는 감정만으로도 자가발전을 일으킬 수 있는 위대한 환상의 동물이기 때문이다.

사랑아, 우리를 몰아 어디로 가려느냐

정끝별
| 시인, 국문학과 87 |

사랑은 어떻게 오는가. 정현종 시인의 어법을 빌려 말하자면, 사랑은 시처럼 온다. 시처럼 막 밀려온다. 저 꽃들처럼, 저 단풍처럼, 저 바람처럼, 저 물결처럼, 그리고 보이지 않는 저 음악처럼 온다. 푸르른 손짓으로, 세상 모든 물질을 통과하는 눈빛으로, 웃고 있는 울음으로, 온몸을 물들이는 자연으로 밀려온다. 잠결에도 막 밀려오는 것이어서, 잠의 품속에서도 사랑은 부화하는 것이고, 굳이 언어의 옷을 입지 않아도 그 자체로 시인 것이다.

사랑을 하는 사람에게 세상은 모두가 한 꽃송이다. 어디 꽃뿐이겠는가. 나무이고 산이고 강이고 바다이고 햇빛이고 바람이고 구두이고 의자이다. 세상이 다시 보인다는 말이기도 하다. 하여 사랑에 빠진 너와 나는 이미 한 편의 시다. 저 하나로 완성이고 그 자체로 발견이다. 그러기에 사랑하는 일이란 세상을 숨 쉬는 일이고 세상을 모시는 일이고 세상에 언어의 옷을 입혀주는 일이 아닐까.

무작정 밀려오는 것이기에 사랑은 무작정 끌리는 것이다. 무작정 끌리도록 만드는 그 매혹의 본질이 무엇인지는 알 수 없다. 비밀스럽고 열정적인 자석과 같은 감정임은 분명하다. 무작정, 자발적으로, 누군가에게

끌린다는 것, 그것은 사랑하는 대상의 결함조차도 미덕으로 보이는 눈멂 없이는 불가능한 일이다. 사실 객관적으로 우리들 대부분은 그렇게 놀랄만큼 아름답지도, 홀릴 듯이 매혹적이지도 않다. 그저 수수해 보이는 사람도 사랑에 이끌린 눈에는 활짝 핀 꽃처럼 보인다는 것이다. 그러기에 사랑은 눈이 머는 일이고, 우리는 현실의 사람을 사랑하는 것이 아니라 '우리들이 창조한 사람을 사랑하는' 것이리라.

하여 사랑은 소유하고 싶은 열망이다. 그 열망은 생명처럼 자란다. 그 열망이 결코 충족되지 않기 때문이고, 충족되는 순간 뜻하지 않은 새로운 결핍에 눈뜨게 되기 때문이다. 그래서 사랑은 늘 허기다. 허기진 사랑은 압도적이면서 강렬하게 우리를 사랑의 노예로 만들곤 한다. 육체적 열망이 그 허기를 채워주는가 하면 역설적으로 더욱 허기지게도 만든다. 그 열망은 우리의 내부에 있는 것이건만, 그의 열망의 대상은 늘 '내 것이 아닌' 우리의 외부에 있는 타자들이기 때문이다.

그런 사랑의 열망으로 우리는 얼마나 불안해하는가. 매혹적인 만큼 사랑은 변하기 쉽고 깨지기 쉬운 것이기도 하다. 상반되는 감정을 불러일으키곤 하는 사랑의 불합리성에 대한 두려움은, 사랑의 감정이 불합리하게 발생할지 모른다는 두려움보다는 그 불합리한 감정이 이성의 힘에 제어되지 않는다는 것에 대한 두려움이다. 서로의 욕망이나 요구가 상대방과 지속적으로 맞아떨어진다는 건 있을 수 없는 일이다. 자신을 경험하는 일과 타인을 경험하는 일이 똑같을 수가 없기 때문이다. 다른 이들의 생각과 감정은 그들의 말과 행동을 통해 채집하듯 알아가는 수밖에 없다. 불안은 바로 자신의 내적인 삶과 타인의 경험 사이에서 느끼는 균열의 단애(斷崖)로부터 연유한다. 사랑이 이 불안과 균열을 견뎌내지 못할 때, 사랑은 사랑이기를 그친다. 사랑한다는 것은 균열을, 사랑의 어두운 반쪽으로 인식하는 일이다.

사랑이란 인생에서 맛볼 수 있는 최대의 기쁨이자 광기 어린 일이다라고 일갈했던 이가 스탕달이었던가. 사랑이라는 것이 욕망이라는 단순한 본능 위에 더없이 복잡하고 미묘한 감정의 구축물을 쌓아올린 불가사의 한 것임에도, '그대'를 최고로 감식한다는 것, '그대'를 최고로 맛본다는 것, 그리하여 '그대'의 자존심을 최고로 지켜주면서 '그대'를 최고의 오르가즘으로 이끌어준다는 것이야말로 사랑에 대한 가장 구체적인 정의가 아닐까. 이 오르가즘이 육체적인 절정에만 국한되지 않는 것은 물론일 것이다.

그러기에 사랑에 빠진 사람에게 사랑은 권력이다. 그것도 절대적인! 그 사랑이 우리 삶을 빛나게 하는 아름다운 권력이기를 꿈꾸어 본다. 우리의 운명을 결정하는 보이지 않는 사랑의 힘과 신비스러운 사랑의 메시지들로 이 세상을 꽉 채울 수 있다면…… 이렇게 말이다. "내 사랑 내 귀에 속삭였네/ "사랑은 나의 권력"/ 나는 내 사랑의 귀에 속삭이네/ "내 권력이 약해지지 않도록"(정현종, 「사랑은 나의 권력 — 페테르부르크 시편 2」). 그러니 사랑이여, 진정 우리의 권력이 약해지지 않도록!

우리 삶은, 우리의 운명을 결정하는 보이지 않는 힘과 소리 없는 메시지 속에 잠겨 있다. 개인적으로든 문화적으로든 행복이란, 무소부재(無所不在)하는 이 은밀한 사랑의 힘과 메시지를 어느 정도 해독할 수 있는 능력에 달려 있다. 그러기에 모든 재난과 불행에도 불구하고 우리는 항상 사랑하고 사랑받기를 원하는 것이며, 사랑이야말로 지구상에서 축복받은 자가 가질 수 있는 아름다움에 가장 근접해 있는 그 무엇이 아니겠는가. 현재의 우리와 미래의 우리는, 우리가, 어떻게, 누구를 사랑하는가에 따라 좌우되는 것이다. 사랑은 우리 삶의 권력이기에…… 그러기에 나는 이렇게 노래한 적이 있지 않던가.

> 사립을 조금 열었을 뿐인데,
> 그늘에 잠시 기대앉았을 뿐인데,
> 너의
> 숫된 졸참 마음 안에서 일어난 불이
> 제 몸을 굴뚝 삼아
> 가지를 불쏘시개 삼아

타고 있다
저 떡갈에게로
저 때죽에게로
저 당단풍에게로
불타고 있다
저 내장의 등성이 너머로
저 한라의 바다 너머로
이 화엄으로

사랑아, 나를 몰아 어디로 가려느냐
— 졸시, 「상강」 전문

제 4 부

짐승보다 못한 넘!

사랑은 시간을 잊게 하고, 시간은 사랑을 잊게 한다

송숙영
| 소설가, 법학과 53 |

긍정적인 마인드로 사랑학 논의를 할 수 있다면 얼마나 다행일까? 사랑이란 어휘는 너무 아름다운 그 자체니 말이다. 사랑의 엑스터시를 모르는 사람은 사랑의 참의미를 모른다고 말할 수도 있지 않을까? 사랑의 감정은 결혼은 해도, 안 해도 후회한다라는 타산적인 감정이 아니라 어쩔 수 없이 휘말리는 폭풍 같은 엑스터시를 말한다.

즉, 억누를래야 억누를 수 없는 미쳐버리는 감정 그것이 사랑의 본질적인 마성이다.

우리들의 경험 속에서 적어도 이성을 알 수 있는 나이가 된 5,6세 이상의(혹은 더 이를 수도 있겠지만) 아이들이면 누구나 한두 번은 겪는 연애의 감정을 우리는 첫사랑 또는 그 이후의 사랑이라고 말한다.

사랑의 미학적, 과학적 해석을 적나라하게 파헤친 독일의 사랑 학자들의 책을 읽어 보면 그것은 진정 논리적으로 생물학적으로 해부, 분석해 볼 수 없는 모든 감정의 원초적 감성이 사랑이라 했고 사랑으로 인하여 분비되는 뇌의 도파민이라는 분비물은 아주 복잡 다양한 최면액이면서 에로스적인 엔돌핀이라고 쉽게 말할 수 있다.

실로 사랑의 과학적 해석은, 엔돌핀만의 분비를 훨씬 뛰어 넘는 최면술이며 환상적이고 낙원과 같은 아니 그 이상의 행복한 최면이라고 한다. 사랑학 학자들의 분석을 읽으면 나는 한번도 사랑을 못해 본 것 같은 슬픔도 느끼고 또 너무 많은 허망의 늪에 빠져 헤맬 때도 있었다. 그리고 너는 〈과연 무엇이 사랑이라고 자신 있게 말할 수 있는가?〉 자문해 볼 때도 더러 있었다.

사랑의 감정이나 사랑의 맛은 끝도 한도 없는 꿀맛의 깊은 블랙홀, 아니 정신적 혼미의 터널이라 말할 수 있는 외로움이며 설레임일 수 있다. 한없이 삭막하고 허망한 감정으로 말한다면 〈환멸을 위한 되풀이〉라고 시적으로 말할 수도 있다. 아니, 진실로 최고의 미스테리한 테마라고 할 수 밖에 없다.

어떤 시인이 말하기를 자기는 환멸을 되풀이하기 싫어서 사랑을 안 하노라고, 시적인 재주를 부리나 천만의 말씀이다. 사랑은 하고자 해서 제어되는 기계장치가 아닌, 두뇌 속에서 일어나는 불가사의한 감정이라는 것이 나의 의견이다. 사랑하지 않으려 이를 악물어도 몇 천 번의 결심의 되풀이에도 끈질기게 물고 늘어져서 사람의 숨을 조이는 것이 바로 사랑의 감정이다.

괴테가 90살 노인이 되었을 때, 19세 처녀에게 푹 빠져 몸살을 했다고 한다. 그는 아버지 같은 노력으로 또 그 어떤 결심으로도 그 사랑의 정염을 이길 수가 없어 드디어 폭발하고 말았다. 난파선같이 산산 조각 난 이 시인은 그 처녀를 다시 만나기 위해 총리의 옷보다 더 귀한 마음과 체면의 옷을 벗고 그 처녀를 안아도 보았지만 마음은 끝내 편치를 못해 플라토닉 사랑으로 종말을 맺었다고 한다.

많은 종류의 순애보적 사랑은 19세기 낭만주의적 해피엔딩으로서 플라토닉 사랑으로 종지부를 고한다. 그런데 플라토닉 사랑이란 존재할까? 사랑한다 말하기에 거북한 상대에게 붙이는 아름답고 숭고한 표현을 우리는 플라토닉 사랑이라고 말한다. 어머니와 같은 마음으로 한없이 인자하고 숭고한 감정도 완전한 표현은 아니다. 완벽한 표현은 불가능하다.

산이 거기에 있으므로 나는 산에 간다. 만난을 헤치고 죽음도 불사해서 그 산정상에 도착한다는 산악인의 심정 같다고나 할까?

아무튼 누가 그곳에는 얕게든 높게든 또 도저히 헤쳐 나갈 수 없는 빙벽이 있다 해도 사랑하는 연인들은 그곳에 기어이 도달한다. 만난 후에 부서지든, 환멸의 벼랑으로 떨어지든, 무사하던 사람들은 도덕률이나 상식을 뛰어 넘어 사랑의 정상에 이르러 본다. 아무튼 가 보고 나서야 그곳이 실낙원이든 낙원이든 선택은 그들의 몫이다.

그것이 사랑의 제일의 주제가 되는 그네들의 인생이다. 아니라 해도 사랑은 불가해하게 우리들의 가슴 속에서 타고 또 꺼지기를 거듭하는 별이나 성화같은 존재다.

순수한 사랑의 불꽃과 비교할 수 있는 사랑, 연상의 여성에 대한 사랑도 그것을 표현하지 못했을 때 또는 정신적으로만 은밀하게 폭발하고 있을 때 엄격하게 표현하면 그것도 그윽한 사랑이다.

그러나 그것이 표현되었을 때 이미 그 사랑은 에로스적 사랑이거나 질적으로는 이성애인 것이다. 그러면 모든 이성애만이 사랑이라 말할 수 있는가? 그것은 아니다. 표현되지 않은 사랑도 사랑은 사랑이다. 다만 정신적인 사랑이 더 고차원적인 사랑이라고 말하는 건 애매한 대답이다.

에로스적 모든 사랑은 차원이 낮은 저급한 사랑이란 말인가? 그런 것만은 아니다. 이렇게 정리해 보자. 사랑의 꽃이 핀 에로스적 폭발이 끝난 사랑은 덜 정신적이라는 말도 되고 또 오래 지속되지 않는 풋사랑같이 격이 없이 여겨질 수도 있으며 또, 순간적인 불꽃놀이라고 비웃을 수도 있다. 하여튼 순간이든 영원이든 누구나 가끔 경험한다. 소리를 낼 수도 있고 조용히 끝날 수도 있다. 격이 얕던 높던 사랑은 순순해야 하고 어떤 물질적 계기나 동기가 개입되지 않아야 된다는 것이다.

일단 끝이 난 사랑은 모두 환멸스럽다. 그러면 폭발이 안 된 채 끝난 사랑만이 사랑이라는 것은 아니다. 사랑의 시한성은 그래서 〈환멸을 위한 되풀이〉라고 생각되는 것이다. 시인의 말은 맞고도 또 틀리는 아이러니다.

나의 작고 부족한 생각으로 사랑의 감정은 미완일 때 더 숭고하고 아름다우며 영원한 것이지 이미 사랑이 폭발되어 찢어진 풍선은 사랑같이 보이는 사랑의 추억, 그것이다. 아닐까?

나는 사랑이 무엇이라고 딱히 확신할 수가 없다. 어떤 과학적 판단으로도 정신적 형이상학적 이론으로도 나는 사랑을 딱히 말하기 힘들다. 영원한 미제와 신비의 감정으로 잠정적인 답을 그만 두고 펜을 놓고 싶은 꿈같은 가나안의 샘, 그것이 사랑의 정의일까?

사랑이라는 신화적 해석일까? 이쯤해서 나의 얄팍한 지성으로 무엇이라 단정 짓지 말자.

밀도가 무한대인 블랙홀 안에서는 시공간이 뒤섞이고, 그 안에 갇히면 빛조차도 빠져 나오지 못하며 공간은 폭포처럼 밑으로만 떨어진다. 이처럼 시공을 잊은 것 같은 멋진 사랑, 나의 심장이 뛰고 있는 동안은 영원한 미궁인 블랙홀이며 또 화이트홀인 사랑의 감정, 그것이 나의 사랑학 이론의 힘든 결론이고 해석이다.

절값

— 사랑을 위하여

고미자

| 시인, 국문학과 63 |

드디어 14년간의 사귐이 결실로 맺어지는 날.

날씨는 아직 추울 때가 아닌 10월 하순인데, 밖은 무척 쌀쌀하다. 항상 집안의 큰 일, 작은 일을 치르다 보면 지나고 나서 좀 더 잘할 걸 하는 후회감이 앞서지만 어쭙잖은 성격 때문일까 늘 하는 버릇대로 간절한 염원 반, 애써 무덤덤하려는 마음 반으로 전날 며느리와 약속했던 신부가 화장하는 미용실로 첫 걸음에 달려갔다. 이른 새벽이지만 벌써 미용실 안은 부산했고 진솔로 한복 차림을 한 당일 혼사를 맞은 어머니들과 연미복으로 말쑥하게 단장한 새신랑들이 대리석으로 만든 석상처럼 앉아 있는 모습을 보며 생소한 느낌을 감출 수 없었다. 준비를 끝낸 아들이 내 앞으로 가까이 왔을 때 평소에 볼 수 없었던 패셔너블(fashionable)한 머리 모습을 보며 얼마나 얼마나 웃었던지…….

예식장에는 놀토(노는 토요일)도 아닌데, 그리고 예식 순서의 첫 번째 타임인 오전 11시인데도 많은 하객이 예식장 복도에 가득했다. (누를 끼칠까봐 되도록 청첩을 삼갔는데도) 예식의 하이라이트는 하느님께 두 사람의 맺음을 알리는 고천문 낭독과 혼인서약이 있고 그동안 애써주신 부모님께 대한 절(인사) 순서가 있다. 특히 신부는 성장한 차림으로 순백의 드레스에 비너스가 무색할 정도로 변한 아름다운 모습에 감탄하며 예식에 초청되어 갈 때마다 내심 나 나름대로 그 순간을 아주 버릇처럼 즐긴다. 족두리에 연지 곤지를 찍은 적의홍상(翟衣紅裳)의 대례복을 입은 신부의 왕후 같은 모습이 너무 사랑스럽다. 예식이 끝나고 폐백실에서 밤과 대추를 며느리의 치마폭에 던져주며 건네는 덕담도 그럴 것이 이제부터는 새 가족이 되는 집안 어른들과 마주 대하는 폐백 자리인지라 더욱 감격스럽다.

"그래, 너희들 절을 헛되게 받지 않으마. 내 숨이 다할 때까지 너희들을 사랑하마." 다짐하며 절을 받았다. 40여 년 전 나도 시댁에 폐백을 드릴 때 내 옆에 대학 다니던 작은 시누가 절하는 것을 자청해서 도왔는데 절을 하고 일어나지 못하자 내 팔을 붙들어 올리느라 팔을 비틀어 조여오는데 그 강도가 차츰차츰 심해지자 어찌나 우습던지 어깨가 들썩일 정도로 웃어서 폐백을 받는 시댁 어른들께 난감했던 때를 기억하면 지금도 얼굴이 화끈거린다.

어제 며느리가 오랜만에 친정 나들이를 했다. 여름이면 즐겨한다는 말을 듣고 밭에서 갓 딴 맛있는 강냉이를 한 자루쯤 가져왔다. 며느리의 친정아버님은 즐겨서 농사를 낙(樂)으로 삼고 여름 한 철 농부가 되어 텃밭에서 자연과 벗을 하는 분이다. 과묵하여 누구에게 직접 다가가 말을 건네는 성격이 아닌 지극히 조용한 분이다. 여름 뙤약볕 아래서 갓 거둔 깻잎에서부터 푸른 콩, 누런 콩(콩의 명칭도 모른다). 강냉이, 노각, 붉은 감자 등 손수 정성껏 지은 농산물을 푸짐하게 보내고, 가을이면 황토 약도라지, 찹쌀, 멥쌀, 배추, 무 등을 가득 보내와 겨울에 어른들이 늘 하시던 겨울 한 양식이란 김장을 2년째 염치없이 받아 신세를 지고 있다.

영리하고 싹싹한 며느리는 모든 면에 긍정적이고 헌신적이다. 이른 아침 지방으로 출근하여 서울 도착은 거의 저녁 9시가 넘는다. 그러나 피로

하기도 하련만 그런 내색은 전혀 없이 오히려 점심 안부에서부터 퇴근 시간과 차편을 알려 귀가하는데 필요한 정보를 소상히 우리 부부에게 설명한다. 소통이 단절되고 무관심한 오늘 날의 가족 관계가 불투명한 이때 오히려 늙은 우리를 걱정해주며 배려하는 것을 볼 때 가족의 사랑이 소홀하다고 걱정하는 세간에 떠도는 풍문들은 "한갓 기우였구나." 하고 고맙게 생각한다. 혹자는 "세월이 흐르고 시간이 더 가보라지. 그땐 어떤가." 내심 그렇게 생각하는 이들도 있겠지만 원래 천성이 그런 아이를 굳이 그런 범주에 애써 넣고 싶지 않다.

올해(2009년) 6월에 윤달이 들어서 풍수지리설에 의한 우리 조상님의 풍습대로 흙을 다루어도 무방하다는 4년에 한 번씩 돌아오는 윤달이 6월이어서 큰 시누님의 생각을 받아들여 32년 전에 돌아가신 시아버님의 산소를 개장(파묘)하여 화장하는 집안의 큰 일을 결행하기로 했다. 개장하려면 산소가 있는 소재지의 시에서 허가를 받아야 하고 그 다음은 유골을 화장할 화장장을 정해야 한다. 윤달이 시작되는 음력 5월 하순부터 6월 중순까지 화장장에서 컴퓨터로 예약을 받는데 어떤 곳은 화장 5일 전에, 어떤 곳은 화장 2일 전에만 예약을 받는다는 것이다. 물론 윤달 안에 끝내야 하는 유예기간인 한 달 동안 거의 밤 12시 정각부터 인터넷으로 시도했으나 윤달기간에 화장하려는 가정들의 신청이 너무 많아 번번이 무산되었다. 달력을 보니 거의 윤달이 끝날 무렵이었고 큰 시누님과 약속도 있고 해서 7월 15일 새벽 3시 27분에 서울을 떠나 수원 연화장(노무현씨 화장한 곳)으로 출발하였다. 왜냐하면 2일 전 화장예약을 하기 위해서였다. 물론 며느리는 전날 밤 늦게 귀가해서 2시간 남짓 눈을 붙였을 뿐이다.

사랑스럽다.

사랑스럽다.

신혼인 저 아이가 가정을 위해, 큰 대사에 밤낮을 가리지 않고 애쓰는 모습을 보며 사랑스럽다는 말이 절로 나왔다. 출근 시간에도 새벽잠으로 한 번도 늑장을 부린 적이 없는 아이.

시집살이 1년 반여 동안 실수없이, 용감하게, 자기 일을 잘 해내는 젊은 그녀가 너무 든든하다. 우리 부부는 며느리를 조심스럽게 지켜보며 흐느적거리거나, 지쳐하거나, 짜증을 내거나, 불평을 늘어놓거나 한두 번 말하면 다시는 듣기 싫어하는 요즘 말하는 시건방진 젊은이 같지 않게 우리 늙은 부부에게 힘과 용기를 준다. 생이 다 할 때까지 서로 사랑을 위한 끈을 놓치지 않기를 인자하신 성모님께 매일 빈다.

가정이란 끝없는 삶의 도전장 같다. 어제 비웠던 그릇에 오늘 또 채우고 둥근 그릇에 넣어 보다 모난 그릇에 옮기고 깊은 그릇에 채웠다. 얕으막한 그릇에 덜며 끝없는 행위를 반복한다. 물기가 흥건한 음식에서부터 마른 반찬에 이르기까지 채우고 덜고 화기를 불어넣어 달구웠다 볶다 구웠다 식히며 식구들을 위한 사랑굿을 한다. 매일 치루는 삶의 행위 예술 속에서 간절한 염원이 담긴 가족들의 건강을 위해 식탁 위에 차려질 그야말로 순수한 사랑을 위한 새로운 가족의 역사들을 새롭게 새롭게 만들어 내고 있다. 정에 취하여 눈을 맞추며 사랑의 작은 알갱이들을 손톱눈으로 금싸래기를 줍듯 주워 모을 때 마르지 않고 고이는 사랑을 위한 5중주로 하모니를 연주하는 나의 소우주.

철없던 아이들이 성장해서 혼사가 끝나고 2세가 태어날 때 쯤이면 부모들은 비켜갈 수 없는 인생의 노경에서 황혼을 맞는다. 그리곤 인생의 긴 여로에서 타인을 위해 살다간 훌륭한 분들의 발자국을 우리는 기억해낸다. 그리곤 그 분들을 그리워하며 뒤늦게 깨닫는다.

며칠 전 저녁을 먹다 나눈 대화 속에서 며느리는 초등학교 때 담임선생님의 사랑을 얻기 위해 학기 초에 남보다 학급에 필요한 물품들을 솔선수범해 가져다 놓고 선생님의 칭찬과 사랑을 받아보려던 일을 추억하며 "어머님, 저는 사랑을 받지 못하면 죽을 것 같아요. 그럴려면 내가 먼저 주고 또 나도 받고 싶어요" 하는 것이 아닌가.

그렇다.

우리는 사랑 없이 살 수 없다. 서로 주고 받는 칭찬과 격려, 그리고 관심 속에 춥지 않고 외롭지 않게 살아가도록 마음의 문을 열고 노력하는 것이 즐겁게 사는 방법이리라. 사랑을 위해 우리는 꾸준히, 새롭게 변하는 멋진 사람이 되자. 가지와 가지를 연결하여 한 몸으로 살아가는 연리지(連理枝) 같이 영원하게.

약혼반지송 이제(二題)의 사연

이명환
| 수필가, 영문학과 64 |

보내는 약혼반지에 부침

영원에서 피어오른
우리 인연을 위해 생겨난 반지
여기 약혼 날자와 내 수결(手決)을 새겨서 보내오니,
여인네의 가슴 두근거린다는 다이아는 아니어도
창세기 이후 물에서나 불에서나
무궁(無窮)불변하는 이 흰 질료(質料)의
순일(純一)을 다만 빌어 내 뜻을 담음이니,
꽃, 별무늬는 우리의 사랑무늬,
그 언저리의 화사한 무리(暈)는
뜨거운 내 입김이 영(靈)을 불어넣어
이제 살아있는 그것의 숨쉼입니다.
아아 과연, 반겨 끼어주시는 그대 손가락
무지개 선듯 황홀하게 고와라.
길이 귀애(貴愛)하소서.

보내온 약혼반지에 부침

마음에 들어라.
나를 지킬 너 완덕(完德)의 둥근 고리.
님 운명의 온 건곤(乾坤)을
싣고 온 너는 나를 무한케 한다.
이제 우리 두 〈monad〉가 연탄(聯彈)할 운명은
꽃이 되건 별이 되건 하나뿐이니,
너는 나의 삶 중턱의 개벽(開闢).
약손가락에 심듯 너를 끼자
내 영혼의 혈액이 빨리 스미누나.
부신듯 너를 보며 나는 아로새긴다,
이렇게 님 사랑의 사슬에 매인 나는
뼈 속에 무슨 회오리바람이 일어도 다시
영원 속에서 미아가 될 수 없는 한가운데에
서있는 것이라고.

1965년 4월

올 해 발행될 이화문학회 수필집의 큰 테마인 '사랑 이야기'를 쓰기 위해 40여 년 묵은 편지 꾸러미를 겨우 겨우 찾아 풀러보니, 그 많은 빛바랜 봉투들 가운데 얇은 미농지로 싼 갈쭉한 물건이 있었다. 내 기억에서 거의 사라진 그러나 낯은 익은 한 물건(一物). 맵시 있게 착착 접혀있는 뽀얀 미농지 속에서 나온 것은 중앙에 한자로 〈헌(獻)〉자 한자가 단정하게 정자로 들어가 있는 띠를 두른, 길이 20센티, 폭 5센티 정도의 작은 한지봉투였다. 그 봉투에 들어있는 내용물을 꺼내 펴보니 위에 적은 14행 시 두 편이 붓글씨로 또박또박 적혀 있었다. 종서(縱書)로 쓴 까만 붓글씨들 사이로 은은한 청홍색 판화무늬(매화 연꽃 등이 화병에 꽂혀있는)가 보이는 속지는 가로 40센티 세로 20센티 크기였다.

1957년, 그러니까 내 여고 시절에 그가 그려서 보낸 크리스마스 카드 '용항아리와 사각제기'를 시작으로 1966년 혼인하기 전까지 오고 간 편지의 양이 엄청난데 우선 놀랐다. 그해의 성탄절 카드에는 '행복한 계절에 하늘의 음악을 누리소서!(May you have the celestial music in your happiest season!)'라 영어로 씌여있었다. 그러고 보니 이런 편지 말고, 종(縱)으로 혹은 횡(横)으로, 깨알같은 글씨로 쓴 두툼한 대학노트도 두 세권 있었는데 그것은 다 어디로 갔나. 찾아보면 이 집 어디에 있기나 할 것인지 영 자신이 없다. 아! 허망한 인간사여! 한 때는 늘 곁에 두고 소중하게 간직하던 물건이 아닌가.

그가 학교(梨大)로, 서울 집으로, 방학 때는 시골집으로, 약혼 후 일 년 이상 고향에 가 있을 때 보낸 것 등등 참으로 아름다운 구절이 보석처럼 박혀있는 편지가 많기도 하다. 여기에 밤을 새워가며 괴롭게 쓴 나의 답장들도 그 양이 만만치 않구나. 무엇이 나를 이리도 방황케 했을까, 주저하며 심난하게 했을까. 그리고 또 무엇이 그를 이렇게 가열(苛烈)하게 했을까. 무시지시(無始指示)로 정해진 인연일까. 그의 말대로, 내 나이 일곱 살 때 셋째 딸인 내 이름을 부르면서 돌아가셨다는, 나의 어머니의 영(靈)의 도움이었을까.

오늘도 된장에 호박잎쌈을 싸서 달게 저녁밥을 먹는, 머리가 하얀 그의 시중을 들며 나는 방금 전에 읽은 편지구절을 생각한다. 겉봉에 이화대학교 영문과 4학년이라고 쓰여 있는, 학교로 온 흔치않은 편지여서 관심을 가지고 읽은 터다. "…… 비약을 해야 되겠다고 느껴집니다, Chan은 (그는 자기를 Chan이라 했다). 학문에 있어서, 예술에 있어서. 사람에 있어서. 만일 Chan이 기적적으로, 정말 기적적으로 비약을 성취하게 되는 경우, 그것은 Fanny(나를 이렇게도 불렀다)의 힘입니다. 내 속에 들어있는 명환의 〈따뜻함〉 때문입니다. 명환의 손길의 덕입니다. ……" 정말 나에게 그런 따뜻함이, 그런 손길이 있었을까. 아니, 전혀 아니다. 그는 나와 함께 살아오는 동안 젊은 날에 그렇게 믿었던 점에 대해서 때때로 실망하며 후회했겠지. 저이는 지금 자기 생애에서 '비약'을 성취했다고 느끼고 있을까 아니면 그저 그런 생애였노라고 허탈하게 체념하고 있을까. 잘은 모르겠으나 아마 후자 쪽에 가깝지 않을까싶다. 이건 순전히 내 경우를 비추어 보고 하는 말이긴 하지만.

왠지 그에게, 내가 요즘 옛날 편지들에 파묻혀 살고 있음을 말하게 되지를 않아서 혼자 틈틈이 얼굴 붉히며 한숨쉬며 느릿느릿 읽는다. 그때 밤을 새워 이 편지들을 읽었듯이 사십 여 년이 흐른 지금, 묵고 묵어서 폭 곰삭은 글들을 돋보기에 확대경까지 대고서 천천히 읽는다. 순서가 뒤바뀌어도 상관은 없다. 심혈을 기울여 쓴 우리의 이야기가 마치 남의 글처럼 담담하게 읽히는 것도 신기하다.

요즈음 그가 기거하는 서재와 내방 사이에는 넓은 마루가 있고 피차 별 말없이 조용하게 각자의 일을 하면서 지내는 터이므로, 그는 평상시와 다름없이 부엌일 하고 볼 일 보러 외출하는 마누라의 일상에 이런 일이 벌어지고 있으리라고는 짐작도 못할 것이다.

이 글을 쓰다가 불현듯 떠오른 어느 특정한 편지가 생각나 그것을 찾으려하면, 봉투에서 나온 그 많은 것들이 뒤죽박죽이 되어 영 찾을 수가 없다. 앞에 인용한 두 편의 반지송(斑指頌) '소네트'를 쓰게 된 정황을, 그의 편지에서 읽은 것 같아 그걸 찾아보려고 몇 시간을 애쓰다가 포기했다. 어디 그뿐인가. 그 시 두 편을 받고 내가 쓴 답장도 며칠 전에 분명 읽었는데 못 찾겠다. 참말 귀신이 곡할 노릇이네. 마귀가 샘을 하는가 싶어 하루 쉬었다가 다음 날, 또 그 다음 날에도 끈질기게, 봉투에서 빼놓은 편지들을 하나하나 펴가면서 보는데도 영 안 나온다.

당시 우리 시골에는 (충남 당진군 송산면 삼월리) 전기가 없을 때여서 늘 사용하는 침침한 등잔불 대신, 책상 위에 일부러 환하게 촛불을 켜고는 그 뒤로 시 두 편이 적혀 있는 한지를 펴 병풍처럼 세워놓고 바라보면서 답장을 쓰다가, 문득 제사를 지내는 것 같은 생각이 들어 얼른 꽃병을 가져다 놓았다는 구절이 생각나 그 대목을 여기에 옮겨보려고 무진 애를 쓰는데, 없다. 꽃병이라야 뒷동산에서 꺾어온 할미꽃 나부랭이를 쬐끄만 2온스짜리 미제 커피 병에 꽂아놓은 거였는데……. 아무리 뒤적여봐도 그 편지가 눈에 띄지 않아, 어지러워서 진정하느라고 눈감고 한참 동안 누워 있었다. 이거 정말 귀신이 곡할 노릇 아닌가.

그런데 이상한 일이 발생했다. 편지가 하도 자주 오니까 배달하는 과정에서 약간의 혼선이 생겼는지, 개중에는 우체부의 낡은 가방 속에서 며칠 묵다가 내 손에 들어오는 경우도 있었던 모양이다. 하필 그 약혼반지 송(頌)이 들어있는 중요한 봉투가 열흘 쯤 늦게 입수되는 바람에 한 때 그것이 유실된 것으로 여겼었나보다. 호사다마라더니. 그 집이나 우리 집이나 전화도 없이 지내던 시절이었다. 끝내 내가 찾고자 하는, 내가 쓴 편지는 안나오고 처음 보는 듯싶은 엉뚱한 사연의 Chan의 편지가 나왔다.

……그러니까 그 편지는 이제 영영 영원 속의 어디멘가에 사라져버린 셈이군요. 꽤 목곤한 봉투에다가 두 가지를 넣었었습니다. 3월 31일서부터 매일매일 반일기, 반수기, 반편지 식으로 환이 보라고 쓴 것과, 또 한 가지는 그것도 꽤 많은 나의 〈방울(에너지라는 뜻)〉이 담겨진 것이었습니다. 내가 그전부터 가지고 있던, 조상한테서 전해받은 묘한 옛날 봉투가 하나 있었습니다. 불그레한 격자무늬가 찍힌 지질 좋고 우아한 봉투 속엔 역시 그런 판화로 꽃무늬가 있는, 그 봉투에 꼭 맞는 종이가 들어 있습니다. 거기에 「반지송(斑指頌) 이제(二題)」를 붓으로 정서해서 동봉했었습니다. 붓으로 쓸 때 처음부터 끝까지 일구일자도 틀리지 않고 딱 끝낼 수 있었던 것이 퍽 기쁘게 생각됐었는데. 그리고 그것이 과히 부끄럽지 않은 선물이라고, 바치는 마음이라고 생각했습니다. 정말 유감이군요. 등기로 보낼 것을 그랬나봐요. 대한민국 우정자(郵政者)가 책임을 져야겠지만 하는 수 없지요. 반지송 두 편은 추후에 다시 정서해서 전하기로 하고 너무 섭섭하여 기왕에 써놓은 시 한 편 보냅니다.

환이에게

나의 빛이 너로 하여 밝아진다.

나의 삶이 너로 하여 평화가 된다.

너 말고도 나에겐 여러 삶이 있다.
나의 시도 있고
나의 〈요가〉도 있고……
허나 그 모든 것들의 핵(核) 속엔 이미
너의 영액(靈液)이 스며있다.

너는 나의 삶의 파편을
구슬처럼 꿰어준다.
나의 모든 삶이 너를 초점으로 해서
달무리처럼 둥글게 통일되어 간다.

너는 나의 기적의 출발이다.
네가 있다는 기적 앞에
내가 있다는 기적이 있다.
너와 나 사이엔 또 기적의 다리가 걸려 있다.
그 기적의 연장(延長) 끝에
세계는 아름답고
일월성신이 눈부시다.

아아. 환이. 환이.
너를 대할 때
어찌 영원을 상념(想念)하지 않을 수 있으랴.
우리 두 육신이 모두 멸한 뒤엔
우리의 사랑이 뭣으로 남을 것인가?

1965년 3월

까마득히 잊고 있던 나의 젊은날의 소중한 시간들.

정말 이 육신이 멸한 뒤에 우리가 겪은 절실한 애환은 흔적도 없이 사라지려나? 글쎄, 그렇지는 않을 것 같다. 그것이 어떻게 남을 것인가는 알 수 없지만 더 높은 차원에서는 무궁무애(無窮無碍)의 흐름 따라 어떻게든 남을 것이다. 지금 2009년 가을에 사십 여 년 전에 쓴 편지들 가운데 〈헌(獻)〉자 띠를 두른 옛날 봉투에서 반지송 두 편이 적혀있는 고(古)한 종이를 조심조심 꺼내 병풍처럼 펴서 세워놓고 바라보며 이 글을 마친다.

첫사랑을 정리하다

이현명
| 시인, 영문학과 64 |

맑은 하늘 — 창 밖에 참새들이 지저귄다.

"오늘 날씨 참 좋지?"

언니가 말했다.

"그러게 언니……."

고운 큰 언니는 90세가 넘었다. 막내인 나와는 차이가 꽤 크다.

그녀는 슬며시 창밖을 내다본다. 벌써 몇 번째인가? 오늘 이른 아침부터 헤일 수 없이 반복되는 언니의 관심은 단연코 창밖이다. 아파트의 1층은 개인 정원처럼 나무나 꽃을 즐길 수 있어 좋다. 오늘도 유리창 너머 만발한 목련화가 가슴속을 환하게 한다.

"그 분을 찾는데 큰 어려움은 없었지?"

"그렇지…… 워낙 유명하신 분이라서……은퇴하신 곳에 물어봤지."

"확실히 오시긴 오실까? 부인도 있을 테고……."

언니가 내게 물었다.

"글쎄…… 급한 일만 안 생기면 오시겠지?"

나는 확신은 없지만 위로 겸 긍정적인 대답을 하였다.

"언니…… 오늘 그 인디안 핑크빛 옷, 언니 하얀 피부에 참 잘 어울려,

울 언니 정말 아름답네."

"아름답긴…… 나이든 내가…… 언니 놀리지 마라."

"정말야, 언니…… 그런데 언니, 나 궁금한 거 있어. 내가 너무 어려서 몰랐는데 어떻게 그 분을 만났고 헤어지게 됐지?"

언니는 가늘게 한숨을 쉰다.

"다 옛날 이야기지……."

"그래도 언니……궁금해서……."

"그 때 아마 내가 학교에서 집으로 돌아갈 때였었지. 사직 공원 앞을 막 지나는데 그가 내게 말을 걸었지. 오랫동안 망설이다 용기를 내었다면서, 자신의 학교와 이름을 똑똑히 말했어. 난 놀랍고 당황스러워 고개도 못들었지. 그러나 곧 다음에 또 뵙겠다며 인사를 하고 돌아서 갔어. 난 그때야 그 분의 뒷 모습을 처음으로 봤지."

"교복을 입은 몸태에서 단정한 대학생 느낌을 받았지. 후에 보니 체격도 얼굴도 꽤 괜찮았던거 같아. 그 후 우리는 가끔 공원 벤치에 앉아 대화를 나눴지. 그분도 나도 문학에 관심이 많았지. 그래서 조심스럽지만 조금씩 가까워졌지. 세월이 가고 일 년쯤 후엔가? 난 여학교를 졸업하게 되었지. 그리고 그 때쯤 내 맘에 먹구름이 밀려왔지. 부모님 말씀이 계셨단다. 맏딸인 내게 기대가 크다고 하셨지. 개혼을 잘해야 동생들도 결혼을 잘 할 거라고. 인물이 빠지니 학벌이 꿀리니 가풍이 모자라냐고 하시며……딸만 넷인데 맏이니까……. 내 책임이 막중했지."

"첨엔 내가 사귀는 분에 대해 말씀을 못 드렸지. 그렇게 말없이 어떤 반응도 없이 하루하루를 보냈지. 답답해진 부모님이 날 다그치시고…… 난 어렵게 그분에 대해 말씀드렸단다. 그 후, 뭘 어떻게 알아 보셨는지, 적극 반대하시지 뭐니. 홀어머니에 가난하고 미래가 막연한 대학생…… 하시며 부모님이 천거하시는 사람한테 가라고 하시더라고. 그 때가 5, 60년 전인가…… 6 · 25전쟁 후니까 많은 사람들이 의식주 문제로 고통받을 때였지. 물론 나라경제도 많이 안 좋고…… 그런 상황에서 부모님 말씀을 거역하기 더욱 힘들게 됐지. 그리고 너의 형부랑 순탄한 결혼을 하게 되었지."

"너의 형부도 좋은 사람이었지. 너무 일찍 나를 이승에 남겨두고 떠나버린 일 말고는…… 이제야 말이지 혼자 어린아이들과 함께 사느라 많이 힘들었단다."

언니는 가늘게 한숨을 쉰다.

"짐작가고도 남아, 언니."

"곳감 빼먹듯 재산은 줄어들고…… 다행히 아이들이 잘 자라주어 정말 다행이었지."

"맞어, 언니. 그래도 미국에 있는 아이들이, 사느라 바빠도 연락도 자주 오고 효자 효녀야, 그치?"

언니는 천천히 고개를 끄덕인다.

나는 언니를 바라보며 생각했다. 사회적 성공으로 인한 부(富)의 증가는 사람들을 외롭고 고독하게 한다는 걸. 사람들은 소유하지 못했을 때에 비해 한층 자기 자신에만 몰두해 있고, 서로를 위해서는 시간을 훨씬 적게 할애하고 있다. 말하자면 더 많은 경쟁의식, 더 많은 시기심 속에, 더 많은 불안감과 더 많은 근심 걱정이 지배하는 것으로 보인다.

허물없이 어울릴 기회, 인생의 사소한 일들을 가지고 즐거워하는 기회는 더욱 적어진다. 늘 다른 무엇이 더 중요하고, 더 절실하고, 더 결정적인 것이 된다. 보통 생활의 사소한 생활, 단순한 생활, 가정이나 부모와의 생활, 들은 즉 — 영화구경, 관광, 대수롭지 않지만 함께 경험을 나누어야 될 일들은 뒤로 미루게 된다.

성공의 사다리로 높이 오르면 오를수록 함께 모여 노래하고 감사하는 마음으로 살아가기란 어려워진다. 조카들을 절대로 탓하는 것은 아니지만, 그래서 많은 사람들이(언니를 포함해) 남모르게 고독하고, 남모르게 우울한 것이다. 아무도 모르게 이불 밑에서 눈물에 젖어 잠들기 쉽다. 돈이나 평판 유명도가 아닌 단순히 나 자신에 대한 사랑 — 누가 진정 나에게 관심이 있을까?

따르릉 따르릉…… 전화벨이 울린다.

"아…… 네…… 감사합니다. 동, 호수는 네, 맞아요. 그럼 이따 뵐게요."

나는 수화기를 놓았다.

"한 시간 후면 오실 수 있대."

언니는 나를 한참 바라보더니 생각에 잠긴 듯 말이 없었다.

딩동뎅……드디어 초인종이 울렸다. 나는 언니를 쳐다봤다. 언니는 손을 내저으며 손님을 맞으라는 시늉을 했다. 그리고 숨어버리듯 방으로 들어갔다. 할 수 없이 나는 형부가 될 뻔했던 분을 맞으며 소파로 안내해드렸고 언니가 가을에 담근 모과차라며 차를 권했다. 그 분은 살아오는 동안 늘 언니가 궁금했다고 했다.

언니는 내내 방문 틈 사이로 우리를 보고 있었다. 곱게 차려입고 종일 아니, 그 이상으로 그렇게 간절히 기다리던 언니는 끝내 거실로 나오지 않았다. 노쇠한 모습을, 한때 사랑했던 분에게 보이고 싶지 않았나 보다.

당시 폐암 선고를 받은 언니는 수술을 거부했고 얼마 안 있어 먼 곳으로부터 임종이 되어서야 달려온 자녀들에게 에워싸인 가운데 평온하게 이승을 떠났다.

그녀는 아름다운 청춘, 신비스럽기만 했던 첫사랑을 정리한 듯 담담한 듯 행복하게 확인하며 떠났다.

그 새벽, 범종소리

박상혜
| 수필가, 국문학과 65 |

문학을 꿈꾸며 졸업하던 그 해, 창작도 할 겸, 일부러 강원도 두메산골로 자원 발령을 받았다. 산골 학교는 공중에 높이 달린 외로운 까치집 같았다. 60년대이고 보니, 문명의 훈김도 비켜간 오지였다. 고개를 젖혀야 보이는 하늘이 유일한 시계요, 기상청이었다. 여유로운 직장생활을 하며 창작의 꿈을 실현하기에는 아주 적임지 같았다. 사방은 산으로 병풍을 둘러 계절마다 수려한 산수화 속이고, 학교 옆으로 흐르는 계곡물이 너무 맑아, 마을 이름을 수청리(水淸里)이라 했을 만큼, 자연 속의 자연이었다. 벽계수 흘러오는 위 계곡 암자에서 울리던 범종소리는 우리들의 영혼을 손짓했지만, 풋내기 가시나 선생과 자연 꼬마들과의 아름다운 인연은 마냥 행복하기만 했다.

학교 규모는 마을의 큰집만하고, 학급도 15세부터 24세까지 형제가 뒤섞인 혼성반으로 경영도 상황따라 자유로웠다. 장마에 냇물이 불으면 결석이 인정되고, 마을의 애경사에는 전교가 몽땅 그 집으로 몰려 하루를 풍성하게 붐볐다. 도의 순시 장학도 교통관계로 중도 포기가 잦았다. 권태를 먹고 외로움으로 호흡하는 화전민들은 교사가 떠날까 싶어 성주처럼 모신다. 나도 그 때가 가장 행복했던 공주 시절이었다. 아이들은 공부보다는 교사나 친구를 보는 낙으로 학교를 다녔다.

혼성반이다 보니 일제 수업을 할 수가 없어서 실력과 능력에 따른 엉터리 수업을 했다. 어찌보면, 거창한 맞춤교육의 효시가 된 셈이다. 이런 수업이 버거워 우리는 적당히 노는데 더 익숙했다. 야외 수업을 빙자로 사계절 산수화 속을 누비며 신선마냥 즐겼다. 나는 계곡을 건널 때는 업히는 공주가 되었고, 절벽의 꽃은 수로부인이 되어 받았다. 음악시간엔 음정이 존재하지 않는 제각각의 노래가 즐거움으로 두메를 넘쳤고, 체육시간엔 달리기, 씨름, 닭싸 등……. 깨소금 재미로 아이들이 확확 크는 것 같았다.

기덕이는 우리 반의 반장이었다. 그는 18세로 1학년이라서인지 애들이 잘 따랐고, 햇병아리 교사인 나를 분신처럼 따르며 모셨다. 그를 위시한 전교생은, 너무 순진해서 고개는 항상 벼이삭들이었지만, 선생님을 헤아리는 머리는 팽이들이었다. 아침에 출근을 하면, 책상엔 선물이 가득했다. 이슬을 머금은 도라지 꽃, 들국화, 이름 모를 산꽃들, 한 줌의 꽃다발, 대추, 옥수수, 콩엿, 산적부침…….

동화 같은 이 행복은, 나의 문학의 꿈을 희석시켰다. 습작은커녕 등잔불도 켜지 못하고 고단한 베개를 찾아야 했다. 고심 끝에 진로를 위해 그곳을 떠나기로 했다. 전근하는 날, 학교가 초상이 났다. 전교생이 두메까지 쫓아오며 우는 바람에 내 인생 눈물의 반은, 그 때 다 쏟은 것 같다. 반장 기덕이는 실신하듯 슬퍼했다. 큰 키에 낡은 모자를 쓰고, 눈물이 범벅되어, 충혈된 눈을 가누지 못하던 그 애잔한 모습은, 지금도 마음이 아리다.

이별 후, 몇 명을 초대하여 3박 4일의 서울 구경을 시켜 주고, 행복했던 그들과의 시간을 추억으로 간직하려 했다. 하지만, 그것은 오히려 그들이 나를 영원히 잊지 못하는 계기가 되었다. 그 당시 그들의 서울구경은 천지개벽할 획기적인 사건이 되었다. 벅찬 새로운 세계를 본 그들은 자연스럽게 꿈을 바꾸게 되었다.

'자갈밭을 굴러도 선생님이 계시는 서울로 나가자.'

꿈은 이렇게 야무지게 영그는데, 역으로 나는 점점 더 그들과의 교류가 귀찮아졌다. 혼인문제 등, 내 진로가 꼬이니, 청춘 앓이가 버거웠다. 고민 끝에, 그들과의 추억은 아름다운 동화로 마음에 쟁이고, 살살 거리를 두며 꼬리를 사리고 마음을 정리해 버렸다.

지천명의 어느 날, 세단 차가 미끄러지듯 교문을 들어섰다. 무심히 교무실로 내려오니,

"선생님, 저 기덕이에요. 모르시겠어요."

"어머나! 어머나, 너 기덕이니?"

두 손을 마주 잡은 나는 애련했던 과거의 회한이 울컥 눈물로 솟구쳤다. 그들은 선생님을 무조건 이해하고 그리워했다. 이번엔 '성공해서 선생님을 꼭 찾자'로 꿈은 또 한 번 바뀌었었단다. 대표는 역시 기덕이었다.

무작정 상경은, 그를 강하게 성장시키는 계기가 되었다. 밑바닥 인생을 누비며, 눈물의 라면을 삼키면서 주경야독을 했단다. '떳떳이 성공하여 선생님을 만나자'는 목표로, 그야말로 이 악물고, 검정고시를 통해 학력을, 공채를 통해 취업을, 성실로 기업의 이사가 되었다. 그리고 꼬리 사린 선생님 찾아 삼만 리가 오늘이 되었단다.

"그 때, 서울 구경이 오늘의 기폭제가 되었습니다."

그 후, 우리 내외는 그들 모임에 종종 초대되어 행복한 황혼을 즐겼다.

호사다마라 했었지, 기덕이가 40대 중반이 되었을 때. 그 회사가 망했다. 5대 기업의 하나로 무한도전 하던 막강한 회사가 한 순간에 무상에 묻히고 말았다. 더구나 기덕은 배경이 재력 아닌 성실이었기에 하루아침에 백수가 되었다. 가세는 기울고, 체면 때문에 다른 회사도 못가고, 몇 년을 시름시름 하더니 얼마나 스트레스를 받았던지 갑자기 뇌경색으로 쓰러졌다.

40대 제자가 링거를 주렁주렁 달고 식물인간으로 누운 모습을 보노라니 참으로, 마음이 저몄다. 더구나 두메산골 어린 촌놈이 상경하고 겪었

을, 그 악전고투를 생각하면 참으로 가여웠다. 선생마저 꼬리를 사렸으니 얼마나 막막한 서울이었을까. 얼마나 배가 고팠을까. 차라리 안 만났으면, 나이 많은 내가 대신 누웠으면…….

그는 고생한 만큼만이라도 생을 즐기고 가야 하지 않을까.

칸트도 '행복을 누리는 합당한 사람이 되자고 했다.', 선하고 성실한 사람이 행복하고 악인은 불행해야 함은 "삶의 질서"라 했다. 성실로 고지를 점령한 기덕이 같은 경우는 그 고지에서 행복한 삶을 끝까지 보장해 주어야 하지 않을까. 이런 삶의 질서가 사회 확립의 기본 철학이 되어야 하지 않을까.

꼭 살리고 싶었다. 내가 이행해야 할 필생의 과제 같았다. 포기 선에서 며칠의 말미를 얻어냈다. 그 옛날 아름다웠던 그의 꿈을 뭉개고 꼬리를 사렸던 내가, 이번엔 떠나겠다는 그의 꼬리를 휘어잡고 늘어졌다. 그리고 신을 꽉 붙들고 매달렸다.

"살려 주세요, 그가 나를 어렵게 찾았듯, 나도 그를 그냥, 보낼 수가 없습니다."

그의 머리를 쓰다듬으며 수없이 실성한 사람처럼 기도를 올렸다. 그러다가 깜박했는데. 그 사이 그는 내 손에서 꼬리를 살짝 빼고 살며시 가버렸다. 이번엔 그가 꼬리를 사렸다. 나처럼 그렇게 무정하게…….

이럴 수가! 인간 한계 밖에는 신이 존재해야 하는 것 아닌가. 하긴, 바람 같은 인생.

우리가 매일 곳이 어디던가. 그는 아마, 이 모순 속, 비정한 인생길이 그토록이나 머물고 싶지가 않았나 보다.

"그래, 그렇다면…… 내 손의 너는 갔지만, 내 안의 너는 결코 보내지 않으리!"

그가 나의 염력과 원력을 다한 간절한 기도를 타고, 금방 사라진 창밖에는 신 새벽에 여명이 밝아 오고 있었다. 그 때 문득 어디선가 영혼으로 스며드는 은은한 종소리.

그 옛날, 산수화 속, 우리들 학교에 들려오던 그 범종소리!

빛 바랜 메모지

김국자
| 수필가, 가정학과 66 |

책장문을 열고 책들을 어루만지다 책 한 권을 뽑아 들었다. 『영미명시선(英美名詩選)』이었다. 달력 종이로 곱게 쌌지만 닳고 닳아서 한쪽 귀퉁이가 빠끔히 보인다. 겉표지가 딱딱하지만 손에 단박 잡히는 크기며 아름다운 장정 때문에 늘 어루만지며 지내던 책이었다. 옆장을 넘기니 책갈피 속에서 빛 바랜 꽃잎, 단풍잎, 네잎클로버 같은 것들이 지난 세월과 함께 끼여 있었다. 몇 장을 더 넘기자 대여섯 개의 꽃술이 점점이 찍힌 빛 바랜 분꽃잎 밑으로 「하늘의 옷감」이라는 시가 보였다.

나에게 만일 금빛 은빛 실로 짠
수놓은 하늘의 옷감이 있다면
밤과 낮과 황혼의
푸르고 어슴프레하고 어두운 옷감이 있으면
그대 발 밑에 깔아 주련만
내 가난하여 가진 것 꿈밖에 없어
그대 발 밑에 내 꿈을 까노니,
사뿐히 밟으시라. 그 꿈 위를.

나는 잠시 눈을 감아 본다. 하지만 옛날 같은 감동은 아니다. 나는 다시 다음 장을 폈다. 순간 발 밑으로 무엇인지 툭하고 떨어지는 것이 있었다. 허리를 굽혀 집어 보니 봉투였다. 그 속에는 빛 바랜 메모지가 들어 있었다. 남편이 쓴 메모지였다.

미안해.
하도 고단해 혼자 자오.
들어오시면 깨워 주오.
얼굴이나 보고 이야기나 듣고 다시 자게 말이오.
그간 무거운 몸으로 고생스러웠겠지.
잠옷은 녹으라고 발치에 놓았소.

남편의 쪽지 뒤에서 나의 메모지가 나왔다.

세상 모르고 잠들어 있는 당신
얼굴을 너무 오래 쳐다보고 있으면
당신에게 해로울 것 같아
시선을 피했다 다시 봅니다.
이제 눕는다면 깊은 잠에 빠질 것 같아요.
내일은 토요일, 쉼이 있군요.

나는 메모지를 쥔 채 생각에 잠겼다. '아, 이런 시절이 있었구나.' 가슴으로 무엇인지 모를 뜨거운 물줄기 같은 것이 올라왔다.

결혼한 지 일 년도 되지 않아서였다. 그 시절 나는 직장에 다녔다. 남편보다 일찍 출근했기에 직장에 나가는 남편을 제대로 챙겨 주지도 못할 뿐만 아니라 변변한 대화도 나누지 못하고 살았다. 그래서 메모지로 대화를 나누었던 것으로 기억된다.

그날은 아마 남편이 출장갔다 돌아와서 몹시 피곤했던 모양이었다. 나도 큰아이를 가졌던 때라 몸이 무거웠다. 힘겹게 살던 맞벌이 시절, 가진 것은 오직 젊음과 꿈밖에 없었던 시절에 남겨진 메모지였다.

이제 우리 부부는 스물 하고도 일곱 해째 살고 있다. 나는 분꽃잎처럼 변해 버렸고 남편은 소가 닭 보듯 나를 보고 살고 있다. 하지만 그 눈빛 깊은 곳에는 아직도 그 때 메모지와 같은 그의 사랑이 담겨 있고, 나의 가슴속에는 늘 그의 그림자를 담고 있는 호수의 수면 같은 나의 믿음과 사랑이 담겨 있다.

그 때를 생각하면

이정자
| 시조시인, 기독교학과 66 |

사랑의 개념에는 4가지가 있다. 에로스, 스톨게, 필리아, 아가페—. 에로스는 성적 매력과 낭만적인 사랑을 의미하는 이성간의 사랑이고, 스톨게(στοργη)는 혈연관계에 기반을 둔 가족간의 강한 사랑으로 자식에 대한 부모의 사랑이 그 으뜸이다. 물론 형제자매간의 사랑도 포함된다. 필리아는 에로스와는 반대되는 개념으로 우정이라고 할 수 있고, 아가페는 절대적이고 무조건적인 사랑으로 원수마저도 사랑하라는 하나님의 사랑이다. 그래서 "인간은 에로스에 의해 태어나고 스톨게에 의해서 양육 받으며, 필리아에 의해서 인격이 형성되고, 아가페에 의해서 완성된다."고도 한다.

여기서 필자는 스톨게에 대해서 서술하고자 한다.

부부는 무촌이지만 부모 자식간은 1촌이다. 형제간은 2촌이다. 그러니 가장 가까운 피를 나눈 관계이다. 피를 나눈 부모 자식간은 천륜으로 끊을래야 끊을 수 없고 끊는다고 끊어지는 것이 아니다. 그래서 사랑 중에서도 가장 순수하고 귀한 사랑이 부모의 사랑이라고 말한다. 그 사랑을 내가 느끼고 받았고 나 또한 체험했다.

나는 중3 때 크게 아팠다. 수술 후 후유증으로 한 학기를 온전히 쉬었다. 4월 7일에 아파서 여름 방학을 하고 학교에 갔으니 온전히 1학기를 공친 것이다. 담임선생님의 배려로 출석 일수를 채운 것으로 안다. 그 때는 4월이 학기였다. 학교에서 오는 길에 친구 셋이서 찹쌀 팥떡을 사 먹은 것이 화근이 되었다. 그 날 밤부터 아프기 시작했으니 말이다. 맹장이라는 진단으로 '동산기독병원'에서 맹장 수술을 했다. 보통 1주일이면 퇴원을 하는데 나는 10일 만인 금요일에 퇴원을 했다. 3학년이기 때문에 학교공부에 신경이 많이 쓰였다. 그래서 월요일부터는 무리를 해서라도 학교에 갈 생각이었다.

그런데 예기치 못한 일이 터졌다. 퇴원을 하고 하루가 지난 토요일 밤, 밤새도록 열이 나고 아팠다. 내가 처음 아팠을 때 왕진 온 이웃 '공병원'에서 또 왕진을 했다. 수술부위에 이상이 생겼다. 그 뒤 나는 2개월 동안 병원 치료를 받았다. 나을 듯 말 듯 하면서도 내 수술 부위는 아물지 않고 이물질이 계속 나왔다. 담당 의사도 지쳤는지 대학(경북대병원)병원에 가보라고 아버지께 권했다. 병원을 나서면서 아버지와의 대화를 나는 엿듣고 말았다. '아무리 해도 자기로서는 어려울 것 같으니 대학병원에는 수련의들도 있으니 연구대상으로도 치료해 볼 것이니 대학병원으로 가 보시라'고 했다. 나는 집 대문을 들어서자마자 크게 울음을 터트렸다. 엄마는 놀라 병원으로 달려갔다. 그 다음날 의사는 나를 안심시키려는 듯 '나을 테니 걱정 말아라'고 했다. 며칠을 더 다니다가 병원에는 가지 않았다.

아버지는 한의학 쪽으로 마음을 돌리셨다. 나의 아버지는 한의사이셨다. 나의 외할아버지도 한의사이셨다. 용하다는 한의사를 부르시기도 하셨다. 외할아버지께서도 오셨다. 아버지께서 쓰시는 약 외에는 없다는 것이다. 아버지께서는 의사도 고치지 못한다는 나의 병을 최선을 다해 이것저것 다 써 보신 것이다. 급할 때는 하루에도 8첩을 달으셨다고 하셨다. 내 자식이니까 그렇게 약을 쓰셨지 남 같으면 그렇게 지어주지도 못하고 그렇게 믿고 쓰지도 않는다고 하셨다.

병원에서도 못 고친 병을 아버지의 정성과 치료로 나는 서서히 낫기 시작했다. 수술 부위에서 무살이 없어지고 새살이 돋아나면서 상처가 아물기 시작했다. 그 간 나는 몸무게가 많이많이 줄었고 치료 중에는 땀이 나도록 아픔을 많이많이 참아야했다. 약도 별별 약을 다 먹어 보았다. 쓴 약이 그래도 제일 먹기에 괜찮았다.

아버지와 어머니께서는 새벽마다 촛불을 켜고 청수를 떠 놓고 미륵부처님께 기도를 드렸다. 나는 앉아 있을 힘도 없어서 항상 아버지는 나를 안고 계셨고 나는 아버지께 기대어 앉아 있기도 했다. 지금 생각해 보면 내가 막내이었기 때문에 아버지께 어려움 없이 더 기대었던 것 같다. 아버지는 나의 생명의 은인이시다. 그리고 내 학문의 길에서 버팀목이 되어주시기도 하셨다. 나이가 더해 갈수록 아버지께 감사할 뿐이다. 물론 어머니께도—.

내가 결혼 후에도 불혹의 나이에 접어들면서 크게 아팠을 때에도 아버지는 늘 용기를 주셨고 또 약을 직접 조제해 주시기도 하셨다. 나는 아버지의 후원으로 오늘의 내가 서게 된 것이다. 어머니께서 돌아가시고 23년 동안 큰 조카(큰 오빠 아들)와 함께 사시면서 흐트러짐 없이 항상 책을 벗 삼아 사신 나의 아버지 애산(愛汕) 이상후(李相厚)선생이시다.

이제는 나도 엄마 나이가 되었고 내 딸도 그 때의 내 나이를 넘겼다. 사람은 자기 나이만큼 부모의 마음을 안다 했으니 이제야 나의 어머니의 마음을 알게 되었고 나의 딸은 그 때의 내 마음이니 엄마 마음을 알지는 못할 것이다.

나 또한 부모의 마음이 된 적이 있다. 내 딸이 대학교 4학년 때이다. 1992년 4월 어느 일요일이었다. 딸이 친구의 이모란 신원 불명의 전화 한 통을 받고 고개를 갸웃하며 나갔는데 4시간이 지난 저녁 8시가 되어도 돌아오지 않았다. 파출소에 연락을 했더니 안기부 사람들이 데리고 갔다는 것이다. 사방으로 전화를 하여 겨우 간 곳을 알게 되었다. 그 때야 딸이 학생운동에 가담하고 있었다는 사실을 알게 되었다. 이럴 수가! 까마득히 모르고 있었다. 3년간 몰랐다. 이튿날 형사들이 와서 책들을 다 갖고 갔다. 나는 북한 관련 서적들이 있어도 그 당시는 해금서적들이 많이 나오던 시기라 조금도 의심하지 않았다. 나 또한 그 책들을 읽기도 했다.

딸이 나간 후 나는 식사를 제대로 못했다. 아니 먹지를 못했다. 밤잠도 잘 수가 없었다. 나중에는 손도 떨렸다. 교회 권사님이 검정 깨죽을 써 오셔서 겨우 그것을 좀 먹었다. 교회에서 목사님도 오셨다. 찬송가 395장을 부를 때는 눈물이 쏟아졌다. 1주일이 지날 때쯤 연락이 왔다. 면회가 허락되었다. 그 때 딸아이의 옷을 사면서 그렇게 행복할 수가 없었다. 그렇게 기쁜 마음으로 옷을 산 적이 없었다. 만날 수 있다는 그 사실만이라도 행복했다. 변호사를 선임하는 데도 돈이 문제가 아니었다. 빨리 나올 수만 있다면 일반 변호사라도 선임하려고 했다. 그래서 형사들과 일반 변호사 사무실에도 갔다. 결국은 다른 학생들과 같이 행동을 하는 쪽으로 선회되어 10분의 1수임료도 안되는 민변을 통해서 하게 되었다. 결과는 같다는 것도 나중에 알게 되었다. 딸아이는 재판 과정을 마치고 100일 만에 나왔다. 성경을 다 읽자 나왔다고 했다. 지금은 결혼해서 남매를 기르며 신앙생활 잘 하며 잘 살고 있다.

내 딸아이로 인한 그 어려운 체험이 없었다면 나는 부모의 마음을 잘 몰랐을 것이다. 죽음이라도 바꾸고 싶은 것이 부모의 마음이라는 것도 알게 되었다. 나의 아버지 어머니께서도 그러한 마음이셨기에 내가 아플 때 온 정성으로 간호해 주시고 치료해 주셨을 것이다. '그 때 만약 내가 어떻게 잘 못 된다면(죽는다면)아버지께서는 집을 떠나신다.'고 하셨다. 내가 건강을 회복하고 학교에 다시 나갔을 때 그 공백기의 공부를 가르친 것은 작은 오빠였다. 오빠 덕분에 나는 고등학교도 잘 가게 되었다. 그래서 나는 나이가 더해 갈수록 부모님의 사랑, 오빠의 사랑 곧 가족간의 강한 사랑을 의미하는 스톨게(*στοργη*)를 4가지 사랑 중에서 제일로 꼽는다.

장의 사랑, 어머니의 사랑

우애령

| 소설가, 독문학과 68 |

젊은이의 이름은 장이었다. 그는 스무 살의 건강한 농부였고 빼어난 미남이라 많은 여자들의 관심의 대상이었다. 그러나 그의 머릿속에는 오직 한 여자 밖에 없었다. 그녀는 비로드와 레이스로 치장한 젊고 아리따운 아를르의 여인이었다.

그녀는 바람기 있다고 소문이 나 있어 부모는 두 사람의 관계를 달가워하지 않았다. 그러나 장은 간절히 그 여인을 원했다. 어쩔 수 없다고 생각한 부모는 추수가 끝난 후 두 사람을 결혼시키기로 결정했다. 그 때 한 남자가 나타나 장의 아버지에게 그 여자가 2년 동안 자기의 정부였던 부정한 여자라고 폭로했다. 그날 밤, 장과 아버지는 함께 들로 나가 오래도록 밖에 있었다. 늦도록 기다리고 있던 어머니에게 아들과 돌아온 아버지는 말했다.

"이 가엾은 녀석을 좀 안아주구려!"

그 후 그는 다시 아를르의 여인에 대해서 이야기하지 않았다. 그러나 그는 여전히 그녀를 사랑하고 있었고 다른 남자의 여자라는 것을 알고도 간절히 그녀를 원했다. 그러나 젊은 자존심 때문에 입을 열지는 못했다. 그는 며칠씩 방에 틀어박혀 있기도 했고 미친 듯이 들판으로 나가 열사람

몫의 일을 혼자 해치우기도 했다. 마을 사람들은 장이 슬픔에 잠겨 있는 것을 보고 다들 안타까워했다. 어느 날, 식탁에서 어머니가 눈물이 글썽해서 아들을 바라보며 말했다.

"얘야. 장. 네가 그렇게 소원이라면 그 여자와 결혼시켜주마."

그는 조용히 고개를 저으며 밖으로 나가버렸다. 그날 이후 장은 부모님이 마음을 놓을 수 있도록 늘 즐거운 척 했다. 무도회나 술집에서, 사육제에서 다시 그의 모습을 볼 수 있게 되었다. 퐁비유의 축제에서는 파라돌 춤의 앞장을 서기도 했다. 아버지는 이젠 상처가 아물었나 보다 했지만 어머니는 여전히 불안했다.

지주들의 수호신인 성 엘로아의 축제일이 되자 농가에서는 큰 잔치가 벌어졌다. 모두들 지쳐 쓰러지도록 파라돌 춤을 추었다. 장도 즐거운 듯이 어머니에게 춤추기를 권하자 그 가엾은 어머니는 기쁨에 넘쳐 눈물을 흘렸다.

한밤중이 되어서야 잔치는 끝나고 모두들 곤하게 잠들었다. 그날 새벽녘, 어머니는 누군가 자기 방 앞을 달려지나가는 소리를 들었다. 그 순간, 어떤 불길한 예감이 어머니의 머리를 스치고 지나갔다.

"장, 장이냐?"

장은 대답하지 않고 다락방으로 달려 올라가 문을 닫고 빗장을 걸었다. 어머니는 그 뒤를 따라갔다.

"얘야, 제발!"

어머니는 떨리는 늙은 손으로 빗장을 더듬어 찾았다. 그 순간, 창이 열리면서 무엇인가 무거운 것이 뜰의 포석 위에 떨어지는 소리가 들렸다. 그 뿐이었다.

그날 아침, 마을 사람들은 그 집에서 누가 그렇게 슬피 울고 있는가 하고 의아하게 여겼다. 그것은 이슬과 피에 젖은 돌 탁자 앞에서 죽은 아들을 품에 안고 가슴을 풀어헤친 채 비탄에 젖어 통곡하는 어머니의 울음소리였다.

'알퐁스 도오데'의 단편 「아를르의 여인」을 여러 차례에 걸쳐 다시 읽을 기회가 있었다. 젊어서 읽을 때는 장의 사랑만이 가슴 속에 사무쳤다. 한 여자에 대한 사랑을 잊을 수 없어 모든 것을 거는 젊은 청년의 모습은 낭만적인 사랑의 극치를 보여주는 것만 같았다. 그리고 그 집에 찾아들었던 여자의 정부를 이해하기 어려웠다. 떠나간 사랑을 그냥 보내주면 안되었던 것일까. 그러나 그 남자가 매력적인 연인을 경멸하면서도 잊을 수 없었을 것임을 이해한 것은 중년에 다시 읽었을 때였다.

아를르의 여인에게도 좀 더 동정의 마음이 기울었다. 방탕한 여자라는 평판이 있었지만 그 여자가 처음으로 진실한 사랑을 준 사람이 장일지도 모르지 않는가.

그러나 나이 들어 가장 가슴 저리게 느껴지는 사람은 장의 어머니이다. 다시 명랑해져서 춤을 추는 아들을 보며 기쁨의 눈물을 흘리던 어머니, 이슬과 피에 젖은 돌 탁자 앞에서 죽은 아들을 품에 안고 가슴을 풀어헤친 채 비탄에 젖어 통곡하는 어머니.

장인들 어찌할 수 없었을 것이다. 부모님을 위해 즐거운 모습을 보이려고 노력했던 것이 오히려 슬픔을 더 깊게 했을 지도 모른다.

'그 여자를 아무래도 잊을 수 없어. 차라리 죽는 게 나아.'

마을 처녀들과 춤추면서도 오로지 한 여자만을 절절히 그리워했을 그의 가슴에 마침내 결심이 서는 그 한 순간. 사려 깊은 아버지도, 착한 동생도, 아들의 옆방에 자리를 펴고 새우잠을 자던 어머니도 그가 절망을 이겨내도록 도울 수 없었던 것이다.

과연 인간에게 진실하고 영원한 사랑은 평생 단 한 번만 찾아오는 것일까. 이런 사랑을 잃게 되면 너무나도 큰 충격에 마음은 지치고 황폐해져서 다른 사랑이 깃들기 어렵게 되는 것일까.

인간은 온 마음을 다 바쳐 몇 번이고 사랑을 할 수 있다고 주장하는 사람도 있다. 로미오와 줄리엣처럼, 젊은 베르테르처럼, 그리고 순수한 장처럼 사랑의 상실을 견디지 못해 자살하는 사람도 있고 동호세나 오셀로처럼 사랑에서 기인된 질투 때문에 상대방을 살해하는 경우도 있다. 그러나 그것이 유일하고 영원한 사랑을 보여주는 증거라고 보기 어렵다고 주장하는 사람들도 많다. 그들이 죽지 않고 살아있었다면 사랑의 상처도 언젠가는 아물었을 것이고, 그들은 다시 다른 사랑을 하며 살았으리라는 것이다. 과연 어떤 것이 사랑의 정답일까.

풍차 방앗간을 내려와 팽나무가 널따란 뜰 깊숙한 곳에 서 있는 조용한 농가 앞을 지나게 되었던 작가, 알퐁스 도오데는 천천히 움직이는 마차 위 건초 더미 위에서 이 집에 얽힌 슬픈 이야기를 전해 듣게 된다. 사랑에 목숨을 건 장과 비탄에 젖은 어머니의 이야기를…….

다시 읽을 때마다 주인공들의 입장은 프리즘에 비친 햇빛처럼 조금씩 다르게 보인다. 그러나 절망 끝에 높은 다락방에서 뛰어내렸던 장과 죽은 아들을 끌어안는 그의 어머니의 이야기는 언제나 마음 속 깊은 곳에 아픈 사랑과 슬픔의 감정을 불러일으킨다.

툭하면 애정이 식는다는 외간남자

육다휘 _ 본명 육영애
| 수필가, 초등교육학과 69 |

집에 오면 나는 핸드폰을 제일 먼저 진동으로 해놓는다. 내가 무언가에 열중해 있을 때 울려대는 핸드폰 소리는 언제나 내게는 너무나도 가슴을 놀라게 하는 소리이기 때문이다.

고통스러운 소리를 내는 핸드폰 화면을 들여다보며, 받아? 말아? 약간 망설여지는 번호가 떠 있다. 통화버튼을 누르자마자 냉큼, 그 녀석의 특유한 까칠하면서 걸쭉한 쇳소리가 전선을 타고 들려 왔다.

"이 더위에 뭐 하시나…… 전화 한 번 안 넣어주고……."

"먹고, 자고, 놀고, 외출도 하면서 지냈다. 왜?"

"그래, 그동안 어떻게 보냈나? 라고 물어주는 사람. 나 말고 또 있는감? 거 좀 소식도 전하고 서로 저녁도 가끔 먹으면서 지내면 어디 덧나나? 연락을 못해? 왜?"

변하지도 않는 그 걸은 목소리는 아주 친한 격 없는 친구인양 쉬지도 않고 자기 멋대로 이어진다.

"그래, 잘났다. 고맙네. 걱정해줘서. 왜 무슨 자랑거리라도 생겼어? 전활 다했게……."

"아휴 우~애정이 식는다, 식어. 내가 너한테 고작 그런 사람이냐? 넌 무슨 톡 쏘는 쏘가리탕만 먹냐? 말만 하면 쏘아대니. 흐흐흐…….”

정말 세상물정 통달한 늙은 구렁이 같은 녀석이다.

“그놈의 애정타령은…… 그 애정은 달아오른다는 소린 내 이제껏 들어보질 못했다? 어째 만날 식기만 하냐? 아직도 식을 게 남아는 있냐? 꽤 오래 간다?”

“호호호…… 심심해야 전화하는 너잖아. 아님, 자랑할 게 있으면 하고. 아니냐?”

“엇쭈우~ 언제 애정이라는 게 너와 나 사이에 있기는 했냐? 라고 팩팩거리던 대답이 달라졌네? 너도 늙나 부다. 그려, 나 사무실 하나 냈어. 좀 시간 내서 와라.”

“니 얼굴 거울로 보면 주름 보이지? 나도 너만큼 늙는 건 당근 아니냐? 이거 왜 이래? 맨날 같은 멘트만 날리면 되냐? 연극에서도 별미로 애드립도 날리더라? 나도 좀 흉내 내 봤다, 왜? 떫으냐? 그럼 그렇지. 무슨 사무실인데?”

“여자가 말이야……사분사분 좀 해 봐라. 정말 남은 애정 다 식는다, 식어. 빨리 끊자. 암튼 항상 건강해라……연락 하고 와, 밥 한 번 같이 먹자.”

“그래 고맙다. 잘 지내라. 건강 잘 지키고.”

서로 인사로 끝맺음을 했다.

그 녀석 전화를 받고나면 하루 종일 귓가가 뭔지 모를 잡음으로 윙윙대는 거 같다. 속을 모르겠는 그 녀석의 전화는 잊을 만하면 한 번씩 온다. 나도 대꾸는 열심히 잘 하지만, 제대로 만날 약속을 한 적이 한 번도 없다. 우리 사이에 까투리가 없어서 그런 건 아닌지?

언제부터 그 녀석과 아는 사이인가 하면, 코 찔찔이 초등학교 시절부터다. 공부는 저리가라 식으로 안하고, 머리가 나쁜 녀석도 아니건만, 그저 여자애들 골리는 일만 연구하는 고약하고도 미운 존재였다. 고무줄 끊어먹기는 예사였고, 여중생들 여름하복에 골목 어딘가에 숨었다가 빨강, 파랑 물감을 물총에 넣어 쏘아대는가 하면, 겨울 동복에는 연탄재를 던져대는 식으로 정말 못 말리는 밉상이었다. 암튼 동네방네 소문난 개구쟁이 일등이었다. 그래도 사춘기 탓이었던지 고등학생이 되면서는 그 버릇이 사라졌다. 우리는 겨우 조용하고 평화롭게 등하교를 할 수가 있었던 기억이다. 차차 그 짓궂던 모든 일들은 우리 기억에서 잊혀져갔고, 그런 아이조차 기억나지 않았다. 어떻게 그렇게 편하고 쉽게 그 미움을 다 지울 수가 있었는지 알 수 없는 일이었지만. 정말 흔적도 없이 그렇게 몸서리치던 일들을 싹 잊어버린 것이었다.

그러던 고1 겨울 방학에, 주민센터에서 저녁 7시에 고등학생들은 남녀 모두 모이라는 연락이 왔다. 문맹퇴치 운동에 참여하라는 일. 중학생 시절을 내외하면서 보냈던 동네 중고등학생들이 다 모였었다. 그야말로 쑥스러웠고, 서로 변해버린 모습에 킥킥대기도 했다. 초등학교 때 같이 공부했던 친구들과 선배였지만, 다들 변해 있었고, 교복차림 모습으로, 마주하기는 처음이었다. 조는 이미 다 짜여져 있었다. 가르치는 방법을 설명했고, 일주일에 세 번 저녁에, 나라에서 권장하는 일이니만치, 의무라고 주입시켰다. 한 조에 남자가 두 명, 여자는 한 명. 이유인즉, 밤길에 사고 없이 남자 둘이서 여자를 책임지고 집까지 잘 모셔다 주고 가야 한다는 것.

까맣게 잊고 있었던 기억들이 얼굴을 보자 다시 생생하게 살아나는 그 얄밉고도 징그러운 그 녀석과 경상도 사투리가 섞인 말을 하는 부끄럼타는 별명이 까투리라는 아이와 내가 같은 조. 우리는 왠지 기름하고 물인거 같았다. 그 녀석은 와일드하고 운동을 제법 하는 체격과 군화 앞을 혓바닥을 척 내민 거 같이 늘어트리고 털커덕거리는 소릴 내며 어깨를 거들먹거리는 걸음으로, 자길 크게 보이려고 노력했다. 까투리는 깔끔 맞게 단정한 교복 차림으로 언제나 말씨도 조용조용하고 여자같이 예쁘장했다. 나는 어디까지나 누나 같은 형상이었다. 서로 잘 보이려고 아첨까지는 아니었지만, 노력하는 꼴이 우스꽝스러웠고, 공부로든 집안으로든 우월감을 갖고 있던 나는 그 둘을 하찮게 생각했다. 그저 집에 데려다 주는 일을 열심히 잘 수행해 주는 것으로 아무 생각이 없었다. 집까지 가는 도중에 나는 말을 섞은 적이 없이 그 애들을 무시했고, 서로 떠들며 얘기하는 갖가지 시사들을 흘려듣다가 가끔, 콧대를 세우고 밤하늘을 보며 속으로 중얼댔었다. '공부도 못하는 주제에 세상얘기들은 잘도 떠드는군? 엇쭈 저런 얘기까지? 놀랍네~ 에~ 저 개구쟁이가 시사평론을 다하면서 의견까지?' 여자 애들과는 전연 다른 남자들 대화에, 속으로 적의 놀라기도 하고, 별도 세면서…… 어떤 비행기 사건에 대해 신랄하게 둘이 격돌하며 의견교환을 할 때, 공부와는 다른 넓은 세상을 상대로 남자들은 살아가는 거 같다는 생각도 잠깐 한 적이 있고, 내가 정확하게 모르고 있다는 사실에 속이 상하면서 난, 어쩌면 조두(鳥頭)란 생각이 어렴풋이 들기도 했던 기억이 있다. 그렇게 무시했던 마음을 조금 지우긴 했지만, 더 이상 가까워지진 않았다. 그 애들이 떠들 때, 난 그저 내가 맡았던 할아버지에게 어떻게 빨리 한글을 깨우쳐 드릴까 방법만 생각했었다. 셋이 별로 대화를 나눈 적이 없었고, 게다가 그 녀석은 결석이 잦았다. 그러는 게 멋있게 보이는 줄로 착각하고 있는 느낌이 들었다.

까투리와 둘이 다니는 날이 많아졌고, 별 수 없이 물어보는 말에 대답하다 보니, 그 애는 신분이 대단히 높으신 분의 자제였다. 대구에서 컸고, 초등학교 5학년 때 수원으로 전학 왔다고 했다. 상냥한 성격으로 여자인 나보다 연약해 보였고, 웃을 때마다 금니가 반짝였다. 조금씩 서로를 알아가고 있는 중에 겨울 방학이 끝나면서 저절로 우리들의 만남도 없어졌다. 그 일 이후로 만날 일이 없었다. 국가에서 별 효과가 없어서 그만 두었는지 다시 모이게 하는 일도 없었다. 대수로운 일이 아니었다.

세월은 흘러갔고 나는 대학생이 되었다. 어느 날 미팅에 가자고 들들 볶는 친구 따라 갔다가 그 까투리를 만나게 되었다. 예전과는 다르게 나를 보고 반가워할 줄도 아는 싹싹한 남자로 변해 있었다. 옛날 얘기를 나누면서 그 녀석 얘기도 나왔지만 전연 교류가 없다 했다. 그 녀석에 대해서는 아는 바가 없기는 나 또한 마찬가지였다. 미팅이 끝나고 친구 파트너랑 넷이 그 당시 유명했던 광화문 골목 학사주점에 갔다. 그러나 그게 마지막이었다. 또 다시 개인적으로 만난 적이 없이, 바쁘게 세월을 보낸 거 같다. 군대도 갔다 오고, 직장에도 다니고, 결혼들도 했고, 자식들도 키우면서…… 서로들 자기 생활에 정신없이 세월들을 먹어버린 거 같았다. 몇 년 전에 우연한 기회에 그 녀석을 만나게 되었고, 옛날을 주저리주저리 떠들기에 까투리에 대해서 물어보니 전혀 소식을 모른다고 했다. 여기저기 다른 소식통을 통해 알아보니 저 세상으로 갔다고.

셋이 만나야만 저울 눈금이 정확하게 제 자리를 알려주듯 각자 위치가 주어지는데 그만 한 사람이 가고 없으니 그윽한 쓸쓸함과 허무함에 그동안 너무나도 소식도 못 전한 채 지냈다. 작은 아픔이 인다. 내가 조금이라도 상냥하고 다소곳한 여자였더라면 셋이 지금쯤 다정한 친구로서의 사랑을 돈독하게 닦아 서로가 아름다운 노년을 꾸려갈 수가 있었을지도…… 교만을 떨었던 내가 너무 부끄럽다. 그 녀석은 아직도 게걸게걸 시끄럽기 그지없이 굴지만, 우리 셋 사이에는 그 이상도 그 이하도 아닌, 잔잔하고도 엷은 우정만 지녔던 거다. 서로의 '마음의 길'에서 우연히 만난 인연을 잘 가꿀 줄을 몰랐던 거 같다. 찔그러지지 않게 지탱해야 하는 삼각형 꼭짓점처럼 각자 자기 지키기에만 여념 없었던…… 우정을 영글게 하는 작은 사랑을 힘을 합해 정성들여 키웠더라면…… 아직도 말만 꺼내면 애정이 식는다고 투덜대는 그 녀석은 가까워지면 맘 상하는 외간 남자의 자리에 서 있을 뿐. 이젠 별도 안 보이는 밤하늘. 착하던 까투리는 이러는 우리가 어이없으려나? 모르겠다.

사랑의 맛은 어떤 건가요

이주남
| 시조시인, 영문학과 69 |

그리도 덥던 여름도 비껴가고 아침저녁으로 선선해진 가을, 나는 찻잔을 앞에 놓고 오늘 하루를 시작한다. 남편의 배웅을 다정하게 했는가도 반성하면서 저녁에 돌아오면 더 따뜻하게 마중할 것을 다짐하면서 창밖에 시선을 두었다. 퇴색해가는 나뭇잎을 보면서 하얀 겨울을 연상한다. 실로 조물주는 세상을 오묘하게 창조하였다니 절로 감탄이 인다. 사랑을 바탕으로 한 천지창조가 아니었을까 상상하면서.

그러자 이 아침엔 사랑이 사념의 테마로 등장을 하려나 보다.

참으로 가을은 사색의 계절이다.

'스물한 살 나이였던, 오월.'

'불현듯 밤 차를 타고 피서지에 간 일이 있다.'

'그러나, 시월같이 쓸쓸하지는 않았다.'

피천득의 「오월」 수필의 한 대목이다. 아름다운 귀결이 좋아 글을 쓸 때면 떠오르는 구절.

셰익스피어는 사랑을 눈으로 보지 않고 마음으로 본다 했고, 생떽쥐베리는 사랑은 마주보는 것이 아니라 함께 같은 방향을 바라보고 걷는 것이라 했다.

학창시절에 읽은 사랑에 대한 이야기는 프랜시즈 스코트 피츠제럴드의 〈위대한 개츠비〉와 제인 오스틴이 쓴 〈오만과 편견〉을 들 수 있다. 운명은 사랑에 따라 달라지는 거, 사랑은 소중한 것이다. 사랑에 웃고 울며 사는 것이 우리 일상이지 않은가. 개츠비는 어린 시절을 어렵게 보내고 군대시절에 알게 된 부잣집 딸 데이지와 결혼을 약속하지만, 데이지는 재벌인 톰 뷰캐넌과 결혼을 한다. 사랑에 실패해도 사랑하기를 그치지 않은 개츠비는 밀주업으로 큰돈을 벌어 돈으로 사랑을 찾겠다는 꿈을 꾼다. 결국에 사랑 받을 자격이 없는 데이지를 사랑한 게츠비는 도덕성이 결여된 도시에서 데이지의 남편 톰에게 억울하게 사살되고 허무한 생을 마감한다.

〈오만과 편견〉은 여성작가 오스틴이 쓴 19세기 오래된 얘기이지만 친근감이 느껴진다. 영국의 시골마을에서의 다섯 딸과 극성엄마 이야기. 엄청난 사건이 있는 것도 아니고, 그 당시 딸들의 사랑과 꿈을 극성쟁이 엄마가 보여주는 일상의 힘에 얹혀 지루하지 않게 펼쳐진다. 엄마의 지상최고의 숙제는 딸들을 부잣집으로 시집 보낼 일로 노심초사하는 폼이 여느 우리 엄마들과 다르지 않다. 두 작품 다 그렇고 그런 사랑과 결혼 지침서이다. 우리가 살아가는 동안에 사랑이란 테마는 생명의 또 다른 말이 아닐까 한다. 사랑이 있으면 무엇이든지 이루어진다는 희망처럼 삶의 의미가 분명해지기 때문이다. 마치 사랑이 있으면 불가능이 존재하지 않는 것처럼.

2007년 남편 안식년에 미즈리주 멜리빌에서 살 때의 일이다. 그곳에서 일본인 친구를 따라 〈메종 드 히미코〉와 〈눈물이 주룩주룩〉이란 일본영화를 본 적이 있다.

타인의 이야기인데도 마치 내 이야기인 듯 울고 웃으며 관람하는 동안 마음 따스해짐을 느꼈다. 히미코는 1980년대 도쿄 번화가 긴자(銀座)에서 바를 경영한 게이이고, 술집은 당대 최고 지식인들이 드나드는 유명한 곳이다. 히미코의 젊은 연인 하루히코 역을 맡은 오다기리 죠는 어찌나 잘 생겼는지 쳐다보기 벅찰 정도. 여기서 사랑은 남녀간의 사랑에만 국한한 것이 아니라는 전제조건이 붙었다. 〈눈물이 주룩주룩〉을 볼 때는 강신재 소설가의 유명한 '그에게선 언제나 비누냄새가 난다'라는 선선한 문장이 떠올랐다. 여기서는 부모의 재혼으로 인위적인 오누이가 한 집에서 살면서 서로가 애틋하게 사랑하지만 느낄듯 말듯, 갈등의 줄다리기를 섬세하게 연기하는 장면이 인상깊었다.

미국에서 시청한 TV프로 〈오프라 윈프리 쇼〉는 나의 단골 메뉴, 주로 남녀배우들이 나와서 그들의 사생활이나 영화 소감을 말한다. 진행자인 오프라 윈프리인 흑인여성은 시청자를 향해 〈브로크백 마운틴〉을 꼭 봐야할 영화라고 말한다. 그들의 언론 자유가 부러웠다. 에니스와 잭이란 두 청년은 여름 한철 브로크백 마운틴에서 양떼를 치는 카우보이다. 광활한 자연 속에서 그들은 함께 밤을 보낸다. 얼마 뒤 그들은 이별을 하게 되어 각자의 가정을 이루고 살다 4년 후, 다시 만나면서 잊었던 사랑을 확인하게 된다. 에니스보다 더 감성적인 잭은 몇 년에 한 번 만나 낚시를 핑계로 며칠 함께 있다 헤어지는 삶에 진저리를 치면서 새 출발을 하자고 호소한다. 어느 날, 에네스가 보낸 편지가 '수취인 사망'이라고 되돌아오면서 그들의 사랑도 끝난다. 결국 그들의 사랑은 한 남자가 죽음으로써 20여 년의 인연은 끝나지만. 사람이 사람을 사무치게 사랑한다는 일은 가슴을 아리게 했다.

오래전에 요시모도 바나나의 『키친』이란 소설을 감명깊게 읽었다. 이 소설의 이미지가 지난주 집에서 본 영화 〈터치 오브 스파이스(A touch of spice)〉를 연상시킨다. 맛으로 기억하는 사랑이야기였다.

"할아버지, 사랑의 맛은 어떤 건가요?"

문명의 발생지인 그리스의 문화를 아련한 그리움으로 감상했다. 그리스 소년 파니스가 할아버지가 사는 이스탄불의 스파이스(양념) 가게에서 배우는 인생의 잠언을 향신료와 결부시켜 듣는데,

"우리 눈에 보이지 않는 것이 많단다. 보이지는 않지만 음식 맛을 내주는 소금 같은 것 말이다."

사랑보다 맛있는 요리는 없다는 것을 암시한다.

성냥불 같은 인스턴트 사랑이 판치는 요즘 〈브로크백 마운틴〉에 나오는 두 남자의 기나긴 사랑이야기는 우리의 심금을 울린다. 세월이 지나면 몸의 상처는 아물지만 마음의 상처는 아물었는가 싶으면 다시 덧나 피를 줄줄 흘린다. 그런줄 알면서도 남의 마음을 아프게 하고 못할 말을 하면서 두고두고 후회하는 일은 없는가?

아침나절의 사념은 그치지 않았다.

격조했던 어른에게 안부전화라도 드려야겠고, 친구에게 정다운 편지라도 써야겠다.

아직도 내 안에는 사랑의 불씨가 타고 있기에.

아! 그래서 가을은 좋은가 보다.

중매결혼

이예경
| 수필가, 교육학과 70 |

신록이 푸르른 초여름의 등산로는 초입부터 밤꽃이 만발했다. 돌돌거리는 시냇물 소리를 들으며 중턱을 넘어서니 뻐꾸기 소리가 가까이서 나를 반겨준다. 곧 이어 먼 산에서 다른 뻐꾸기 소리가 점점 다가오고 있다. 그 둘이는 서로가 짝이 될까 상상하다가 동물들은 중매쟁이가 없으니 모두 연애결혼을 할 수 밖에 없겠구나, 그런 게 자연의 이치겠구나, 하며 혼자 고개를 끄덕인다.

그런 자연의 이치가 어느 집에서나 다 통하는 것은 아니다. 딸만 여섯을 키웠던 부모님은 맏딸의 귀가시간 엄수를 매우 엄하게 다스리셨다. 행여나 맏딸이 동네에서 음전치 못하다는 소문이라도 난다면 동생들 혼사에 큰 지장이 있을 거라는 우려 때문이었을 게다. 맏딸을 잘 가르치면 동생들은 저절로 따라하게 되어 있다고 단단히 믿으시는 듯했다.

어쨌든 본의 아니게 맏딸로 태어났던 나는 여러 가지 제약 속에서 집안에 누를 끼치지 않으려고 안간힘을 쓰면서 자제력을 시험당하며 살아온 것 같다. 자유분방한 여대생에게 귀가시간 8시 엄수는 그중에서도 매우 고통스러웠다. 학교 끝나면 무조건 귀가 길을 서두르는 것이 조용히 무탈하게 지나가는 방법이라고 터득하게 되었다.

그렇게 대학을 마치고 직장생활을 하면서 미국유학을 준비하던 어느 날 어머님께서 맞선 날짜가 잡혔다고 하셨다. 아예 신랑을 붙여 유학 보내기로 하셨나 보다. 내가 옛날 조선시대 처녀인가. 그러나 부모님의 명령을 거역할 수 없어 결국 부모님을 따라 맞선 보러 갈 수 밖에 없었다.

맞선 날에 부모님들 사이에 앉아 있는 신랑감을 보니 나의 이상형 같지는 않았지만 부모님 말씀대로 신랑감을 따라 저녁식사와 산책을 하며 이야기를 나누었다. 그날 저녁은 허락받은 외출이라 10시가 넘어 귀가하니 부모님께서 정색을 하고 기다리신다. 나의 사무적인 보고에 결혼을 전제로 만난 만큼 너무 조목조목 토론식으로 대화를 하면 여자다움이 느껴지지 않을 수도 있다고 아버지께서 주의를 주셨다.

혹시나 해서 말도 못하고 그동안 빈 편지통만 확인하던 부모님의 속사정이 통했는지 열흘 만에 편지가 왔다. 주말에 만나자는 내용이었지만 내가 시큰둥해 하니까 부모님은 원피스까지 맞춰 주신다. 두어 번 만나보면서 주위에서 나선 일이지만 이것도 기회이고 결과에 대한 책임은 결국 나 혼자 질 수 밖에 없으니 이왕이면 긍정적으로 시도해 보기로 생각을 바꾸었다.

인천 작약도에 가기로 했을 때다. 서울역에서 인천까지 한 시간 거리에 배를 타고 갈 텐데 낯선 남자와 종일 무얼 하며 시간을 때울까 고민이다. 생각 끝에 내가 좋아하는 노래책을 가지고 갔다. 내심 음치 테스트를 해볼 속셈이기도 했다. 그런데 고속버스 안에서 그가 먼저 노래책을 꺼내더니 이 노래 아느냐, 저 노래 아느냐, 묻기 시작했다. 그도 신붓감의 음치 테스트용으로 가져온 것일까. 작약도에 도착하자 우리는 자연스럽게 섬의 꼭대기까지 올라가서 소나무 아래 자리를 잡고 그 책에 있는 노래를 첫 장부터 부르기 시작했다. 그도 제법 노래를 잘한다. 우리는 차츰 기분이 맞아 이중창으로 주거니 받거니 화음을 넣어 악보 끝까지 다 불렀다.

그 뒤로 우리는 피차 안 그런 척 하면서도 내심 등산테스트, 독서테스트 등 신경을 썼던 것 같고 날이 갈수록 거부감은 줄어든 것 같다. 양산을 들고 만났던 어느 날 갑자기 하늘이 흐려지며 날아갈 것 같은 강한 바람이 불며 장대비가 쏟아졌다. 비를 피하려니 얼떨결에 작은 양산 속에 갇히게 되었고 너무 가까이 서있었다. 갑자기 심장 박동이 빨라졌다.

얼마 후 그가 내 집에 찾아와 아버지를 만났다. 결혼 허락을 받으러 왔다고 했다. 우리는 만난 지 두 달 만에 결혼식을 올렸고 한 달 후에 그가 먼저 미국으로 떠났다. 나는 시댁에서 새신랑에게 매일 편지를 쓰며 신부수업 5개월 후에 따라갔다. 결혼 상대와 2년 정도는 사귀어 보고 마음을 정하겠다던 애초 계획은 일생에 허사가 되어버렸지만 대신에 뒤늦은 연애 같은 결혼생활이 아옹다옹 사는 중에 지나갔다.

39년이 어느새 흘러갔는지 모르겠다. 딸 아들이 결혼하여 손주도 여럿 두었다. 육십 대 중반의 우리는 일주일에 두세 번 등산을 다녀오고 합창단원이며 집에서는 이중창을 연습하고 교회를 같이 다니고 남편 퇴직 후에는 적금을 깨서 해외여행도 종종 다닌다. 세인의 이목을 집중하는 열렬한 연애를 해보진 못했지만 화롯불 같이 식지 않는 사랑을 가꾸어가고 있다.

남편은 합창과 등산을 같이 할 수 있는 배우자를 만난 것이 너무나 다행한 일인데 그것은 맞선 후 열심히 여러 가지를 테스트했던 자기 덕이라고 큰소리를 친다. 그 말에 나는 왠지 속은 기분이 들기도 하고 때로는 순진해서 뭐가 뭔지도 모르고 테스트를 당한 내가 바보 같다는 생각도 들어서 다시 태어나면 연애결혼을 해볼까 싶기도 하다.

그러나 내가 정말로 부모님보다 더 나은 판단을 할 수 있을까. 자신의 삶을 자신이 주도하는 것이 멋있다고 생각은 하지만 나 혼자 하는 큰 결정에는 겁이 앞서니 어쩌랴. 그런 나를 보면 숲속에서 마음껏 노래를 하며 자유연애를 즐기는 뻐꾸기들도 웃을 일이다. 시대가 바뀌어 요즘 젊은이들이 자유스럽게 팔짱을 끼고 다니고 지하철이나 공원에서 진하게 애정표현을 하며 개방적으로 연애를 하는 걸 흔히 볼 수 있다. 수줍고 은밀한 사랑의 반대편인 그 동물적인 모습 옆에 서면 때로는 당혹감이 들기도 하지만 한편으로는 참으로 솔직하고 용감하다는 감탄이 나오기도 한다.

대자연 숲속의 미물들도 모두 자유연애를 하고 그것이 자연의 이치라는 것은 알겠는데, 그럼 내가 다시 젊었다면 그렇게 하게 될까? 상상해 보지만 누가 뭐래도 겁쟁이, 나는 역시 중매결혼형인 것 같다.

교외선, 그 아련한 코스모스 밭……

김현숙
| 소설가, 영어교육학과 73 |

그는 우리집의 가정교사였다. 당시 중2였던 동생의 과외 선생으로 주로 영어와 수학을 가르치러 일주일에 두세 번 우리집엘 드나드는, 그러니까 모 일간지의 구인 광고난을 통해 아버지께서 직접 고른 소위 명문 S대의 영문학도였다.

“우리집 여대생, 니가 한번 면접을 본 후에 정하그라.” 당시 건설회사를 운영하던 아버지께서 어느날 내게 실로 막대한 중책을 맡기듯 하시며 그렇게 말씀하셨다. 내막인 즉, 당신께서 남동생을 위해 일간지 구인란을 통해 과외 아르바이트생을 찜해 놓았는데 일차로 내가 먼저 면접을 본 후에야 그를 통과시키겠다는 것이 아버지의 뜻이었다.

조금은 당혹스런 느낌도 없진 않았으나 약간의 장난기와 호기심, 그리고 엄선된 면접관(?)으로서의 의무감 등이 뒤섞인 아리송한 마음으로 한나절을 집안에서 서성이며 그가 오는 시간을 기다렸다.

담장 밑 뜨락에 보랏빛 라일락이 한창이던 4월 어느날 마침내 그가 우리집을 찾아왔다. 청바지 차림에 라일락 빛을 닮은 연보랏빛 셔츠의 소매를 걷어 올린 모습이 너무도 스마트하고도 댄디한, 그리고 경악하리만큼 핸섬한 모습의 남자였다. 당시 대다수 남학생들의 술과 담배에 절은 듯한 칙칙하고 데카당스한 모습과는 판이하게 다른, 빼어나게 깔끔하고 귀족적인 모습이었다. 평소 미남 취향이 아님을 늘 강조해 오던 터이나 다과상을 차려 아버지 입회 하에 그와 마주하는 기분은 황홀하기조차 했다. 사전에 언급된 아버지의 지시대로 그에게 몇 가지 의례적인 질문을 던졌다. "전공이 뭔지 여쭤봐도 될까요?" "네에, 영문괍니다." "실례지만 댁은 어디세요?" "본가는 온양인데 현재 서울 돈암동에서 하숙을 하고 있습니다." "영어 외에 수학도 가르쳐 본 적 있으세요?" "네에, 전공이 영어지만 중학교 수학 정도는 충분히 가르칠 수 있습니다." 그는 아버지가 권하는 차와 과일을 들며 더없이 사람좋은 미소와 진국스런 표정을 보이며 몇 가지 나의 당돌한(?) 질문에 유순히 답변을 이어갔다.

"어휴, 싱거워!!" 그러나 유감스럽게도 그를 만나 본 내 첫 느낌은 그것이 전부였다. 뭐랄까, 핸섬한 생김새에 비해 뭔가가 한 2% 정도는 부족한 듯 간기 없는 슴슴한 맹물 맛의 남자라고 느껴졌다. 때문에 면접의 최종 단계에서 그가 원하는 수준의 보수를 아버지 대신 곁에서 애교스럽게 깎아냈을 만큼 묘한 장난기가 동하는 그런 타입의 남자였다. 핸섬한 순둥이!! 그것이 내가 그에게 붙여준 별명이었다.

그날부터 그와의 만남이 이어져 갔다. 정확히 말해 그건 만남이라기 보단 부딪침이라 해야 마땅할 그러한 것이긴 했으나 어쨌거나 그것도 만남은 만남이었다. 동생이 과외하는 방에 가끔씩 차와 과일을 들어 나르며 눈인사를 나눈다든가, 어쩌다 때가 맞아 대문, 혹은 현관에서 서로 어깨를 스치며 반가운 수인사를 나누는 일이 고작이긴 했으나 어쨌든 꽤나 얼굴을 자주 대하는 존재임은 확실하였다.

켐퍼스에 사르비아가 만발한 가을이었다. 2학년의 가을 학기. 과(科) 친구들이 난데없이 그룹 미팅을 하자고 제안해 왔다. 그런데 문제는 다들 그럴 만한 마땅한 대상이 없다는 것. 때문에 이 궁리, 저 궁리 여러 궁리로 머릴 짜내느라 난리들이었다. 그런데 가만히 생각하니 아주 손 쉬운 곳에 꽤 괜찮은 남자가 있질 않은가. '핸섬한 순둥이' 바로 그가 떠오른 것이다. "이번엔 내가 데려올게. S대 영문학과. 꽤 핸섬한 편야. 유유상

종, 그러니 친구들도 꽤 쓸 만 하겠지?" 자신만만하게 내가 말했고 친구들도 탄성을 지르며 동조했다.

그가 오는 날, 과외가 끝나기를 기다려 미리 준비한 다과와 함께 극히 조심스런 태도로 친구들과의 미팅건을 제안하였다. 그는 매우 수줍은 미소로 그 안을 받아 들였고, 그렇게 일은 성사되어 코스모스 만발한 가을, 마침내 우린 다함께 교외선 열차에 몸을 실었다. 내 친구 다섯과 그의 친구 다섯. 도합 10명의 대학생들이 교외선을 타고 가다 아무 곳이나 맘에 드는 곳이 있음 무조건 내리기로 한 멋진 여행이었다.

열차 안은 매우 붐볐다. 객실은 기타 치고 노래하고 떠들어 대는 활기 넘치는 대학생들로 가득 찼다. 그러나 우리와 함께 한 다섯 남자들은 너무도 점잖고 숫기라곤 없는 맹탕들이었다. 꿔다 놓은 보릿 자루처럼 하나같이 말도 없고 여자에 대한 매너도 없고 더구나 유머라곤 약에 쓸래야 없는 쑥맥같은 남자들뿐이었다. 다들 정장 차림에 평균 이상의 외모이긴 했으나 어디서 그런 족속만 끌어 모았는지 단 한 명도 쉽게 입을 떼는 남자가 없음이 기막혔다. 친구들은 은근히 부러운 얼굴이 되어 발랄하기 짝이 없는 주변의 다른 팀들 노는 양을 멀건히 지켜보다간 가만히 시선을 차창 밖으로 돌리며 한숨 짓는 행동을 되풀이했다.

교외선 코스의 어디쯤이었던가. 장흥, 일영을 지나 얼마를 더 달려가니 차창 가득 확 펼쳐진 코스코스 들녘이 나타났다. 가을 바람에 색색으로 하늘거리는 코스모스의 군무가 출렁이며 시야를 가려왔다. "아, 여기서 내리자." 누군가의 제안에 급히 기차를 내려 모두 들판을 향해 걸어갔다. 친구들은 허리까지 자란 코스모스 밭에 뛰어들며 저마다 탄성을 내질렀다. 숨바꼭질을 하듯 한참을 그곳에서 머물며 재잘거렸다. 그러나 그사이 벌써 함께 온 남자들은 저만치로 멀어져 가고 있었다. 따라오려니……하는 마음으로 그랬던 것일까. 숙녀들에게 아무런 언질도 없이 자기네끼리만 뭉쳐 묵묵히 묵묵히 멀어져 가는 모습이 참으로 이해가 되질 않았다. 친구들은 이윽고 분개하기 시작했다. "뭐 저런 남자들이 다 있니? 정말 밥맛이다, 얘. 말하다 죽은 귀신이 붙었나 봐. 해도 참 너무한다." 친구들은 저마다 한 마디씩 남자들을 성토하였고 그날의 미팅 주선자인 난 어쩔 줄을 모르는 상황이 되어갔다.

"얘, 지들끼리만 놀게 내버려 두고 우린 우리끼리 노는 거야. 설마 우릴 놔 두고 그냥 가버리겠니?" 그러나 어찌된 셈인지 그들은 한참이 지나도 우리가 머물고 있는 코스모스 밭으로 되돌아 오질 않았다. 삐삐고 핸드폰이고 연락할 것이 아무 것도 없던 시절이었다. 끝없이 펼쳐진 아득한 들판에서 우린 점차 막막하기만 한 기분이 되어갔다. 도로변에 주저앉아 축 늘어진 모습이 된 우리 앞으로 뽀얀 먼지를 일으키며 서울행 시외 버스가 달려왔다. 순간 "야, 타자!!" 하고 외치는 누군가의 제안에 모두 우르르 버스에 올라탔다. 그로써 모든 상황은 끝!! 어처구니 없게도 그날의 미팅은 그렇게 끝이 났다.

저녁 무렵, 시종 찝찝하고 씁쓸한 기분인 채로 집에 돌아와 몸을 씻고 쉬고 있을 때였다. 화가 단단히 난 그의 음성이 집으로 전화를 걸어왔다. "사람들이 그럴 수 있습니까? 한나절을 땡볕에서 기다리고 또 기다려도 따라오질 않길래, 겨우 원 위치로 돌아와 보니 마악 버스 타고 달아나는 걸 본 사람들이 있더군요." "달아나긴 누가 달아나요? 여자들만 버려두고 자기네끼리 가버린 사람들이 누군데요? 우리도 지치도록 기다렸다고요." 평소의 그답지 않게 매우 격앙된 어조였으나 질쏘냐 내 음성도 덩달아 높아졌다. 일단 만나서 자초지종을 얘기하기로 하고 전화를 끊었다. 얼마 후 난 집 근처 다방에서 그와 마주 앉았다.

"그 친구들, 연애 경험 없고 순진해서 그렇지, 한없이 착한 친구들이에요. 비록 일류 대학은 아니지만……다들 전공 열심히 하고 성실하고 그렇습니다." 친구들 얘길 하는 그의 눈가에 반짝 눈물이 어렸다간 사라졌다. 남자의 눈물. 그는 왜 눈물을 보이는 것일까. 순간 내 친구들의 행위가 너무도 철 없고 가볍게만 느껴져 가슴이 뜨끔 아려왔다. "어쨌든 죄송하게 됐어요. 친구들께 대신 제 사과의 마음 꼭 좀 전해주세요. 죄송합니다." 난 순간 진심에서 우러나는 마음으로 그에게 사과를 했다. "저희에게도 불찰은 있었겠지요." 그가 다시금 맑고 순한 눈빛으로 나를 바라보며 환히 미소지었다. 아, 바로 그 순간, 어쩜 그때부터 난 그를 좋아하기 시작했는지도 모른다. 결코 미남 취향이 아니라며 마음 속으론 세차게 머릴 흔들곤 했으나 어쩔 수 없이 그를 향해 달려가던 알 수 없는 마음, 마음……그러나 어쩌다 이따끔 집에서 눈길이 서로 마주쳤을 뿐, 그후로도 그와 나 사이엔 이렇다 할 아무런 사건(?)도 없이 한 학기가 다 지나갔다. 방학을 맞은 그는 고향으로 내려가 잠시 쉬었다 온다고 하였고, 난 그 서운함을 대신하여 마침 계획 중인 과(科)종강 파티의 파트너로 그를 초대할 뜻을 내비쳤다. 그는 예상외로 흔쾌히 나의 초대에 응해왔다.

마침내 종강 파티가 있던 날. 곧 눈발이라도 내릴 듯 잔뜩 흐린 겨울 저녁이었다. 음울한 날씨와는 달리 광화문 거리에서 만난 그의 모습은 여전히 귀티가 넘쳐 흘렀다. 북청색에 흰색 눈꽃 무늬가 박힌 폴라 스웨터에 하이넥의 감색 캐시미어 코우트를 입은 모습이 너무도 세련되고 멋져 보여 그와 함께 종강 파티 장소로 가는 나의 걸음은 마치 롤러를 탄 듯 매끄럽고 경쾌하게 흘러갔다. 가는 길, 그는 화원에 들려 빨간 장미 한 송이를 사서 내게 주었다. "종강 축하 드립니다. 공부 열심히 해서 꼭 좋은 선생님 되십시오." 그의 가슴에서 진동하는 장미향에 잠시 정신이 혼미해 왔으나, 어떤 이유로든 그는 이제 곧 떠나려는 사람임이 느껴지는 낮고 축축한 음성으로 분명히 그렇게 말하고 있음이 전해져 왔다. 말할 수 없이 애련하고 슬프게만 느껴지는 그 무엇…….

새 학기가 시작되던 다음 해 봄. 집 전화선을 통해 너무도 기운 없는 음성으로 마침내 그가 작별을 고해왔다. 덕분에 그간 너무 즐겁고 고마웠다고……그러나 이제 더 이상은 동생에게 과외 지도를 할 수 없노라고……늑막염으로 종로의 모 병원에 입원 중인데 당분간은 움직일 수가 없어서 죄송하다고……역시 예상했던 대로였다.

그러나 나에게서 그의 소식을 전해들은 아버지의 반응은 너무도 의외였다. 객지에서 홀로 입원한 그가 안됐다며 승용차 기사를 대동, 기어이 그를 찾아 종로통의 온 병원을 헤매고 다니셨다. 그러나 결과는 허사. 다음 순서는 학교. S대 영문과 과(科) 사무실을 찾아 그의 연락처를 알아보려 많은 노력을 기울였으나 그것 또한 허사였다. S대 영문학과에 그의 이름을 가진 학생이라곤 전 학년을 통털어 단 한 명도 없었다. 배우처럼 잘생긴 외모에도 불구하고 늘 무언가 막이 싸인 듯 분명하질 못하던 그의 태도가 비로소 뇌리에 확연히 잡혀왔다.

당시의 꽃미남, 그를 향한 나의 사랑은 그렇게 짧은 스토리로 막을 내렸다. 이제 다시는 미남을 사랑하지 않으리. 나의 미남 기피 현상은 그때부터 더욱 확고히 그 뿌리를 내린 것인지도 모를 일이었다.

오랜 사람들

강숙희
| 수필가, 불문학과 74 |

진도 바닷길은 사리때면 그 속살을 드러낸다. 물이 빠지면 바다 속 홀로 서 있던 섬은 육지와 연결된다. 그 바닷길은 물속에 잠겨 보이지 않던 조개며 낙지며 품고 있던 식구들을 드러낸다. 친척언니 막내딸 시집가는 날, 복잡한 일상을 핑계대는 게으름과 무심함으로 마음속의 섬처럼 저만치 단절되어 있던 사람들이 모습을 드러낸다. 그 순간 잡다한 구실들이 바닷물처럼 빠져 나간다. 물길 위에 조가비들 드러나듯 마음속에 품고 있던 친숙한 얼굴들이 눈앞에 서 있다.

그 언니는 촌수는 멀지만 나의 사춘기를 기억하는 나와는 특별한 사이다. 그녀를 보면 소설책 속에 파묻혀 있던 단발머리 교복의 내 모습과 약사 시험 준비하던 그녀가 작은 고모와 함께 떠오른다. 서울로 유학 온 그녀가 우리 이웃에 있던 고모 집에서 살았기 때문이었을까. 아무리 오랜 시간을 뛰어넘고 만나도 그 아련한 추억과 함께 늘 그 시절을 본다. 몇 달 전에 세상 떠난 고모생각에 가슴이 저릿해 온다. 마땅히 그 자리에 있어야 할 모습들의 부재에 마음이 아릿하다. 신부의 아버지와 하객으로 있어야 할 고모의 빈 자리가 유난히 커 보인다. 비로소 그들이 이승의 존재가 아님을 실감한다. 청초한 신부와 명석해 보이는 신랑이 뿜어내는 결혼 식장의 젊음에도 불구하고 왠지 허전하다.

오래된 관계의 사람들 행사에는 늘 옛 모습들과의 해후가 특별하다. 마음속에서 때로 그들이 떠 다녀도 바쁜 일상이 언제나 변명거리다. 일가를 이루고 살아가는 세월이 옛 사람들과의 교제를 때로 소원하게 만들기도 한다. 결혼과 함께 시작되는 새로운 가족관계로 우리는 또 얼마나 분주해지는가. 그런 저런 일들이 그들을 옛정으로 버물러서 추억으로 밀어놓기 십상이다. 늘 그곳에 있을 것이라는, 세월이 주는 믿음이 늘 든든한 백이다. 어쩌다 집안 행사에서 오랜만에 만나 잊고 있던 기억을 되살리며 추억에 잠시 젖어 들기도 한다.

나의 유년을 기억하는 사람들이 그들의 눈과 마음과 느낌까지 더해서 본 나를 말한다. '아, 내가 그랬었나.' 하며 때로는 나 자신 기억하지 못하는 시간을 낯설어 한다. 그들의 나에 대한 추억담을 남의 얘기처럼 듣기도 한다. "지나간 시간은 언제나 그리운 것" 이라고 릴케가 노래했던가. 어린 시절의 향수가 물밀 듯 달려온다. 내 나이 생각은 잊고 낯익은 그들의 모습에서 세월을 읽는다. 그러다 어느 날 하나씩 둘씩 이 생에서 사라져 간다. 신부의 아버지처럼, 나의 고모처럼. 늘 그 자리에 있으려니 하다 오늘 같은 날 그들의 부재를 실감한다.

결혼식 내내 마음이 애잔하다. 식장에 홀로 서 있는 언니의 늙어버린 모습도, 엄마에게 절하며 눈물짓는 신부의 모습도. 이제 이 세상 사람이 아닌 것을 절감하게 된 고모 생각도. 나도 신부 따라 눈물을 흘려 버린다. 결혼식에 오면 하릴없이 감상적이 되는 내 마음에 오늘은 사라져간 정다운 얼굴까지 한 몫 거든다. 고모랑 침대 속에서 초콜릿 먹던 기억이 꿈처럼 아련하다. 그 애틋함이 그리움을 피워 올린다.

이렇듯 애잔한 감정들은 오랜 사람들과의 사이에서 묻어나는 특별한 것이 아닐까. 새로운 인간관계에서 생기는 신선함과 긴장감도 세상살이에 큰 활력과 기쁨을 주리라. 그러나 시간이 쌓아놓은 묵은 정들이 주는 편안함과 훈훈함 또한 얼마나 소중한가. 말없이 서로를 읽어낼 수 있는 오랜 정들이 끊이지 않는 화제거리로 상대를 알아가는 새로운 사이의 기뽐 못지 않을 것이다. 오랜 사람들은 긴 공백도 단숨에 뛰어넘는 추억을 공유하고 있지 않던가.

분주한 일상이 격조한 시간을 만들어도 그들은 때가 되면 늘 기억 속에서 걸어 나와 친숙한 현실로 다가선다. 바닷길이 열려 섬과 육지를 연결하듯 나와 그들을 이어준다. 바닷길이 속살 드러내듯 추억 묻은 오랜 사람들이 그곳에 있다.

문간방 그녀의 허벅다리

오은주
| 소설가, 심리학과 80 |

나는 그때 초등학교 4학년이었다. 아직 소녀도 아니고, 더더욱 여성은 아니고, 성이 미분화되기 전단계에 있는 그저 어린 여자 초등학생이었을 뿐이다. 소년을 의식하기는 하되, 그를 남자로 나를 여자로 느끼지는 못하는 시기였다.

서울 돈암동에 있던 우리집에는 부엌이 딸린 문간방이 하나 있었는데, 그 방은 계속 세를 주었다. 내가 4학년이 되기 전에도 그 문간방에는 서울에 집이 없는 사람들이 직장에 다니거나, 학교에 다니기 위해 몇 개월 또는 일 년 정도 살다가 어디론가 떠나갔다. 대문을 들어서면 오른쪽으로 그들이 사는 방과 부엌이 있어서 안채로 들어가려면 늘 그들의 오종종한 살림살이를 볼 수밖에 없었다. 나이든 남자가 무슨 사연이지 혼자 사는 경우도 있었고, 할머니가 중고등학교에 다니는 손자의 밥을 해주며 둘이 사는 경우도 있었다. 그들은 소위 주인집 딸인 나와 특별히 친밀하게 지낼 일이 없었고, 나또한 대부분 그들에게 무심했다.

그런데 어느날 우리집 앞에 짐을 실은 트럭이 한 대 도착했는데, 짐의 내용물이 예사롭지가 않았다. 우선은 호마이카 경대가 짐의 맨 앞자리에 자리잡았는데, 나의 어머니가 쓰는 작은 자개 경첩과는 비교가 되지 않을 정도로 커다랬다. 여태까지 그 방 사람들의 살림살이는 고작 양은냄비나 석유곤로, 이불보따리 등이었는데, 경대 뒤로는 빨강색의 멋진 직사각형 트렁크도 보였다. 부엌살림은 어디 숨었는지 보이지도 않았다.

나는 문간방에 새로 들어오는 그 짐의 주인을 찾았다. 예상대로 젊은 아가씨였다. 머리숱이 많고, 쌍꺼풀이 크게 진 눈에 속눈썹도 그 머리칼만큼이나 길고 풍성했다. 지금 생각하면 눈에 검정색 마스카라를 바른 것이었는데, 그런 화장품이 있다는 걸 몰랐던 나는 그저 속눈썹이 무지하게 검고 길다고만 생각했다. 속눈썹이 검고 긴 사람은 가만있어도 무언가 분위기가 남다르게 그윽하고 무슨 이야기인가를 하는 듯한데 그녀의 얼굴이 꼭 그랬다. 그녀는 서울 모 대학교 간호학과 3학년이라고 했다.

그후에 알게 된 그녀는 실제로 별로 말이 없었다. 그렇다고 그녀가 무거운 분위기를 가진 것은 아니었는데 무언가 비밀이 많은 듯했다. 내가 학교에 가기 전 그녀의 방문 앞에서 일부러 얼쩡거려도 시간 맞춰 방문이 열리는 일은 별로 없었고, 아침 일찍 목욕탕에 다녀오는 말간 모습을 가끔 마주쳤을 뿐이다.

한 달 후쯤 나는 그녀가 가진 비밀의 한 자락과 정면으로 맞닥뜨렸다. 학교에서 돌아와 대문을 들어서던 나는 외출하던 그녀와 부딪쳤고, 그녀의 핸드백이 엎어지며 그 안에 든 내용물이 대문 앞 계단에 흩어졌다. 립스틱, 작은 거울, 수첩 등 사이에 당시에 귀했던 미제 담배가 보였다. 담배를 주워담던 그녀의 얼굴이 아주 조금 붉어지는 걸 보았다. 그러나 물건을 다 주워담은 그녀는 살큼 향내를 풍기며 말없이 대문에서 멀어져갔다.

진초록색 원피스를 입은 그녀의 뒷모습은 만화에서 보는 예쁜 아가씨와 꼭 같았다. 그녀는 요즘 기준으로 말하자면 몸매가 에스라인이기는 하되 조금 통통한 편이라, 옆에 가면 부드럽고 포근한 분위기와 더불어 은근한 살냄새가 풍겨왔다. 나는 내 나이 11살과 그녀 나이 21살의 차이를 가늠해 보았다. 꼭 10년 후에는 나도 그녀처럼 뽀얀 얼굴에 가슴과 엉덩이가 곡선을 그리며 나올 것인지, 평면인 몸이 어떻게 시간이 흐르면 입체로 변할 수 있는지 갸우뚱했다.

비밀은 항상 우연히 밝혀지는지, 나는 그녀의 두 번째 비밀도 혼자 목격하게 되었다. 여름방학이 가까워진 7월의 어느 오후, 학교에서 걸어오느라 땀이 나서 곧장 마당의 수돗가로 뛰어들려던 참이었다. 오른쪽 그녀의 방에서 이상한 소리가 들려왔다. 나는 자신도 모르게 숨을 죽이고 시선조차 가만히 움직이며 방문을 쳐다보았다. 그러라고 배운 적은 한 번도 없는데, 내재된 이름모를 회로가 작동하며 가슴이 뛰었다. 아! 방문이 조금 젖혀져 있었다.

낮인데도 방은 제법 어두웠다. 90도로 각이 진 그녀의 허벅다리와 종아리가 아주 조금 열린 방문 틈으로 보였다. 그때 내가 처음 받은 느낌은 하얗다! 라는 것이다. 나는 그녀의 각이 진 허벅다리와 90도로 꺾어진 무릎과 종아리, 그리고 흰 허벅다리와 비교되어선지 유난히 검어보이던 어느 사내의 몸뚱아리를, 정확히 말하면 허리와 등짝 일부를 보았던 것이다.

아마 안채에 아무도 없는 것을 확인한 그녀가 너무 더워 문을 살짝 열어놓았거나 바람 탓에 살짝 열렸을 것이다.

다음날부터 여전히 말간 얼굴로 옆구리에 책 몇 권을 끼고 긴머리를 내려뜨린 채 학교로 가는 그녀를 보노라면 나는 내가 본 장면이 한여름 낮의 환각이 아니었나 의심이 들 정도였다.

그녀는 졸업을 앞둔 겨울, 고향인 포항 쪽의 병원에 간호사로 취직이 되었다며 우리집 문간방을 떠나갔다. 나는 그후 오랫동안 몸매가 풍염한 간호사를 보게 되면 어김없이 문간방의 그녀가 떠오르며 허벅지로 눈길이 가곤 했다. 중고교시절 육체적 사랑이니 에로스적 사랑이니 하는 말을 들을 때마다 그녀의 튼실하고 하얀 허벅다리가 떠올랐다. 내가 남자였다면 허벅다리가 여성에 대한 성적 트라우마가 될 뻔 했다.

더구나 대학시절 여성학을 배우면서 알고 보니 여성을 이르는 영어 단어인 페미닌(feminine)의 어원이 사실은 라틴어로 '여자의 허벅다리'라고 했다. 그만큼 여성의 허벅다리는 곧 여성과 동일성을 가진 중요 부위인 셈이다. 그래서 옛이야기 속에서 성을 박탈당한 젊은 과부가 육체적 욕망을 잠재우기 위해 바늘로 찌르던 부위가 바로 허벅다리가 아닐까.

여자의 몸에 대한 관음증적 시선은 동서고금을 통해 계속되어 왔고, 미의 기준은 자주 부위를 바꾸어가며 우선순위가 매겨진다. 얼굴에서 가슴으로 또는 풍성한 머리칼로……요즘에는 탄탄한 허벅지가 노출이 많은 여자 연예인들의 매력을 평가하는 기준이라고 하니 돌고돌아 최초의 부위로 돌아온 것 같다.

여자의 몸 중에서 가장 끝까지 나이가 들지 않는 부위가 바로 허벅다리라고 한다. 눈가주름도 목주름도, 팔꿈치도 모두 나이보다 젊어 보이고자 하는 여자들의 의지를 여지없이 배반하고 정직하게 나이를 드러내 보이고 만다. 그런데 허벅다리만은 젊은 여자와 어느 정도 나이가 든 여자의 차이가 가장 적다고 한다. 여자는 나이가 들어도 조금도 지치지도 늙지도 않고 언제나 사랑을 꿈꾸는 존재임을, 가장 끝까지 탄력을 유지해주는 허벅다리가 상징적으로 알려주고 있는 것일까.

짐승보다 못한 넘!

김우남 _ 본명 김희숙
| 소설가, 정치외교학과 81 |

이제는 고전에 속할 정도로 오래된 유머지만 여전히 재미있는 이야기가 있다. 남녀가 어쩌다 한 방에서 잠을 자게 되었다. 여자가 방 한가운데 금을 그어놓더니, "너, 밤새 이 금을 넘어오면 짐승이야." 하고 힘주어 말했다. 다음날 아침, 잠에서 깬 남자가 여자를 보고 의기양양하게 말했다. "어때, 나 짐승 아니지?" 그러자 여자가 이렇게 소리를 질렀다. "이런 짐승보다 못한 놈!"

이 이야기를 들을 때마다 비슷한 일을 겪었던 대학시절이 생각난다. 대학 4학년이 되고 얼마 되지 않았을 때였다. 모 대학 불문과와 우리 과의 전체 미팅이 발표되었다. 나는 평소 미팅에 관심이 없는 편이었다. 그런데 과대표가 나에게 다가오더니 이번 미팅에 꼭 참석해달라고 애걸복걸 부탁하는 거 아닌가. 이번이 대학생 신분으로서 마지막 미팅이 될 것이다. 양쪽에서 미리 맞춰놓은 숫자가 있으니 맞지 않으면 큰일 난다, 하는 게 그 이유였다. 과대표의 부탁도 있었지만 나는 내심 장난기가 발동했다. 그래서 친한 친구랑 둘이서 약속을 했다. 참석은 하되 파트너에 상관없이 맛있는 것 실컷 먹고 우리끼리 신나게 놀 것, 그리고 파트너가 킹카

든 '옥떨메'(옥상에서 떨어진 메주)든 뻥 차버리고 나올 것. 그것이 손가락 꼭꼭 걸고 했던 약속이었다.

미팅장소는 종로에 있는 디스코클럽이었다. 문 앞에서 기다리고 있던 과대표가 무척 반가워하며 나를 파트너가 앉아 있는 자리로 안내했다. 실내는 어두침침하고, 음악소리가 너무 컸다. 입 가까이 귀를 갖다 대지 않으면 상대방의 목소리를 알아들을 수 없을 정도였다. 내 파트너를 알아보는 순간 난 흥이 깨져버렸다. '완전 노털이구만. 그렇지만 괜찮아. 내 친구랑 재미있게 지내다 일어서면 돼.' 그렇게 생각하며 친구가 있는 곳을 찾아 두리번두리번 고개를 돌렸다. 친구는 나와의 약속은 까맣게 잊어버렸는지 마음에 드는 상대와 이마를 맞대고 이야기 중이었다. 속았다는 생각이 들어 혼자서 화를 삭이고 있는데 내 앞에 앉은 파트너가 한마디 외쳤다.

"시지프스의 고뇌를 아십니까?"

음악소리 사이로 비어져 나온 그 말을 듣는 순간, 나는 깜짝 놀랐다. 이어서 피식 웃음이 나왔다. 장바닥처럼 시끌시끌하고 어수선한 와중에 생뚱맞게 그리스 신화에 나오는 시지프스를 들먹거린 탓도 있지만, 그것보다는 몇 주 전 이대학보에 실린 내 글의 제목이 '시지프스의 고뇌'였던 때문이다.

"죄송합니다. 실은 제가 글을 쓴 주인공을 찾고 싶어서 과미팅을 주선한 겁니다."

남자가 고백을 했다. 나는 어처구니가 없어서 할 말을 잃었다.

"여기서 나가죠. 너무 시끄러워서 이야기를 할 수 없네요."

발딱 일어서는 나를 따라 남자도 일어섰다. 친구가 나를 향해 당황스런 손짓을 했지만 아랑곳없이 그곳을 나왔다. 우리는 조용한 곳으로 자리를 옮겨 많은 이야기를 나누었다.

남자는 군에서 제대한 지 얼마 지나지 않은 복학생이었다. 군복무 중에 대학 분위기가 어떻게 바뀌었는지 파악할 겸 도서관에서 여러 대학 신문들을 훑어보았다. 그러다가 내 글이 눈에 띄어 읽어보았고, 나를 만나보고 싶어서 미팅을 급조하게 되었노라고 말했다. 그는 여러 분야에 걸쳐 관심이 많았고, 매사 적극적이며(미팅 건에서 알 수 있듯이), 꽤 미래지향적이었다. 나는 그의 배짱과 포부가 마음에 들었다. 그래서 늙다리 복학생인 그를 '형'이라고 불렀다. '형'이라는 호칭은 애인이기보다 동지애적인 관계를 설정하기에 매우 안성맞춤이었다.

어느 날, 우리 두 사람은 시외버스를 타고 강화도에 갔다. 서울에서 가까우면서 배도 타고, 싼값으로 회를 먹고, 유명사찰을 둘러볼 수 있는 곳으로 불쑥 강화도를 떠올렸던 것이다. 지도를 들여다보고 사람들에게 물어가며 강화도의 이곳저곳을 둘러보았다. 어느덧 해가 뉘엿뉘엿했다. 서둘러서 버스 정류장으로 향했다. 아뿔사, 막차가 바로 몇 분 전에 떠나고 난 후였다. 게다가 그 버스를 타야만 마지막 배를 타고 육지로 나갈 수 있는 것 아닌가. 그 당시, 강화도 일대를 도는 버스의 배차시간이 뜸하고 김포시와 연결되는 배의 운항이 일찌감치 끊어지는 걸 우리들이 몰랐던 것이다.

무인도에 갇힌 난민의 심정이 그러 할까. 나는 초죽음이 되었다. '형'은 이리 뛰고 저리 뛰며 육지로 나갈 방도를 찾아 애를 썼다. 그러나 위급환자가 발생했을 때 헬리콥터가 뜨는 것 외에는 그 시간에 육지로 나갈 길은 아예 없었다. 휴대폰도 없던 시절이었다. 어느 민박집 주인에게 사정을 말하고 집 전화를 얻어 썼다. 집에다 거짓핑계를 꾸며대고 그날 밤 외박허가를 겨우 얻어냈다. 문제는 그날 밤 잠자리였다. 날은 자꾸 어두워지고 도무지 방을 두 개씩이나 구할 형편이 못 되었다. 우리가 "방이 꼭 두 개 필요해요."라고 외치고 다녀도 사람들은 싱글싱글 웃을 뿐 들은 척도 않았다. 제법 밤이 깊었다. 노숙할 입장도 아니어서 하는 수 없이 방 하나를 구해 이부자리를 두 개 폈다. 비록 금을 그어 놓지는 않았지만 각자의 이부자리가 치외법권 지역이었다. 그는 여전히 나의 '형'이었지 애인이 아니었다. 우리들은 누워서 밤새 이야기를 나누었다. 새벽이 훤히 밝아질 때쯤 겨우 눈을 붙였을 뿐이다. 그때 상대가 짐승이 되었는지, 짐승보다 나쁜 놈이 되었는지…….

그 후, 계엄령이 선포되고 휴교령이 내려 학교 문이 닫혔다. 서울역 앞에서 2만여 명의 대규모 대학생 시위가 벌어지고, 결국 피비린내 나는 5 · 18 광주항쟁이 시작된다. 나는 학생회 간부로서 오랫동안 지방에 피신해 있었다. 형이 주선해 준 친구와 후배의 집이 나의 은신처이기도 했다. 그러는 동안 형은 최루탄 파편을 다리에 맞아 절뚝이면서 내 안부가 걱정되어서 우리 집을 찾아오곤 했다. 오로지 아우를 생각하는 형의 입장이었다.

내가 형의 죽음을 알게 된 것은 신혼여행에서 돌아온 후였다. 형은 간이 나빠서 꽃다운 나이에 꿈을 피어보지도 못한 채 세상을 떠나고 말았다. 결혼을 며칠 앞두고 있을 때 형의 친아우한테서 온 전화를 엄마가 받았다. 그러나 결혼식을 앞둔 딸을 장례식장에 보낼 수 없어서 엄마가 내게 형의 죽음을 알려주지 않았던 것이다. 형의 제단 앞에 국화꽃 한 송이, 향불 하나 올려놓지 못해 죄송하다.

순수한 열정과 이상으로 뜨거웠던 그 시절을 생각할 때면 제일 먼저 형의 모습이 떠오른다. 그리고 강화도에서 아우를 위해 불침번을 섰던 착한 형을 생각한다.

형, 이 짐승보다 못한 넘아!

제 5 부

남과 여, 그들의 이중주

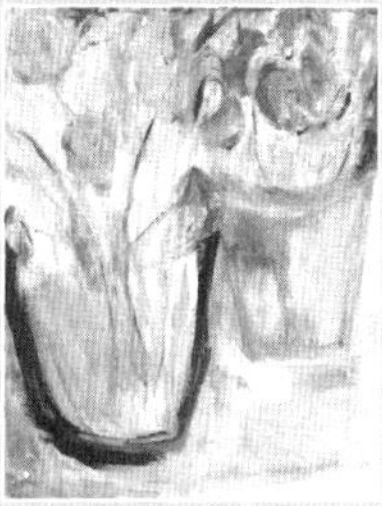

황보광 _ 어느 그날의 슬픈 사랑 | 김아자 _ Gleaners | 홍경자 _ 핸드백 사건 | 김행숙 _ 짧지만 긴 사랑 이야기 | 임완숙 _ 봄비 | 남영숙 _ 남과 여, 그들의 이중주 | 이경숙 _ 서사시와 썬데이서울 | 이자숙 _ 그대여 이제는 | 신필주 _ 사랑에서 사랑으로 | 서성림 _ 수연아, 사랑해! | 조연경 _ 아직도 그대는 내 사랑 | 이미연 _ 비누 향기 | 고은주 _ 연애, 연애 소설 그리고 인생

어느 그날의 슬픈 사랑

황보광 _ 본명 황정자
| 시인, 심리학과 61 |

어느 그날

— 1950년대 말

서울에서 야간 완행열차를
열네 시간 넘게 타고
다달은 남쪽 끝 항구

어슴푸레 밝아오는 겨울새벽
가슴 속까지 꽁꽁
얼어붙는 막막함

느리게 걸어
그녀의 대문 앞에 섰을 때
매몰찬 냉랭함은
겨울바람보담 더 춥고

따뜻한 물 한 모금만
아랫목에 발을 묻고
벽에 등을 기댄 채
잠깐만이라도 눈을 감고 좀 쉬고 싶다

손을 비비며 돌아서는
그의 마음은 이미
그녀의 마음속에 들어가 있었다

춥다, 춥다, 춥다
너무 너무,
눈물이 난다

하늘도 마음도 텅텅 비어
하얀 꽃잎으로 날아오르고 있다
하늘하늘 허공 속을

선창가

뱃고동이 바다를 비질하는
선창가

오고 감도 만남도 헤어짐도
일상이 된 선창가

다도해는 그 너머 간 사람
잊으라 하나

갯바람에 띄워 보낸
편지 한 통

우리의 삶이 마치 선창가에 서 있는 사람들처럼 느껴진다. 뱃고동소리에 마음이 아리고 뱃전을 흔드는 물결에 마음이 흔들리고 비릿한 바다 내음과 기름 냄새가 마음을 오히려 편안하게 하는 고향, 엄마의 품속 같은 그런 그리움.

Gleaners

김아자
| 수필가, 기독교학과 64 |

캐나디언교회에서 시니어들을 위한 일년 행사 중일일 관광 프로그램에 Gleaners, Stave Falls Dam, Power House Visitors Centre 그리고 Westminster Abbey를 가는데 동참하게 되었다. 그날 난 새로운 것을 많이 알게 되었다. 내가 사는 데서 멀지 않은 곳에 Gleaners라는 공장이 있다는 것을 전혀 몰랐다. 이 공장을 견학만 하고 가는 줄 알았더니 봉사도 하러 온 것이다.

Gleaners이라는 단어는 "이삭을 줍은 사람들"이라는 말이다. 1999년에 기독교인들의 사랑을 바탕으로 2001년에 생산이 가동되었다. 공장은 캐나다와 미국 국경에 위치하고 있었다.

공장부지는 BC주에 Mennonite Central Committee 소유인데 정말 사탕 몇 개를 살 수 있는 저렴한 금액으로 리스를 했다고 한다. 사용하지 않고 버려두는 것보다는 필요하고 의미 있는 일에 사용하자는 청지기의 마음으로 아낌없이 하사한 것이라 한다. 기부금으로 설립이 된 이 공장은 해마다 기부금 그리고 회원의 증가로 필요한만큼씩 확장하고 있다.

대부분의 봉사자들의 나이가 77세부터 90세가 넘은 분들이다. 모든 채소, 채소 저장 운반, 그리고 노동까지도 다 기증이다. 월급을 받는 사람은 오직 한 사람뿐이며 그는 매니저의 직함으로서 하루하루 일 한 것에 대한 소액의 임금을 받고 있다고 한다. 직원은 20명 내지 60명 가량인데 언제나 주님이 채워 주시는 축복으로 공장이 유지되고 있다. 봉사자들은 "또 그러므로 내 사랑하는 형제들아 견고하여 흔들리지 말며 항상 주의 일에 더욱 힘쓰는 자들이 되라. 이는 너희 수고가 주 안에 헛되지 않은 줄 앎이니라."(고린전 3:58) 이런 마음으로 와서 봉사를 한다고 한다.

개인적으로 온 봉사자들의 아침 일과는 오전 8시 30분 시작되어 10시에 Coffee Break 그리고 12시 30분에 점심을 먹으며 새로운 만남의 교제시간을 갖는다. 오후와 저녁 일과는 시간표가 짜여진 각 교회 그룹, 학교 그리고 각 단체들이 일에 참여한다. 봉사자들이 한 달에 일하는 총 시간은 3,500시간이 된다고 한다. 세계 여러나라나 각 주에서 여행 오는 기독교인들이 오고가는 여행 길에 공장 옆에 Camper를 세워 놓고 며칠을 일을 돕기도 한다. 한 봉사자는 "무슨 일을 하든지 마음을 다하여 주께 하듯 하고 사람에게 하듯 하지 말라."(골3:23)라는 말을 인용하며 자신이 봉사하는 태도라고 말한다.

"여호와여 영광을 우리에게 돌리지 마옵소서. 우리에게 돌리지 마옵소서. 오직 주의 인자하심과 진실하심을 인하여 주의 이름에 돌리소서."(시편 115:1) 사무실에서 위의 성경구절을 읽으면서 우리 일행은 이 공장의 역사와 목적을 듣고 제품의 샘플을 보며 우리가 살아가는 세상의 한 모퉁이에 이처럼 의미 있는 장소가 있다는 것을 감사하게 생각하였다. 잠시 후 공장 안에서 견학을 하던 우리는 앞치마와 칼을 나눠 받고 안전에 대한 설명과 우리가 해야 할 일들을 들으며 배정된 테이블에서 일을 시작하였다.

피망이었는데 피망에 붙어 있는 코드 스티커를 떼어 통에 담아 놓고 한 통이 차면 다른 테이블로 옮겨 반을 잘라 씨를 빼고 꼭지를 다듬어 손수레로 간다. 손수레에 가득 쌓이면 잘게 자르는 기계로 운반이 된다. 기계에서 나온 잘라진 채소가 수레에 차면 Cooler로 운반한다. 그 외에 과수원에 가서 사과를 따는 일, 채반에 채소를 너는 일, 마른 채소를 혼합하는 일, 봉지에 담은 일 등을 한다. 한 시간의 봉사가 140명을 먹일 수 있는 도움이 된다고 한다. 중요한 것은 누가 지시를 하는 것 없이 다 함께 한 사람 한 사람 리더쉽을 발휘하여 "네 몸같이 네 이웃을 사랑하라."는 성경 말씀대로 살아가는 삶이다.

각 봉지(Dried soup mix)에는 "주님의 이름으로"라고 적혀 있다. 때론 풍년이 들어 수확하는 손이 모자라서 수확기를 놓치거나 시장에 내놓을 수 없는 상품들을 버리게 되는 상황이 되는데 이러한 상품들을 낭비하지 않고 재사용을 고려하여 공장을 시작한 것이 이제 캐나다에는 3곳에 이른다. 온타리오주에 하나, BC주에는 자매 공장이 오카나간에 있다고 한다.

Gleaners은 하나부터 모든 것이 사랑인 기부 그리고 봉사로 되어 있는 단체이다. 봉사의 문화가 발달한 나라인 캐나다 어디를 가나 노인들이 봉사를 많이 즐기면서 하는 것을 쉽게 볼 수 있다. 봉사는 손해 보는 것이 아니라 오히려 남을 기쁘게 하며, 누군가를 도와준다는 것보다는 나 자신이 더 보람을 느끼며 삶의 리듬을 가지고 즐겁게 사는 방법 중 하나인 것 같다. 어쩌면 활기찬 젊음을 지켜주는 비결이 거기에 있다는 것쯤을 알고 있기에 지금도 황혼을 바라보는 이들이 한줌의 사랑으로 참여하고 있는 것이리라.

여름이 되면 할 일이 더 많아 바빠지는 것이 사실이지만 꼭 잊지 않고 가서 봉사하겠다고 마음을 정해 놓았었는데 벌써 몇 해가 지나고 가지를 못했다. 간다 간다 하면서…….

핸드백 사건

홍경자
| 시인, 약학과 64 |

몇 년째 드는 핸드백이 지루하다는 생각을 하며 모임에 나갔다. 산뜻하게 바뀐 선배들의 핸드백이 예쁘다.

"참 예쁘네요. 어디서 사셨어요?" "철이가 엄마의 핸드백이 구형이라며…… 그 애는 아빠의 옷도 젊은 스타일로 챙겨요. 패션 감각이 있잖아요." "이건 사연이 있어요. 원이가 외국학회에 다녀오며……." 아차! 물어보지 말 것을…….

저녁 식탁에서 남편에게 낮 모임에서 있었던 일들을 이야기하며 철이와 원이의 효도이야기도 나왔다. 남편도 낮에 침뜸요법사 모임에 갔었는데 어떤 분이 멋진 핸드백을 들고 나와 오백만 원짜리라고 하여 모두가 놀랐다고 하였다.

"명품이 비싸긴 하지만 무슨 백인데 그리 비싸요?" 하였더니 "몰라." 그러면서 "당신은 핸드백을 몇 십 년째 들고 다니는데 어찌하여 반반한 것 하나 없나, 모양이나 색깔도 그렇고 구멍이 숭숭 난 것이 없나…… 옷은 그래도 챙겨 입는 것 같은데……."

"당신은 왜 핸드백 하나 안 사줘요?" 하니 "내가 어떻게 사줘. 당신이 어떤 옷을 입고 어떤 장소에 들고 갈 것인지 모르는데……." 일리가 있는 말이기는 하다. 하지만 남편은 가방에 대한 집착이 있어 해외 출장 다니며 자신을 위해 주워 모은 가방이나 주머니는 국이라도 끓일 정도다. 여행 가방을 풀면서 디자인이 새롭고, 기능도 좋으며, 값도 싸서 샀다며 가방이나 지갑을 자랑(?)하는 남편을 보며 가슴 한구석에 서운함을 쌓아왔다.

샤워를 시작하며 '핸드백을 사다 주는 남편이 몇이나 되겠는가…… 주변에서 보면 자식들에게서 선물로 받는 경우가 대부분이다. 동생 순이도 딸과 며느리가 선물한 명품을 가지고 있지 않은가…….' 라는 생각에 이르자 나의 원초적인 서러움이 폭발을 한다. 눈물이 펑펑 쏟아진다. 물소리에 섞여서 거실에 있는 남편에게 들리지 않을 것이란 생각에 마음 놓고 소리를 낸다. 남편에 대한 섭섭함도, 하느님께 대한 원망도 아니다. 그냥 서러운 것이다. 남편에게 무슨 죄가 있는가. 있다면 나를 받아주고 자식을 못 낳았다고 타박하는 말 한마디 없이 지켜주는 죄일 것이다.

엄마가 되기를 포기하곤 업무에 몰두하여 즐겁게 내 전문영역과 후배들을 키우는 일에 한 몫을 하였으니 설움을 잘 승화시켜 내었다고 자부해왔다. 그래서 결혼한 지 몇 년이 되었는데 아직도 아이가 없다고 고민하는 후배 약사에게 "나를 봐요. 하느님께서 안 주시면 없는 그대로 살아요. 입양을 하거나, 고아의 후원자가 되어주거나, 그도 저도 어려운 상황이면 그대로 살아가요. 대신 내 전공이 있으니 이 분야에서 한몫을 하도록 열심히 당당하게 살아가요. 움츠리지 말고…… 힘들면 나를 생각해요." 하는 말을 진심으로 하곤 하였다.

그러나 내 설움은 나이 들수록 기회만 있으면 꼬투리를 잡아 눈물을 쏟아낸다. 결혼식에 초대받아 가면 신랑신부가 식순에 따라 부모에게 인사하는 것을 보고도 눈물이 난다. 젊었을 때는 임신부만 보아도, 이제는 어린애 손잡고 가는 나이든 여인네의 뒷모습만 보아도 위축되고 울적해진다. 지금까지 지녀온 자부심과 당당함은 다 어디로 갔는가. 정년퇴임하며 "인생이란 업그레이드 되어가는 과정. ……가지고 태어난 그릇의 모양과 크기에 따라 수많은 사연들을 주워 담으며 업그레이드 되어 가지요.

……이제 타이어를 갈아 끼웠으니 아직 남은 내 그릇의 빈자리를 그 분이 보시고 좋아하실 것들로 멋지고 아름답게 가득 가득 채우고 싶네요." 하지 않았던가.

딸만 일곱을 낳으신 친척 할머니가 생각났다. 어려서부터 귀여워해주시던 분인데 치매에 걸리셨다고 했다. 결혼 후 인사를 가니 "오, 그래, 경자야, 아들을 낳았다고? 대견하기도 해라……." 하셨다. 모시고 사는 따님이 우리 어머니에게 "늘 저러세요." 하신다. 집에 돌아오며 아들을 못 낳은 설움이 얼마나 컸으면…… 혹시 그 깊은 한 때문에 치매에 걸리신 건 아닐까…… 하고 생각했었다. 이렇게 설움덩어리를 안고 살면 나도 할머니처럼…… 정신이 번쩍 났다. 끝이 없을 것같이 한없이 쏟아지던 눈물이 멈추었다.

내게는 한눈팔지 않고 친구 삼아, 애인 삼아, 자식 삼아 나만을 바라보는 남편이 있다. 또 박사학위 논문이 통과되었다고 전화 드리니 "자식(아들)을 못 낳았어도 좋다. 네가 박사가 된다니 가문의 영광이다. 축하한다." 하시던 대범한 시어머님도 계셨다. 덕분에 스트레스 없이 '무자식 상팔자'의 평안한 세월을, 딩크족(DINK : Double Income No Kid)의 여유를 즐기고 있다. 주위에서 듣고 본 수많은 고통을 진지하게 생각해 보았는가…… 뒷마당 빨랫줄에 널린 생리대를 매달 확인하며 한숨짓는 시어머니를 십년간 보아야 했다는 여인…… 아들을 못 낳았다고 내쫓긴 여인…… 바람피운 남편 덕에 남의 아이를 내 아이와 함께 키운 여인…… 이혼한 자식의 아이를 키운 여인…… 정년퇴임연금을 아들에게 상납하고 딸에게서 푼돈 받아 연명하는 노부부…… 선천적 또는 후천적 장애아를 둔 부모…… 등이 머리와 가슴으로 들어온다.

나의 삶의 목표를 「최고의 브랜드」라는 시에서

> "보다 여유롭고 자유로우며/ 여성스럽되 상큼하기보다는 푸근한/ 그래서 모두가 갖고 싶어 하는/ 상품으로 새로 나면 좋겠네요."

라고 하지 않았는가. 언제나 이웃을 배려하고 기도하며 멋지고 아름답게 업그레이드 되어가는 삶이야말로 노후에 들어선 나의 진정한 바램이며, 나의 세계를 사랑으로 재구성하는 소박한 미덕이 될 것이다.

언제 폭발할지 모르는 용암을 품고 있던 휴화산의 생명이 오늘로 끝나기를 간절히 바라며 천천히, 아주 천천히 비누거품을 씻어내었다. 바로 이 시간까지 존재할 수 있도록 조건 없이 배려하여 주신 분께 감사드렸다. 앞으로도 인도하여 주실 것을 믿기에 또 감사드렸다. 지금까지 지녀온 자부심과 당당함으로, 즐겁게 노래하며, 내 생의 목표를 향하여 나아갈 것이다. 나의 그릇이 아름다움으로 가득 가득 채워질 때까지…… 지금의 나를 있는 그대로 사랑할 것이니 그 어느 것도 나를 위축시키지 못할 것이다. 그리고 훗날 휴화산의 전설을 웃으며 이야기할 것이다. 눈물이 흐른다면 그것은 설움의 눈물이 아니라 감사와 기쁨의 눈물일 것이다.

다음날 남편은 백화점으로 나를 데리고 가서 예쁜 핸드백을 점찍어 주었으나 바겐세일 때까지 기다리겠다고 사양했다. 며칠 후 스포츠용품 매장에 반값으로 나온 작은 가방을 들고 설악산으로 휴가를 갔는데 남편의 친구 부인이 내 마음에 쏙 드는 자그마한 명품 핸드백을 들고 우리를 마중하였다.

나는 "참 예쁘네요. 어디서 사셨어요?" 하고 묻지 않았다.

짧지만 긴 사랑 이야기

김행숙
| 시인, 교육심리학과 66 |

『메디슨 카운티의 다리』를 읽고 나서 프란체스카와 킨케이드의 사랑 이야기가 내 가슴에 오래도록 남았다.

교사라는 직업에 보람을 느끼지만 남편의 반대로 꿈을 접어야 했고 예민한 감성을 지닌 그녀에게 침묵과 조용하기만한 농가의 삶은 견디기 힘든 날들의 연속이었다. 그런 프란체스카와 떠돌이 사진작가와의 짧지만 긴 사랑 이야기이다.

이 소설은 감동적이고 서정적인 문체로 로버트 제임스 밀러가 쓴 실화소설이다.

작가는 깔끔하고 세련된 문장으로 나흘간의 사랑 이야기를 풀어 나갔다.

무대는 1965년, 남편과 두 아이들이 축제에 참석하기 위해 집을 떠나고 난 후 문 앞에 있던 가정주부 프란체스카는 아지랑이 같은 먼지를 일으키며 다가오는 픽업을 바라보고 있었다.

픽업을 타고 온 남자는 그녀에게 이 근처에 지붕이 있는 다리를 아느냐고 물었다.

그의 이름은 로버트 킨케이드이고 내셔널 지오그라피 잡지의 사진 기자이다. 그녀는 다리 위치를 설명하려다가 자신이 직접 안내하는 편이 낫겠다고 생각해서 그와 함께 다리로 가는데 그 남자가 로즈먼 다리 사진을 찍는 동안 그녀는 그런 모습을 옆에서 지켜본다.

사진촬영이 끝나고 감사의 표시로 들꽃 몇 송이를 건네자 "그 꽃엔 독이 있어요." 그 말에 놀라 꽃을 떨어뜨리는 남자를 보고 그녀는 활짝 웃으며 농담이라고 말한다.

다음날, 그녀가 좋아하는 예이츠의 시를 쓴 초대쪽지를 로즈먼 다리에 꽂아놓는다.

그 날 저녁 두 사람은 밤을 함께 보내며 서로에게 빠져든다. 이미 중년인 그들은 살아온 시간을 함께하지 못했어도 앞으로 살아갈 시간만은 함께하기로 결심한다.

"내가 사진을 찍어 온 것, 그리고 많은 곳을 다녀 본 것은 바로 당신을 만나고 사랑하기 위해서였고 애매함으로 둘러싸인 이 우주에서 이렇게 확신에 찬 감정을 느껴 본 것은 단 한 번만 오는 거요. 몇 번을 다시 살더라도 다시는 오지 않을 거요. 생애 처음이자 마지막일 것이오." 설득하는 킨케이드. 그러나 프란체스카는 남편과 아이들에 대한 죄책감을 떨치지 못하고 메디슨 카운티에 남기로 한다.

다음날 남편과 함께 비오는 시내에 나갔던 그녀는 교차로에서 그 남자의 초록색 픽업을 보게 된다. 그녀의 차 앞을 가로 막은 채 꼼짝하지 않는 픽업을 바라보며 그녀는 수도 없이 차 문의 손잡이를 잡았다 놓았다 망설인다. 그녀의 눈물을 바라보는 남편의 걱정어린 표정이 그녀를 붙잡는다.

그 남자의 픽업은 뒤에서 울리는 크락션 소리에도 불구하고 한참을 빗속에 서 있다가 서서히 움직여 교차로 반대쪽으로 사라져 버린다.

오랜 세월이 흐르고 남편이 세상을 떠나고 조용히 늙어가는 프란체스카에게 로즈먼 다리 사진이 실린 '내셔널 지오그라피' 한 권과 킨케이드의 유품이 담긴 작은 소포를 받게 된다. 그가 세상을 떠나게 되자 그녀에게 보낸, 그가 가장 소중히 여겼던 카메라 니콘F와 빛바랜 쪽지 하나가 들어 있었다.

'흰 나방이 날갯짓 할 때,
다시 저녁 식사를 하고 싶으면
오늘 밤 일이 끝난 후 들리세요.
언제라도 좋아요.'

그녀가 로즈먼 다리에 꽂아두었던 그 옛날의 쪽지가 빛이 바랜 채, 다시 그녀에게 돌아온 것이다. 오랜 세월을 통해 그 시절의 사랑을 담은 채. 그리고 그의 일기장이 함께 있었다.

당신을 떠나온 후 1965년부터 1975년까지 거의 길에서 살다시피 했습니다.
왜냐하면 당신에게 전화하거나 당신을 찾아가고 싶은
정말 참기 어려운 그 유혹을 뿌리치기 위해서였지요.
깨어있는 순간마다 느끼는 참을 수 없는 유혹을 잊기 위해
당신을 멀리서 밖에 생각할 수 없게 아주 먼 나라에서 일을 했지요.
당신을 데려오고 싶은 마음 굴뚝같았지만
하지만 그 때 당신이 내게 한 말과
또 당신의 입장을 이해하기에 참고 또 참았습니다.
어쩌면 당신의 말이 백 번 옳을지 모릅니다.
그 무덥던 금요일 아침
당신 집 앞길을 빠져나오던 일은
내가 지금까지 한 일과 앞으로 할 일 중에서
가장 어려운 일이었음을 고백합니다
아무리 철학적인 냉철한 이성으로 판단해 보아도
매일 매순간 당신을 그리는 간절한 마음까지 막을 수는 없습니다
당신과 함께 할 수 없는 시간의 통곡소리가
내 머리 속 깊은 곳까지 울립니다.
당신을 사랑합니다 영원히 내가 죽는 날까지

시간이 흘러 프란체스카는 임종 할 시간이 다가오자 가족묘지가 있는데도 불구하고 화장해 달라고 유언한다.

그녀는 일기를 통해 아들과 딸에게 간곡하게 이야기한다.

그 때 그 남자를 따라가지 못한 것을 후회하지 않는다고. 사는 동안 가족들을 사랑했으니 죽어서는 그 남자의 곁으로 돌아가고 싶다고, 그에게 보내줄 것을 당부했다.

프란체스카는 그 후 화장되어 목조지붕이 있는 메디슨 카운티의 다리에 뿌려진다.

나는 이 책에서 깊은 감동을 받았고 또 영화화되었을 때 영화도 보았는데 비오는 길에서 갈등하는 장면이 오래도록 가슴에 남는다. 그리고 진정한 사랑이란 상대를 소유하기보다 더욱 상대다울 수 있도록 도와주는 것이라는 대목에서 나는 신선한 충격을 받았다. 프란체스카 그리고 킨케이드 두 사람은 진실한 사랑을 하였다. 그리고 스스로를 억누를 수 있었던 이 모든 것들로 하여 그들의 사랑은 한층 아름다워졌다.

오늘날 적지 않은 수의 사람들이 자기의 가정을 깨뜨리고 아이들 양육을 포기하는 것이 우리의 현실이다. 이 소설에서 서로를 그렇게 간절히 원하면서도 인간이기에 지켜야 했던 규범을 소중히 여겼음을 깊이 생각해야 한다.

봄비

임완숙
| 시인, 국문학과 68 |

녀석이 문밖에서 우두커니 서서 집안을 들여다보고 있었다. '어머! 인디야! 네가 왔구나. 어서 들어오렴.' 나는 너무도 반가워 현관문을 활짝 열고 녀석을 손짓해 불렀다. 그러나 웬일인지 녀석은 들어올 생각을 않고 슬픈 눈을 하고 물끄러미 나를 바라만 볼 뿐이었다. '어서 들어오래두.' 녀석을 향해 팔을 뻗는 순간 퍼뜩 나는 잠에서 깨어났다. 어둠이 막 걷히려는 새벽이었다.

아들아이가 생후 8개월 된 인디(Independence)를 처음 데려왔을 때 우리 집에는 이미 덩치가 제법 크게 자란 세렌(Serendipity)이 있었다. 간신히 세렌을 키우기로 남편의 동의를 얻어낸 지 불과 두 달도 채 안 되었을 때였다. 나는 인디를 한 번 보자마자 그대로 마음을 빼앗겨 버렸다. 인디는 아이리쉬 세터(Irish Setter)다. 윤기 나는 붉은 밤색 털에 균형 잡힌 우아한 몸매가 빼어나게 아름다운 녀석이었다. 축 늘어진 귀에 상냥한 눈, 가슴과 앞 다리를 덮은 길다란 장식털이 멋진 명랑한 강아지였다. 처음 보는데도 녀석은 내게 몸을 부비며 붙임성 있게 굴었다.

남편은 아파트에서 송아지만한 개를 두 마리씩이나 키우는 게 가당키

나 하냐고, 집안을 개판으로 만들려 한다고 당장 쫓아내라 했다. 어쩔 수 없이 인디를 강아지 유치원에 보냈다. 탁아소처럼 개들을 돌보아주는 개까페였는데 비용이 만만치 않았다. 그곳에 인디를 맡겨놓고 아들아이는 인디를 밤늦게 데리고 와 아버지 몰래 제 방에서 재우곤 아침 출근길에 다시 유치원에 데려다 주곤 했다. 그런 힘든 생활을 한참 동안 하고 난 후에야 간신히 남편의 허락을 받아 인디는 우리 가족이 되었다. 일요일이면 우리는 세렌과 인디를 데리고 한강둔치에 나가 산책을 하곤 했다. 푸른 잔디 위로 까망과 갈색의 두 마리 개가 뛰어다니면 사람들의 이목이 집중되고 탄성이 터져 나왔다. 특히 인디가 귀를 나풀대며 힘차게 달릴 때면 여기저기서 카메라의 셔터를 눌러댔다. 그야말로 인기 폭발이었다. 아이들은 장난꾸러기 인디와 사진을 찍고 싶어 했고 사람을 좋아하는 인디는 경계심 없이 누구나 잘 따랐다. 제 주인인 아들아이를 제일 좋아해서 그 곁에 있으면 눈에 띄게 명랑하고 생기가 넘쳤다.

그 무렵 살고 있는 아파트의 재건축에 대한 말이 나오기 시작하더니 빠른 속도로 진행이 되었다. 거의 30년을 붙박이로 살아온 쾌적한 아파트였다. 우리는 재건축에 적극 반대했지만 대세는 어찌할 수가 없었다. 모두들 아파트 값이 오른다고 끓는 냄비처럼 흥분된 상태였다. 재건축 기간은 3년, 3년 동안 두 번이나 이삿짐을 싸야만 한다. 생각만 해도 끔찍한 일이었다.

우리 가족은 이참에 도시의 소음과 아파트 생활을 접고 흙냄새 나는 전원생활을 시작하자고 의견을 모았다. 삼남매는 모두 성인이 되었고 나는 정년이 5년 남았으니 퇴직 후를 준비할 적당한 시기였다. 무엇보다 온 가족이 기동력이 있으니 서울을 벗어나도 생활의 불편은 없을 터였다. 또한 인디와 세렌도 개답게 살 수 있게 하고 싶었다. 서울로 출퇴근이 가능한 곳, 강남의 우리 아파트에서 자동차로 한 시간 거리 이내에 있는 배산임수(背山臨水)의 땅을 찾아 수희재(隨喜齋)를 지었다. 그리고 2004년 이른 봄, 이사를 했다.

개는 마당에서 키워야 한다는 남편의 지론에 따라 인디와 세렌은 실내로 들어오는 것을 금했다. 겁 많고 소심한 세렌은 금방 사태를 파악하고 현관문이 열려 있어도 절대 안으로 들어올 생각을 하지 않았다. 그러나 늘 아들아이 방에서 함께 지냈던 인디는 기회만 있으면 어떻게든 집안으로 들어오려고 애를 썼다. 집 외벽에 무인경비시스템을 설치했는데 한밤중에 요란하게 울리는 경보음에 놀라 온 식구가 뛰쳐나온 적이 한두 번이 아니었다. 그럴 때마다 사이렌을 울리며 달려온 경비업체 직원이 발견한 것은 순한 눈으로 현관 앞에 쭈그리고 앉아있는 인디였다. 꽤 높이 쳐놓은 개집 울타리를 어떻게 넘어나왔는지 알 수 없었다. 두세 번 울타리를 높이다가 결국은 지붕을 씌우고 나서야 한밤중의 소동은 멈추었다.

그 8월에 아들아이가 미국 유학을 떠났다. 나지막한 쥐똥나무 울타리가 두어 집 있을 뿐, 마을의 집들은 대부분 담장도 대문도 없다. 우리 집만 세 마리 개들(이사 무렵 코코스파니엘인 비쥬가 합류했다.)을 마당에 풀어주기 위해 집 둘레에 펜스(fence)를 치고 대문을 달았다. 그런데 아들아이가 떠난 얼마 후부터 인디가 펜스를 넘어 밖으로 나가기 시작했다. 마치 누구를 기다리는 것처럼 집 앞의 공터에 한참을 서 있다가 들어오기도 했고, 동네와 들판과 집 뒤의 숲속을 헤매고 오기도 했다. 아무리 막으려 해도 소용이 없었다. 겨울이 되어 기온이 영하로 떨어지자 인디가 유난히 추위를 탔다. 그래서 해가 지면 현관 바닥에 담요를 깔고 세 마리 개들을 집안에 들였다.

그러던 어느 날이었다. 깊은 겨울밤 요란한 경보음에 온 식구가 소스라쳐 깨어났다. 금세 비상등을 번쩍이며 쎄콤(Secom)차가 달려오고 흥분한 개들은 현관에서 집이 울리도록 맹렬히 짖어대고 온통 난리가 벌어졌다.

"이크! 이게 뭐야! 아니, 이거, 교수님댁 개인 거 같은데요."

집 주위를 조심스레 살피던 경비업체 직원의 후래쉬 불빛 아래 마당 가운 데 엉거주춤 서 있는 인디의 모습이 드러났다.

"아니? 인디야! 네가 어떻게……."

꼭 무엇에 홀린 듯한 기분이었다. 손짓을 하자 인디는 순순히 집안으로 들어왔다. 그리고는 사람처럼 한숨을 푸욱 내쉬며 담요 위에 풀썩 엎드렸다. 어떻게 굳게 잠긴 현관 문 밖에 인디가 서 있었던 것일까? 풀 수 없는 수수께끼였다. 그런데 그 의문은 다음날 한 순간에 요술처럼 활짝 풀렸다.

세 마리 녀석들에게 저녁을 먹인 후 현관에 들이고 나서였다. 펼쳐놓은 담요를 인디가 둘둘 말아 흩뜨렸다. 못하게 해도 자꾸만 다시 흩뜨린다. 나는 간식을 세렌과 비쥬에게만 주고 벌로 인디에게는 주지 않았다. 그러자 인디가 원망하는 듯한 눈초리로 물끄러미 나를 바라보더니 갑자기 획 몸을 돌려 현관문을 치르륵 열고는 밖으로 뛰어 나갔다. 순식간에 벌어진, 전혀 예상치 못한 일이었다. 세상에! 인디가 현관문을 열다니! 그것도 전자식 문을!……. 버튼을 누르면서 동시에 손잡이를 아래로 돌리면서 밀어야만 열리는 문인데 어떻게 인디가 그걸 알았을까? 인디의 아이큐가 90이라더니 내가 문을 열 때마다 눈여겨보고 알아낸 것일까?

"소도 뒷걸음질 치다가 쥐를 잡는다잖아."

평상심을 잃을 만큼 흥분한 나에게 남편이 말했다. 인디가 두 발로 문을 긁다가 어쩌다 우연히 그렇게 되었을 거라는 거였다. 그러나 그 뒤로도 여러 번 인디는 현관문을 열고 밖으로 나가 집 근처를 배회하곤 했다. 눈 위에 달빛이 푸른 밤, 집 앞의 공터에서 우두커니 서 있는 인디의 모습은 왠지 쓸쓸하고 외로워 보였다. 어쩐지 아들아이를 기다리고 있는 것 같다는 느낌을 지울 수가 없었다. 인디는 신중하고 점잖게 변해갔다. 남편은 그런 인디가 능청스런 영감 같다고 했다. 그리곤 인디를 애칭으로 '영감'이라고 불렀다.

다시 봄이 왔다. 4월 1일, 온실 속의 화분을 밖에 내놓으면서 개들도 마당으로 내보냈다. 그리고 며칠 후 '법사모' 도반들과 부석사엘 다녀온 날이었다. 저녁 9시쯤 집에 돌아오니 남편이 인디가 평소와 다르게 좀 이상한 것 같다고 했다. 급히 인디에게 가보니 코가 바짝 마른 채 부들부들 떨고 있는 게 한 눈에 병이 난 게 분명했다. 그 와중에도 나를 보자 비실비실 일어나 내게 몸을 부비며 슬며시 기대왔다. 서둘러 인디를 차에 태우고 남편이 큰딸아이와 함께 한밤의 고속도로를 달려 강남의 단골병원으로 데려갔다. 인디를 병원에 입원시키고 남편과 큰딸아이는 자정이 훨씬 지나서야 돌아왔다. 수의사가 감기라고, 이삼일 입원치료하면 될 거라고 대수롭지 않게 말했단다. 인디가 병원에 가서는 밥도 조금 먹고 물도 마셨다고 걱정하지 말라고 했다.

그런데 다음날이었다. 2교시 수업을 끝내고 막 교무실로 들어서는데 전화가 울렸다. 동물병원이었다. 인디가 금방 죽었다고 했다. 심장이 덜컥 소리 내며 내려 앉았다. 조퇴를 하고 허둥지둥 한 달음에 병원으로 달려갔다.

정말로 인디는 싸늘한 주검으로 누워 있었다. 급성폐렴인 것 같다고, 급속히 간이 파괴되었다고, 인디처럼 덩치 큰 개가 이렇게 쉽사리 죽을 줄 몰랐다고, 당황한 원장은 잔뜩 긴장해서 몇 번이나 같은 말을 되풀이했다. 어쩌면 밖에 나가 농약이나 독극물을 먹었을 수도 있다고 덧붙였다. 아무 말도 귀에 들어오지 않았다. 꼭 꿈속에서 벌어지는 일 같았다. 금방이라도 인디가 몸을 탁탁 털면서 일어날 것만 같았다. 곧 조퇴를 한 큰딸아이가 달려오고 뒤이어 연락을 받고 시누이가 도착했다. 남편은 먼저 집에 가서 기다리겠노라 전화가 왔다.

나는 너무 울어 운전을 할 수 없었다. 인디를 상자에 넣어 차에 싣고 대머리가 벗겨진 병원 지하의 개까페 직원이 운전을 하고 집으로 왔다. 고속도로 톨게이트를 벗어날 때부터 제법 굵은 봄비가 촉촉이 내리기 시작했다.

남편이 미리 와서 보아둔 마당 옆의 숲, 망울 부푼 산벚나무 아래 인디를 묻었다. 그곳은 우리 집 마당과 거실이 환히 보이는, 인디가 평소에 펜스를 넘어 자주 나가 놀던 곳이다. 나는 깨끗한 큰 수건으로 정성껏 인디의 몸을 감싸고 그 위에 극락왕생을 빌면서 탑 다라니를 덮어 주었다. 마지막으로 흙을 덮고 작업을 끝내는 순간 신기하게도 비가 딱 멎으며 햇빛이 인디의 무덤 위로 밝게 비쳤다. 마치 좋은 곳으로 간다고 인디가 신호를 보내는 것처럼 느껴졌다. 무덤 앞 비에 젖은 진달래꽃이 가슴 아프게 선명했다. 눈물을 그치지 못하는 내게 시누이가 붉게 충혈된 눈으로 말했다.

"인제 그만 울어요. 그러다가 샛별이 엄마가 병나겠네……인디는 여기로 이사와서 맘껏 자유롭게 행복하게 살았잖아요. 다른 집 개들 좀 봐요. 전부 묶여 사는데……짧고 굵게 살다 간 거라 위로를 삼아요…….”

이 세상에 고작 3년이란 짧은 시간을 머물다가 그처럼 허망하게 떠난 인디. 좀 더 일찍 병원에 데려갔더라면, 아니 내가 그날 낮에 집에 있었더라면 살릴 수 있었을까, 가슴이 미어지듯 아프고 눈물이 나서 어느 누구에게도 인디의 죽음을 말할 수가 없었다. 그 슬픔 속에서 비로소 나는 내가 얼마나 깊이 인디를 사랑하고 있는지 알게 되었다. 그리고 사랑이란 사람과 사람 사이에만 이루어지는 것이 아니란 것도 확연히 깨달았다. 부처님께서 생명 있는 모든 존재들을 귀중히 여기라 간곡히 말씀하신 뜻을 조금은 알 수 있을 것 같았다.

5월 말 학교의 개교기념일 날은 인디가 떠난 지 49일이 되는 날이었다. 나는 평소 잘 아는 스님께 부탁을 드려 절에서 정성껏 인디의 사십구재 천도재를 올렸다. 인디와의 아름다운 이별을 위한 시간이었다.

‘인디야. 부디 다음 생에는 짐승의 옷을 벗고 사람의 몸을 받으렴. 사람 몸 받아서 불법 인연 짓고 복 많이 꼭 행복하게 살거라. 인디야. 사랑하는 인디야…….’

재를 올린 그날 밤 집 앞의 공터에서 서성거리는 인디의 모습이 잠깐 꿈속에 보이곤 곧 사라졌다. 그 후로 나는 차츰 슬픔의 늪을 벗어났고 비로소 사람들에게 인디의 죽음을 알릴 수 있었다.

그런데 오늘 새벽 인디가 나타난 것이다. 한 번도 꿈에 보인 적이 없었는데 이상한 일이었다. 순간 언뜻 머리를 스치는 생각에 나는 벌떡 자리에서 일어났다. 급히 서재로 달려가 작년의 달력을 찾았다. 4월을 펼쳤다. 숫자 8에 친 붉은 동그라미 아래 〈인디 떠나다〉 볼펜 글씨가 선명하다. 나는 갑자기 머리를 한 대 얻어맞은 것처럼 잠시 어지럼증을 느꼈다. 세상에, 이럴 수가!

4월 8일! 바로 오늘이다!

오늘이 제가 떠난 바로 그 날이라고, 1주기가 되는 날이라고 알리러 온

게 분명했다. 문밖이 바로 저승이라더니, 한 번 떠난 먼 길 되돌릴 수 없어 우두커니 슬픈 눈으로 바라보고만 있었나 보다.

'인디야, 사랑하는 인디야.' 가만히 인디의 이름을 부르려니 가슴이 먹먹해지며 눈물이 솟는다. 창밖에는 그날처럼 오늘도 잔잔한 봄비가 내리고 바라다보이는 인디의 무덤 앞에는 진달래꽃이 곱기만 하다. 나는 거실로 나가 앉아 인디를 위해 금강경을 펼쳤다.

남과 여, 그들의 이중주

남영숙
| 수필가, 사회복지학과 71 |

방안 가득 신명이 홍건하게 고인다. 여럿이 어우러진 한 마당이 노래로 출렁인다. 한 사내가 가끔씩 지인들과 들러 마음의 찌꺼기를 헹구는 곳이다.

그 노래방에 오늘은 한 여인과 마주 섰다. 오랜 세월, 그의 가슴에 못으로 깊숙이 박혀 있던 사람이다. 너무 실하게 박혀 일생을 두고 뽑아내지 못하였다. 온갖 노랫말에 실은 자신의 속내를 그녀에게 털어 놓았다. 사십여 년 전 앳된 새내기 대학생이던 여자는 지금 이순을 눈앞에 둔 교육자가 되어 있다.

그때 숫기 없던 남학생의 사랑은 이루어지지 않았다. 주변만 서성이다가 그를 어이없이 보낸 후 그림자만 꼭 붙잡아 두었다. 그것은 생의 마디마다 화석으로 남았다. 꽃잎 하나에 묻어 봄날의 화석이 되고, 낙엽 하나에 묻어, 또 가을화석이 되었다. 시간의 지층은 그것들을 아우르며 켜켜이 쌓여갔다.

사람들의 가슴속엔 늘 그리움이 존재한다. 그 대상이 사람이라면, 더하여 연모했던 사람이라 한다면 그 은밀한 끈적임이라니. 조금 숙지근해졌지만 사람 찾기 카페가 열풍을 일으킨 적이 있었다. 그도 거기에 편승하여 사람을 찾아낸 것이다.

남자는 말로써, 노래로써 자신의 마음을 절절하게 '배설'해 놓고 여인과 헤어졌다. 참으로 놀라운 카타르시스였다. 그일 이후 여자를 온전하게 잊은 것이다. 감정적인 것이든 생리적인 것이든 쏟아낸다는 것은 인간을 몹시 후련하게 한다. 오래 참아, '임계점'에 이른 배설물을 쏟아낸 후의 시원함이란.

수일 후 그녀는 그에게 전화를 하였다. 그렇게 끝을 내면 자신의 감정은 어떻게 처리해야 하는 것인지, 왜 이제야 '사랑'을 쏟아놓는 것인지, 도무지 혼곤하여 자신을 수습할 길이 없다는 것이었다. 남자의 과거형의 불길이 여자에게 옮겨 붙은 것이다. 그들의 후일담에 대해서는 들은 바가 없다.

사랑은, 대체로 등을 보인다. 그래서 남과 여, 그들의 이중주는 불협화음일 때가 많다.

경부선 고속열차에 네 명이 마주 보며 실려 갈 수 있는 좌석이 있다. 부산에 있는 선배의 혼사에 참석하는 길에 네 명이서 그 좌석에 탔다. 속 깊이 소통되는 친구가 있고, 누구에게도 방해 받지 않는 얼마간의 온전한 내 시간이 있으니 얼마나 즐거운가. 하루의 한 귀퉁이를 베어낸 맛깔스런 여행이다. 이야기를 들은 것은 그 기차 안에서다.

이야기를 하는 이나 듣는 이나 무척 흥미로운 표정이다. 그것은 흔히 농담처럼 흘리고 마는 일탈에 대한 암묵적인 동의이기도 하다. 그것이 삶의 여유에서 오는 것인지 혹은 허기에서 오는 것인지 알 수는 없다. 그들은 성실한 아내, 자상한 어미 노릇을 참으로 무던히 해낸다. 엄혹한 현실에서 한 치도 벗어나지 못하는 것이다. 확실한 '감정의 분리 수거'인 셈이다. 그것은 단단한 빗장이 되어 대문 안을 지킨다. 그러한 그들의 눈빛이 안개꽃처럼 아련해지고 입가에 미소가 번진다. 통속의 이야기는 매혹이다. 매혹은 그러나 언제나 위험하다. 완전연소 되지 않을 양이라면.

여기서 바람기라는 용어에 대하여 생각해 보기로 한다. 사전적 의미는 '이성에게 쉬이 이끌리는 들뜬 성질'이다. 무릇 생물이라면 다 가지고 있을 속성이겠으나 감정이라는 신묘한 괴물을 지닌 인간에게는 특별한 성질이다. 바람기란 남녀노소 구분 없이 태초에 신으로부터 부여받은 것이 아닌가. 그것은 음욕과는 구별된다. 사랑이 감정의 밑절미가 되어 인간을 농락한다.

모 일간지 신춘문예의 최종심에 오른 수필 한 편이 있었다. 작품의 완성도는 차치하고 그것은 파격이었다. 수필 속의 화자는 필자와 동일하니 소설과는 달리 서술이 제한적일 수 밖에 없다. 그럼에도 내용과 표현의 수위가 아슬한 지경이었다. 글쓴이의 용기는 무척 놀라운 것이었다. 이를테면 금지된 사랑의 이야기를 우회적인 언급보다는 직설법으로 썼다. 인터넷에 올라와 있는 그 글은 조회수가 다른 글을 단연 압도하는 것이었다. 누가 읽는지는 모를 일이었다. 가슴에, 가연될 수 있는 불씨 하나씩을 가진 것일까. 인간의 표출되어야 할 근원적 욕구인 '리비도(libido)'의 감각적인 해소를 하고자 함일까. 사람들의 속내를 은근히 들여다 본 셈이다.

십여 년 전의 소설 『매디슨 카운티의 다리』에서 킨케이드와 프란체스카의 사랑은 미국 여성들을 들뜨게 했다. 그것은 국내에서도 출간되어 많은 독자를 가졌었다. 대리만족이라는 심리였을까. 나흘간의 농밀한 불륜의 사랑이 아름답게 느껴지는 것은 그들의 사랑이 첫사랑처럼 순도가 높았기 때문이라는 생각이다. 혼외의 사랑에게 '순도'라는 단어를 부여할 수 있을까 싶기는 하다.

킨케이드가 실재(實在)한다면 큰 키를 하고 고독해 보이는 뒷모습과 형형한, 그러나 따뜻한 눈빛을 가졌을 것이라는 상상을 했었다. 바리톤의 저음의 목소리였으리라는 치기어린 소녀적 감상도 가졌었다. 기혼의 여인에게 가슴을 비집고 한 소절의 사랑이 스며든다면 모두 어떻게 대처할까. 문득 궁금하다. 그러나 현실과는 커다란 간극이 있어 책 속의 멋진 사랑은 환상일 뿐이다.

인간의 뇌에는 도파민이라는 생리 활성화 물질이 있다고 한다. 그것은 예측할 수 없는 상황일 때, 어떤 일을 성취한 후보다는 성취하는 과정일 때, 그리고 새로운 무엇을 접할 때 분비되고 증가한다는 것이다. 특히 새로움의 대상이 사람일 때 슬쩍 마음의 훈풍이 일어난다. 결혼을 앞두고 준비하는 과정에서 한 여인이 운명의 사람으로 다가와 깊은 갈등에 빠진 적이 있었다는 어떤 젊은이의 고백이 실소를 자아낸다. 큐피드의 황금화살의 표적이 누가 될는지는 아무도 모른다. '사랑하지 않는 자는 모두 유죄다'라는 도발적인 말을 던지는 젊은 세대의 드라마 작가를 그런 맥락으로 이해할 것인가.

"인간이 어찌 일생 동안 한 사람만을 사랑할 수 있을까. 그러나 표출되어서는 아니 될 것이 너무 많음을 …… 또한 인간이 한 번의 선택으로 인한 채무를 …… 강도 높은 사랑이 찾아온다면 …… 삭이고, 묵히며 승화시킬 때까지의 그 한스러움이 멋이 되는 게 아닐까." 멋과 한에 대한 소회가 담긴, 친구가 보내온 글이다. 가끔은 흔들리고 싶다는 그의 말마디는 마음에 아릿하게 남았다. 반려와의 절묘한 화음을 이루지 못한 퍅퍅한 삶에서 연유하는가 싶기도 했다.

사랑, 대단한 유혹이다. 영화 속에서 매혹되고, 책 속에서 이끌리고, 꿈속에서 바라보고. 그런들 어떠랴. 젖은 생 건너면서 가슴에 바람 한 점 지닌들 어떠랴. 그것은 누누한 욕망이 아니라 인간의 속절없는 원시성일 뿐이다.

서사시와 썬데이서울

이경숙
| 소설가, 의류직물학과 72 |

지금 나는 어려서부터 한 동네에 살며 아침저녁으로 같은 버스를 타고 학교에 다녔던 친구의 사랑 이야기를 해보려고 합니다. 십 년쯤 전, 꿈꾸는 듯한 표정으로 그녀가 '내 사랑은 서사시야.' 라고 말을 꺼냈을 때 나는 픽 웃지 않을 수 없었습니다.

"얘, 나이 오십을 바라보는 중년 여인이 남의 남자 좋아하는 게 어떻게 서사시냐? 썬데이서울이라고 해야 맞는 거 아니니? 중년의 강모 여인 정부 김모씨와 시내 유흥업소에서 만나 여관방을 전전하며 수 차례 정을 나눈 후 어쩌구 저쩌구."

말을 하는 나 스스로가 재미있어 웃음을 터뜨리자 기분이 상했는지 그녀는 입을 꼭 다물고 고개를 옆으로 돌렸습니다.

"아니, 네가 그랬다는 게 아니라 70년대 주간지 기사들이 하나같이 그랬잖아. 생각 안나? 썬데이서울이라는 주간지 아직도 나오니?"

나는 급히 두 손을 흔들며 변명을 늘어놓았습니다. 잠시 후 차를 한 모금 마시고 그녀는 다시 입을 열었습니다. 그도 그럴 것이 미국에서 살다 오랜만에 한국에 나간 나에게 맛있는 한정식을 먹이겠다고 데리고 나간 터에 마냥 화를 내고 있을 수는 없었을 테니까요.

인사동의 전통 찻집에서 향기로운 차를 마시며 그녀의 이야기는 계속되었습니다.

"너도 기억할 거야. 대학교 3학년 때 우리랑 영어회화 클럽 같이 했던 기욱 씨 말이야."

"얼굴 하얗고 샌님 같던 기욱 씨? 기억하고 말고, 너 그 남자 엄청 좋아했었잖아. 그럼 그 사람을 여지껏 만나고 있었단 말이야?"

"아니, 아니야. 결혼한 후로 전혀 연락 안 하고 살았었어. 삼 년 전 이맘때 인사동에 나왔다가 우연히 찻집에서 부딪친 거야. 그 후로 아주 가끔씩 여기 나오면 만나. 그 사람 사무실이 이 근처라 단골 찻집이 몇 군데 있거든."

"뭐야, 그럼 네 남편 몰래 삼 년씩이나……."

다그치는 듯한 내 말투에 화가 났는지 그녀는 다시 입을 다물어버렸습니다. 이래서는 안 되겠다 싶어 살살 구슬린 끝에 들은 이야기는 이렇게 이어집니다.

"너도 알다시피 내가 기욱 씨를 얼마나 좋아했니? 나는 그 사람이 지구 끝에 가서 구걸질 하며 살자 그래도 기꺼이 따라갈 마음이었으니까. 그런데 같이 클럽을 할 때도 그랬지만 졸업한 후에는 더욱이나 그쪽에서 먼저 만나자고 연락하는 적이 없었지. 그렇다고 해서 그 사람이 나를 안 좋아했는가 하면 그건 아니었어. 내가 전화하면 좋아서 한달음에 달려나오곤 했으니까. 그래도 언제나 목이 마르고 안타까운 쪽은 나였지. 그렇지만 나도 자존심이 있잖니, 어떻게 항상 내가 먼저 연락을 하겠어. 졸업 후에 너 미국으로 떠나고 그렇게 허전했는데도 이 년 사이에 그 사람 만난 횟수가 다섯 번이나 될까? 손은 두 번 잡아봤고, 입은 딱 한번 맞춰봤어. 그것도 헤어질 때 볼에다 스치듯이 슬쩍. 그런데 그 기억이 내 가슴 속에 화인처럼 찍혀서 아직까지 이렇게 생생하다."

꿈꾸는 듯한 표정으로 말하는 그녀의 눈빛이 왜 그렇게 슬퍼 보이는지 나는 그만 대꾸할 말을 잊은 채 빈 찻잔을 들었다 놓았습니다.

"내가 조금 더 적극적이었으면 그 사람이 나한테 왔을까? 그때는 쓸데

없는 자존심 때문에 그럴 수가 없었어. 게다가 그 즈음 친구 소개로 만난 남자가 나를 보통 쫓아 다닌 게 아니었거든. 목숨이라도 걸 것같이 달려드는 남자랑 결혼 결심하기 전에 기욱 씨를 한번 더 만났었어. 결혼할 거라고 말하니까 전기 충격이라도 받은 것처럼 얼굴이 하얘지더니 축하한다고 하더라. 그러고는 얼마 후에 그 사람도 결혼했다는 소식 들었어."

보통 때 같으면, "네 결혼에 충격 받아서 그 사람이 아무하고나 결혼한 것 같지? 절대 아니야."라고 농담을 던졌겠지만 비련의 여주인공 같은 표정으로 앉아있는 그녀에게 차마 그렇게 말할 수는 없었습니다.

"그래서, 만나면 뭘 하는데?"

"하긴 뭘 해? 그냥 차 마시면서 얘기하다 헤어지지. 우린 여전히 말이 잘 통한다. 몇 달만에 만나도 바로 어제 헤어진 사람 같애."

"너 그래서 오늘 나를 여기로 데리고 온 거로구나? 혹시 그 남자를 만날 수 있을까 해서 말이야."

그녀의 눈빛은 다시 꿈을 꾸는 것처럼 아스라해졌습니다.

그리고 십 년이 흐른 지금 우리는 다시 인사동의 찻집에 마주 앉았습니다. 그녀는 화려하지는 않지만 꽤 신경을 쓴 듯한 옷차림에 화장을 곱게 하고 있었습니다.

"기욱 씨랑은 자주 만나니?"

"글쎄, 일 년에 두어 번 정도."

"겨우 그것 밖에 안 돼? 만나고 싶은 거 참느라고 애 많이 쓰는구나? 쉽지 않을 텐데. 진도는 좀 나갔구?"

"진도? 손도 잡아본 적 없어. 아, 한번 있다. 내가 들고 있던 책을 떨어뜨렸는데 주워 주다가……. 지난번에 만났을 때는 점심을 같이 먹었는데 우리 아파트 단지로 이사왔다고 하더라. 이 년쯤 됐다나 봐. 그러더니 15층 베란다에 관음죽이랑 화초 많이 있는 집이죠? 대나무가 실하게 잘 자랐더군요. 그러는 거야."

"뭐? 이년 동안이나 같은 단지에 살면서 모른 척 했단 말이야? 그 사람 되게 음흉스럽네. 어쨌든 너 이제부터 잠깐 집 앞 가게에 가려도 신경 쓰이겠다, 얘. 언제 부닥칠지 모르잖아."

"그렇지 않아도 왜 여지껏 아무 말 안 했느냐고 물었어. 신경 쓰게 하고 싶지 않아서 그랬대. 나 그 마음 너무 이해 돼. 그 사람이 언제 어디서 볼지 모른다 생각하니까 은근히 좋기도 하지만 신경 많이 쓰이는 게 사실이거든. 그런데 그 날 집에 와서 가만히 생각해보니까 그 사람 아파트는 우리 동이랑 조금 떨어져 있는 거야. 우리는 뒷문에 가깝고 그 사람 네는 앞문에 가깝거든. 그러니까 우리 아파트 베란다를 보려면 일부러 뒷문 쪽으로 와야 한단 말이지. 그 사람이 길 건너에서 우리 베란다를 한참씩 올려다보다 간다고 생각하니까……."

그녀는 가슴에 손을 대고 잠시 가만히 있다 물에 젖은 듯한 목소리로 말을 이었습니다.

"그래서 나도 일부러 나가서 그 자리에 서서 우리 집 베란다를 올려다봤어. 바람에 흔들리는 대나무 이파리들이 마치 손을 흔드는 것 같지 뭐니…… 너 이따 나랑 꽃 시장 갈래?"

"거긴 왜?"

"전에 너희 집에 가보니까 꽃들이 풍성하게 아래로 늘어진 화초가 보기 좋더라. 그런 거 사다가 베란다에 놓으려구. 그리구 이건 우리 식구들한테 비밀인데 이번에는 꽃을 바깥 쪽으로 향하게 놓을 거야. 여지껏은 바깥 사람이 무슨 상관이냐 우리가 보는 게 중요하지 하면서 안에서 보기 좋도록 놓았었거든."

"꽃을 통해서 네 마음을 전하겠다? 그래, 그렇게라도 해라."

'까짓 손도 못 잡아보는 사랑'이라고 덧붙이려다 나는 입을 다물고 무슨 색깔의 꽃이 눈에 잘 띌지 궁리하기 시작했습니다. 친구 혼자만의 짝사랑이 아니라는 점도 마음에 들었지만, 이들의 사랑이 절대로 썬데이서울식으로 흘러가지는 않으리라는 안도감에 나는 그만 큰소리를 쳤습니다.

"좋아. 내가 꽃 시장에서 제일 크고 멀리서도 눈에 확 띨 걸로 하나 사주지."

그대여 이제는

이자숙
| 수필가, 식품영양학과 72 |

반세기는 무척 긴 세월이지요. 대학 입학 후 50년을 함께한 남편 동기 부부들과 뜻 깊은 3박 4일의 이번 일본 여행은 축복이었습니다. 일상의 끈을 잠시 놓고 환한 모습으로 인천국제공항에 모였어요. 상큼한 4월의 봄날 낮익은 13커플 등 28명이 설레는 맘으로 늘그막 수학여행 길에 올랐지요. 오구회 김원명 회장님의 탁월한 통솔력으로 모든 일정이 순조롭고 화기애애한 가운데 진행되었습니다. 롯데관광의 노련한 가이드가 함께한 모처럼의 쾌적한 해외 나들이였답니다.

1시간 30분 남짓하게 지나 다카마츠 공항에 도착했어요. 멋진 리무진 버스가 우리 일행을 기다리고 있었어요. 오구회원 지아비를 둔 덕분에 오랫동안 가슴 속 추억의 앨범에 간직할 이번 여행을 기대하며 버스에 올랐습니다. 일본에서 가장 규모가 큰 명승정원인 〈리츠린공원〉을 둘러보고 1,000그루가 넘는 많은 소나무 중에도 눈길을 끄는 분재모양의 나무가 드문드문 보였다. 나무에게 고통을 준 대가로 얻은 아름다움에 가치를 더 줄 수 있을지 의문스러웠다. 땅에서만이라도 자연 그대로이고 싶다는 속삭임이 휘어진 마디에서 들리는 듯했다. 깨끗하게 잘 가꾸어진 공원을 둘러 본 후 점심식사를 하였다. 사누끼우동이라고도 불리는 다까마츠 우동의 고유의 맛과 튀김의 아삭거림이 일품이었다.

다시 50분 정도 페리를 타고 기대에 부풀어 예술의 성지가 된 나오시마항을 향하여 크루즈 여행을 하였다. 짧은 시간이지만 태평양 위에 떠있다는 여유로움을 즐겼다. 바닷바람이 봄기운에 훈훈함으로 다가왔다. 삼삼오오 모여 바다를 배경으로 디카를 누르며 담소하는 오구회님들은 칠순이 아닌 학창시절의 푸르름이 역력하게 느껴졌다. 여행이 가져다 주는 보이지 않는 선물인 것 같았다.

세계적으로 명성을 떨치고 있는 '안도 다다오'가 건축한 〈베네세하우스〉 호텔에 여장을 풀었다. 구석구석마다 천재 건축가의 면모가 흘러 넘쳤다. 간결함과 실용성이 건축예술로 승화되었다는 표현이 적절할지도 모르겠다. 그는 고등학교 졸업의 학력이지만 배낭 하나 메고 세계를 떠다니며 견문을 넓혀온 독창성을 지닌 건축가이다. 출판 기업인 '베네세'는 장기 계획을 세우고 황폐한 나오시마를 자연과 예술이 조화를 이룬 〈문화의 섬〉으로 만들고 있다. 이곳에 '안도 다다오'가 건축한 〈나오미술관〉이 걸작으로 손꼽힌다.

뷔페식 아침식사를 양식, 일식을 곁들여서 푸짐하게 먹었다. 금강산도 식후경이라는 옛말이 실감났다. 〈나오(베네쎄)미술관〉의 열점 남짓한 작품들은 흙, 나무, 돌, 자연을 소재하여 기발한 아이디어로 이루어졌다. 쓰레기를 모아서 만든 작품은 '진정한 가치는 무엇인가?'를 의미 한다고 했다. 일본 사진작가가 전시한 14점의 지평선 작품은 세계의 바다가 연결됨을 상징하고 있었다. 삶과 죽음에 관련된 백 개의 단어가 전광판에 실린 '블루스 나우만'의 작품도 인상적이었다. SMILE and DIE라는 단어가 아직껏 기억에 남는다. 미술관 안에 있는 전망 좋은 식당에서 예술 작품 같은 일본 정통 점심식사를 여유롭게 즐겼다.

노출 시멘트 공법과 작은 공간을 묘하게 설계하는 '안도 다다오'의 건축의 백미를 이루는 〈지중미술관〉을 관람하였다. 낯익은 '모네' 작품 중 수련을 소재로 한 작품들이 개성 있는 공간에 전시되어 있었다. 빛을 이용하여 착시 현상을 느끼게 하는 신비한 공간 속을 감상하기도 했다. 미술관 옆에 있는 '모네' 정원과 연못을 둘러보았다. 일행들은 아기자기한 꽃을 배경으로 신혼 커플 못지않은 다정한 모습을 디카에 담았다. 한 시간 남짓 페리를 타고 다시 〈다카마츠〉항에 도착하여 전용버스로 〈고또히라구 신사〉를 향하였다. 바다의 수호신을 섬기는 신사로 785개의 계단으로 이어진다. 일행 중 대부분이 중간 지점에서 되돌아왔지만 7대문을 통과한 체력장 1등급 오구회원도 서너 명이나 되었다. 저녁 식사 후에는 온천욕으로 여행의 피로를 풀었다.

주일 아침 예배를 김원명 장로 인도로 18명이 모여서 드렸다. 마태복음 5장 9절의 말씀으로 "화평케 하는 자"라는 제목으로 은혜를 나누었다. 여행 중에도 주일을 잊지 않음이 감사하다. 아침식사를 마치고 전용버스로 현수교인 〈세토대교〉 관광을 하였다. 지구의 7.5바퀴를 감을 정도의 많은 양의 케이블을 사용한 견고한 자동차 전용대교이다. 지진의 진원지인 '아와지시마' 근처에 설치되었기 때문이라고 한다. 대교와 바다를 배경으로 일행들은 다정한 모습으로 디카 찍기에 여념이 없었다. 근처에서 일본인 젊은 부부가 돌계단을 스스로 기어오르는 두 살 남짓한 자신들의 아기를 지켜보고 있었다. 아기는 다시 평지를 뒤뚱뒤뚱 걷다가 휴지를 주어서 쓰레기통에 넣는 모습이 보였다. 이런 정신이 자라서 일본의 저력이 된 것이라고 생각했다.

전용버스를 타고 '아와지시마'로 향하였다. 버스 안에서 한 사람씩 마이크가 돌려졌다. 이번 여행의 숨은 공로자인 김옥희님에게 먼저 큰 박수가 돌려졌다. 모두들 재치 있는 표현을 하여 버스 안이 웃음바다가 되었다. 닭살 커플로 변신한 '오구회의 카루소' 김영화 님의 명창에 가슴도 뛰고 버스도 흔들렸다. 인민재판 덕을 톡톡히 본 님들이다. 대전 사모님이 가져온 웃음보따리가 가장 긴 여운을 남겼다. 나도 수첩에 메모를 해 놓았다. 아마도 일행 대부분에게 공감대가 느껴졌기 때문일 것 같다. 말주변 없는 남편도 마이크를 잡으니 제법 달변 수준이다. 50년을 함께한 벗들이니 스스럼없을 수 밖에…… 공연한 염려를 잠시 한 것 같다.

눈물이 스며나도록 웃는 동안에 어느 틈에 아오지시마에 도착하였다. 〈기적의 별 식물관〉이라는 '유메부타이 온실' 견학을 하였다. 형형색색의 꽃들이 예술작품처럼 어우러져 있었다. 이곳은 '꿈의 무대'라고도 일컬어지며 '안도 다다오' 건축물의 결집체라고 한다. 28ha에 이르는 대지에 그의 개성 있는 건축물이 모여 있다. 1955년 거대한 산의 흙을 퍼내어 '간사가' 공항을 메우고 25년간 방치한 땅이었다. 그는 인간에 의해 황폐해진 이 땅을 자연과 조화를 이루는 건축을 통하여 탈바꿈시켰다. 위대한 건축가 한 사람의 무한한 능력과 도전정신에 감명을 받았다. 여행의 마지막 밤은 쾌적한 웨스틴(westin)호텔에서 보냈다.

너무 많이 먹는다고 번번이 남편의 눈총을 받으면서도 양식과 '가또' 등 일본식 아침식사를 맛있게 먹었다. 언제 이렇게 잘 차려진 아침식사를 대접 받을 수 있을런지. 내일부터는 다시 부엌이라는 일터로 돌아가니 넉넉히 먹어두자는 생각이 들었다. 사진으로만 보았던 〈오사카성〉을 올라가 보았다. 유물들이 잘 보존되어 있음을 느꼈다. 일본에서는 영웅으로 떠받드는 '풍신수길'의 초상을 보니 마음이 씁쓸했다.

동경 학회에 참석했던 김원명 회장의 장녀내외가 먼 길을 찾아와 재회의 기쁨을 나누었다. 먹기에도 아까운 곱게 포장된 일본 떡을 일행들에게 선물로 가져왔다. 이모저모가 '부러운 표'인 것 같다. 엔화가 강세인 탓인지 나이 탓인지 명품 아울렛 매장에서도 예전보다 훨씬 쇼핑을 덜 하는 분위기이다. 몇 년 전에는 쇼핑센터에서 밥주걱이랑 주방용품을 싹쓸이하고도 모자란 적도 있었던 기억이 난다. 쇼핑 여왕님도 이번 여행엔 잠잠하신 편이었다.

전용버스는 '간사이' 공항을 향하여 달리고 있었다. 세심하게 전 일정을 인솔한 노련한 가이드에 감사를 표하였다. 일본식 경제 불황으로 전직을 그만 두게 되어 관광버스 기사 일을 한다는 친절한 기사에게도 감사의 박수를 보냈다. 몇 년 전 스페인 여행 시 롯데관광 가이드가 오구회 가족들에게 했던 말이 생각났다. "아직껏 산업 현장에서 일하시고 이제야 유럽 여행길에 오르시는 어르신들이 존경스럽다."는 내용이었다. 물론 비즈니스가 담긴 말이긴 하지만 지어미로서는 가슴에 와 닿았다.

모처럼 시야가 탁 트인 맨 앞자리에 앉은 탓인지 시 한 수가 떠올라 즉

홍적으로 낭송하였다. 3박 4일을 화창한 날씨와 안전함으로 지켜주신 주님께 감사를 드렸다. 인천 공항에 도착하자 모두는 김원명 회장께 마음으로 수고의 박수를 보내며 5월에 경주에서 만날 것을 기약하며 헤어졌다. 공항 밖에는 기다리던 봄비가 내리고 있었다.

반세기전 그대는
오늘, 4월의 햇살만큼이나
푸르고 찬란했습니다

학창(學窓) 뒤로하고
그대, 가슴에 별 품고
멀고 먼 항해하셨습니다

때론 거센 풍랑 마주해
지친 손 내밀 때
서로는
힘찬 손으로 잡아주었습니다

오붓이 둘러앉아
보글보글 끓는 된장찌개 올려진
밥상머리 그리워한 긴 세월
있었음을 알고 있습니다

이제 그대는
칠순(七旬)의 평원에 편히 머물러
마냥 따사로운 햇살 누리며
벗님들과 오래도록
함께 하시길 기원 드립니다.

사랑에서 사랑으로

신필주
| 시인, 국문학과 73 |

사랑이 전해주는 마음에는 반드시 어떤 향기가 있다. 사랑의 강물은 어디론가 영원을 향해서 흐르면서 못다한 말을 전해줄까.

나는 지금 여름 준비를 하고 있다. 저 창 밖의 두 그루 커다란 오동나무에서 매미가 울면 여름이 되리라.

나는 지금 아가페 사랑을 하고 있다. 사랑 중에 가장 헌신적인 사랑이다. 사랑에는 플라토닉 사랑—정신적인 사랑, 에로스적 사랑, 아가페적 사랑이 있다. 아가페적 사랑은 육체를 떠나 영혼과 영혼이 만나 조건없이 서로 도와주는 고매한 사랑이다.

나는 지금 아가페적 사랑을 하고 있다. 하느님이 이 아이를 나에게 보내주신 것이라 생각하고 성심을 다한다. 처음에 우리는 환경이 어려운—병원이란 곳에서 만나 우리도 예기치 못한 사랑을 하게 되었다.

나는 의자에 앉아 있고, 그 아이는 엘리베이터의 한 구석에서 붉은 잠바와 모자를 쓰고 많은 사람들 틈바구니에 끼어 있었다. 나는 순간적으로 저 아이를 도와주어야 하겠다는 느낌에 사로잡혔다. 그 아이는 구석에 끼어 있었는데 너무나 외로워 보였다.

우리는 그저 아무 조건도 없이 자연스럽게 친해졌다.

내 마음에 이미 그 애가 들어와 앉은 것이다. 나는 그 애의 손을 잡고 물었다.

"네 이름이 뭐니?"

"이미송입니다."

아! 참 아름다운 이름이다.

"아무 걱정하지 말고 푹 쉬어라."

미송이는 "어머니 문병 다녀오는 길이에요."라고 작고 여린 목소리를 내며 나를 바라보았다. 그 애가 신기한 것은 다른 사람들과는 이야기를 하지 않으면서 나에게는 자기가 살아온 이야기를 곧잘 들려주었다.

그 애는 이마가 아기처럼 튀어나오고 이목구비도 하나 빠진 데 없이 모두 잘 생겼다. 할아버지들은 사탕을 주면서 이 애는 천심(하늘이 주신 마음)을 가졌으니 잘해주라고 부탁하기도 했다.

미송이는 노래를 잘 불렀다. 좋은 집안에서 태어나 학교 공부도 잘 했고 친구도 많았다고 한다. 아버지가 공무원이라 월급이 적었기 때문에, 살림이 궁했고, 미송이는 대학을 포기하고 현실로 뛰어들었다. 골프장 캐디를 해서 돈을 벌어서 남동생의 대학 공부를 시켰다고 한다. 그래서인지 나이에 비해 현실감각이 뛰어났다.

미송이는 노래 부르기를 좋아했다. 노래도 아주 순수한 클래식이나 팝을 불렀다. 우리는 크리스마스 축제 때 둘이서 손을 잡고 〈에델바이스〉를 듀엣으로 불렀다. 나중에 사진을 보니 마치 아가처럼 내 곁에 미송이가 꼬옥 붙어 서 있었다. 사람들은 열띤 갈채의 박수를 보내왔고, 상도 탔다.

미송이 하루는 물을 한 컵 떠와서 나에게 주었다.

"무슨 물이니?"라고 묻자 "천도수인데 하늘나라에서 내 어머니가 보내신 물이랍니다. 이 물 먹으면 사람의 모든 병을 낫게 한대요."라고 조심스레 말을 했다. 나는 성스러운 마음으로 그 물을 조금씩 마셨다. 물 맛이 신비스러웠다. 달짝지근하고 찬 기운이, 내가 살아오면서 맛본 그 어떤 맛보다도 좋았다. 그 물을 마시면 세상에서 받은 안과 밖의 상처가 금방 나을 것 같았다. 미송이는 매우 흡족한 듯 밝은 미소를 지었다.

미송이와 나의 아가페적 사랑은 그렇게 기적을 일으켰다. 한마음과 한마음이 보태져서 풍요한 생명의 강으로 흘러갔다. 미송이와 나의 아가페적 사랑은 훌륭하게 발전해갔다.

"미송아, 이리 와라." 하면 "언니는 참 재미있는 사람이야. 언니 우리 영원히 헤어지지 말아요." 하면서 다가왔다. 나는 그런 미송이를 볼 때마다 '그래, 내가 너를 보호해줄게.' 라고 되뇌었다.

어떤 사랑이든 진실한 사랑은 용기를 안겨준다. 미송이를 도우는 일에 나는 최선을 다했다. 치료진과 심한 갈등을 일으켜도 용기를 잃지 않았다. 생명의 존엄에 대하여 나 나름대로 사랑을 실천한 것이다.

이해인 수녀님이 최근에 발간한 책의 제목을 생각했다.

〈사랑은 외로운 투쟁〉

이 말을 위안삼아 부지런히 미송이를 도와주었다. 그 애는 나날이 달라져갔다. 이야기도 재미있게 하고 잘 웃었다. 다른 사람들이 시샘할 정도로 우리는 즐거운 시간을 많이 누렸다.

어찌 보면 한 사람의 평범한 삶일지라도 생명은 존엄한 것이며, 우리는 모든 죽어가는 것을 사랑해야 한다. 미송이는 하늘나라에 가신 어머니를 애타게 그리워했다. 그 애처로움은 옆에서 지켜보는 나도 힘들었다. 미송이는 창가에 서서 "어머니, 저 여기 있어요."라고 외치며 눈물을 흘렸다.

미송이가 가장 즐겨 부르는 노래는 〈겨울나무〉였다. 현실 속에서 노래를 잊고 사는 사람들이 미송이를 앉혀놓고 이 〈겨울나무〉를 함께 불렀다. 미송이는 내 노트에다 겨울나무 가사를 적어 주었다. 손이 참 빨리 움직이는데도 글씨가 반듯했다. 그럴 때면 나도 모르게 "아까운 아이, 오! 하느님." 이런 탄식이 흘러나왔다. 나는 몸은 고달팠지만 미송이를 도우고 이야기 나누느라 지루하지 않았고, 미송이를 간호하면서 최선을 다했다. 피를 닦고 크림을 발라주고 빨래를 모두 해주며 사람 하나 살리기에 나는 의사가 되었다. 치료진과 갈등도 있었지만, 나는 미송이에게로 기울어지는 마음을 하느님이 보내주신 것이라 여겨 최선을 다했다. 내 뜻으로 내가 여기에 오지 않았고, 하느님이 미송이를 도와주고 오라고 사명을 내려

주신 것으로 깨닫고 있다. 우리의 이 사치스런 육신은 죽으면 한 줌 흙이 된다. 내 몸은 아직 성하니 살아서 가엾은 사람들을 많이 도와서 아가페적 사랑을 꽃피우고 싶다.

수연아, 사랑해!

서성림
| 시인, 국문학과 75 |

얼마 전 눈부신 봄날, 아들은 평생의 반려자를 맞았다.

요즘은 여성의 사회 진출이 많아져서 그런지 혼기를 놓친 젊은이들이 너무 많다. 남녀가 만나 달콤한 사랑을 나누고 결혼해서 아이 낳고 알콩달콩 재미있게 사는 것은 모든 부모가 바라는 바이리라.

나는 친정 언니가 아직 결혼을 못해서인지 내 자식들은 절대로 노처녀 노총각을 만들고 싶지 않았다. 딸은 요즘으로 보면 좀 이른 나이에 했지만 아들은 서른이 넘으니 은근히 걱정이 되었다.

몇 군데 중매도 섰지만 이루어지지 않자 아들이 "엄마는 이제 여자 소개하지 마." 하는 것이었다. 듣고 보니 자기가 키가 작아 거절당하는 것이 싫으니 직접 자기를 보고 내면의 장점을 좋아할 사람을 구해 오겠다는 얘기였다.

나는 더 이상 친구나 아는 이들에게 아들 중신을 부탁하지 않았다. 그래도 걱정이 되어 "엄마가 여자 소개해 줄까?" 하고 물으니 "나 만나는 사람 있어." 하는 것이었다.

너무 반가웠다. 어떤 아가씨냐고 이것저것 물으니 같은 회사의 다른 부서에 다니는 나이는 두 살 어린 입사선배라고 한다. 대기업에 다니는 아들과 같은 회사에 다닌다니 우선 안심이었다. 사진을 보니 온순하고 착해 보였다. 학교도 그만하면 좋았다.

아들을 독려하며 헤어지지 않을 거면 상견례를 하고 결혼을 추진하자고 했다. 그 후 일이 순조롭게 진행되었다.

많은 신부들이 좋아한다는 5월로 택일하고 평소 마음에 두었던 예쁘고 교통 좋은 예식장에 예약했다. 예물과 한복은 회사 결혼 도움방의 소개로 어렵지 않게 결정하고 살 집은 회사가 가까운 수원에 얻었다. 나는 신랑 엄마라 자잘한 살림살이는 신경 쓰지 않아도 되었다.

시간은 흘러 드디어 결혼식 날이 되었다. 하얀 드레스에 면사포를 쓰고 다소곳이 한 발 한 발 걸어 들어오는 신부의 모습은 마치 천상에서 내려온 선녀 같았다. 주례사가 끝나고 축가가 있은 후 다시 신랑이 신부에게 바치는 노래가 있었다.

잔잔하게 시작되어 차차 음이 높아지더니 마지막에 "수연아, 사랑해." 하며 너무 멋지고 감동적인 목소리가 울려 퍼지자 며느리는 끝내 참았던 눈물을 흘리고 말았다.

이 순간을 위해 아들은 6개월 동안 여러 가지로 애를 썼다. 하객에게 드릴 와인도 손수 만들고 어른들을 대신해서 백화점에 이것저것 물건 사러 다니고 운전을 할 때는 아내에게 바칠 사랑 노래를 열심히 연습했다.

나도 삼십 여 년 지성으로 기른 자식을 혼인시켰으니 이제 부모의 도리를 다한 게 아닌가 싶다.

홀가분한 마음으로 새로 출발하는 한 쌍의 부부에게 힘찬 박수를 보낸다.

아직도 그대는 내 사랑

조연경
| 방송작가, 법학과 75 |

지난 주 토요일 잠실 체육관에서 열린 전국 오픈 탁구 대회에 참가했다.

취미로 탁구를 시작한 지 10년이 넘었다.

나는 보기와는 달리…… 나와 같이 일해 본 방송국 피디들 대부분이 내가 비엔나커피를 마시며 음악을 듣는 걸 좋아할 것 같다고 한다. 그건 듣기 좋게 포장한 말이고 한마디로 내가 몸 움직이는 걸 싫어할 것 같은가 보다…… 땀을 흘리며 운동하는 걸 아주 좋아한다.

그 중에 시작한 지 10분 안에 땀이 나는 운동을 열렬하게 좋아한다. 그래서 탁구와 스쿼시를 즐겨 하고 탁구 대회는 기회 있을 때마다 나간다.

나른한 권태와 안일한 타성은 내가 매우 경계하고 질색하는 것인데 숨막히는 대결구도 안에 서면 팽팽한 긴장감과 짜릿한 설렘으로 바다에서 갓 건져 올려 갑판 위에 패대기 친 물고기의 팔딱거림처럼 생생하게 살아있음을 느끼고 스스로 환호하고는 한다. 그 매력에 흠뻑 빠져 탁구대회를 열심히 나가고 트로피도 제법 탔다.

어느 날은 트로피에 샴페인을 가득 부어 마시며 승리를 자축하기도 했다.

그 날은 아침부터 양동이로 쏟아 붓는 듯 장대비가 내렸다. 그래서인지 함께 출전하기로 한 마포와 목동에 사는 친구들이 시합을 포기했다.

결국 나 혼자 나가게 돼서 체육관까지 데려다 준 남편에게 같이 있자고 했다. 대부분 동호회에서 단체로 출전하는데 혼자 있으려니 심심할 것 같고 옷이며 가방을 봐줄 사람도 필요했다. 그 동안 탁구대회 나갈 때마다 아침 일찍 일어나 충실한 기사 역할은 해주었지만 단 한 번도 아내가 경기하는 모습을 본 적이 없는 남편은 순간 이게 웬 횡재인가 하는 표정으로 고개를 끄덕였다.

체육관 초록빛 의자에 앉아 "엄마 파이팅" 애교 있게 응원하며 딸아이가 만들어 준 샌드위치와 커피를 마시며 탁구 연습을 하는 출전자들을 바라보았다. 서서히 고무줄을 당기는 듯한 팽팽한 긴장감이 기분 좋게 온몸을 조여 왔다.

드디어 시합 개시, 나는 10조였고 예선은 세 사람이 시합을 해서 두 사람이 올라가는 리그전이었고 본선부터는 가차 없는 토너먼트다. 나와 겨룰 두 여자를 짧은 시간이지만 면밀히 훑어 보았다. 나보다 젊지만 시합 경험은 많지 않은 것 같았다. 심판이 연습할 시간을 줘서 슬쩍 스카이 서브를 시도해 봤는데 받지 못했다. 상대방의 당황해 하는 표정을 무덤덤한 표정으로 대응하며 드라이브샷을 걸어 넘겼는데 역시 받지 못했다.

나보다 두 수는 아래인 것 같았다. 두 여자 다 그랬다. '으음 무난하게 예선은 통과.' 나는 고개를 끄덕였다. 심판이 연습하라고 주는 시간을 나는 상대방의 실력을 가늠하는 시간으로 쓰고 그것은 대부분 적중했다. 드디어 시합을 알리는 사인이 왔다.

순간 잠시 망설였다. 남편이 지켜보고 있으면 아무래도 부담이 될 것 같았다. '잠깐 다른 데 가 있으라고 할까?' 그러나 그 생각을 곧 포기했다. 남편이 내 시합하는 모습을 보고 싶어 할 것 같기도 하고 나 편한 대로 남편을 오라 가라 하는 건 남편에 대한 예의가 아닌 것 같아서였다.

그러나 나는 시합을 시작하자마자 곧 후회했다. 나는 누구보다 긴장한 눈빛으로 나를 지켜 보는 단 한 사람을 위해서 꼭 이기고 싶었고 멋진 모습을 보여서 감탄하게 만들고 싶었다. 그 열망이 너무 커서 나는 평정심을 잃기 시작했다. 위력이 대단하다고 칭찬을 듣던 스카이 서브는 번번이

네트에 꽂혔고 강력한 공격은 볼이 아웃되기 일쑤였다. 나는 올림픽에 출전하는 국가대표 선수처럼 남편에게 잘 보이고 싶었는데 그 욕심이 앞을 가려 실수 연발이었고 결국은 난생 처음 예선 탈락이라는 고배를 마셨다. 다른 날 같으면 쉽게 이길 상대들이었다.

'아이고 이게 무슨 창피란 말인가?'

차마 남편을 마주볼 수가 없어서 고개를 숙이고 묵묵히 주차장으로 걸어 갔다.

"그만 하면 잘 했어. 당신이 제대로 몸이 안 풀려서 그랬어."

남편의 위로에 나는 발칵했다.

"됐어."

너무 부끄러워서 예민해졌고 남편 앞에서 잘난 척 한번 제대로 하고 싶었는데 그게 안 돼서 도리어 부아가 치밀었다. 적반하장도 이 정도 되면 수준급이다.

아무 죄 없는 남편은 내 눈치를 슬금슬금 보며 내가 좋아하는 에프엠 라디오를 켜고 웃지도 울지도 못하는 어정쩡한 표정으로 운전을 했다.

"엄마 어떻게 됐어?"

집에 도착하자마자 딸아이가 반색을 하며 물었다.

"톡 떨어졌다. 니 아빠 때문에."

기막힌 말이 내 입에서 명주실처럼 쏘옥 매끄럽게 빠져 나왔다. 그러나 남편은 아무런 항변도 하지 않고 엉뚱한 말로 아내의 기를 살려 주려고 애썼다.

"와, 니 엄마가 거기 있는 아줌마들 중에 최고로 예쁘더라. 엄마 있는 데는 반짝반짝 빛이 다 나더라."

나는 그 말에 더 부끄러워져 방문을 꽝 요란하게 닫고 안방으로 들어갔다.

다행히 남편은 친구 아들 결혼식에 갔고 딸아이는 예술의 전당 음악프로 사회 본다고 나갔다.

텅 빈 집에 혼자 앉아서 이해할 수 없는 내 기분을 살펴 보았다.

봄날의 새순처럼 파릇파릇 이제 갓 연애를 시작한 사이도 아니다. 삼십 년 넘게 함께 산 남편이다. 남자 여자라기보다 푸근한 가족 같은 관계다. 서로 무조건 편하고 만만한 상대다. 그런데 나는 남편한테 잘 보이고 싶었다. 나로 인해 남편을 우쭐하게 만들고 싶었다. 연애시절처럼 목이 타게.

아직도 나는 남편에게 근사한 여자이고 싶은 걸까? 그보다 여전히 설렘이 남아 있는 걸까?

화롯불 바닥에 채 꺼지지 않는 작은 불씨처럼 언제든지 다시 활활 타오를 수 있는 준비된 열정이 숨어 있는 걸까? 그건 분명 사랑이다. 사랑은 설렘이 들어가야 달콤 쌉쌀하게 제 맛이 살아난다.

그래, 나는 아직도 남편을 사랑하고 설렘을 갖고 있다. 그래서 너무도 잘 보이고 싶은 것이다.

그 결론은 너무 신선하고 기분 좋아서 어느 새 나는 탁구대회 예선 참패의 쓴 기억을 잊고 있었다. 그 날 저녁 남편은 내 운동화를 사들고 들어왔다.

"그냥, 지나가다 예뻐서."

남편은 그렇게 이야기했지만 나는 남편이 일부러 매장에 들려서 한참을 골라서 사들고 온 운동화라는 걸 안다.

어쩌면 남편은 내 운동화가 자꾸 헐렁거려서 내가 탁구시합에 진 건 아닐까 하는 생각도 해 본 모양이다. 그것이 무엇이든 간에 아내의 부족한 면을 채워주고 싶은 남편의 기분이 손에 잡힐 듯 느껴졌다.

"당신이랑 연애할 때 어느 순간 아주 간절한 소망을 가져 본 적이 있어."

남편은 잠깐 나를 바라보고 다시 말을 이었다.

"당신 회사 체육대회 때 내가 응원 간 적 있었지? 그 때 당신은 100미터 달리기 선수로 출전했어. 난 당신이 넘어지거나 달리기를 잘 못해서 꼴찌로 들어오길 바랬어. 당신이 어깨 축 늘어트리고 꼴찌로 들어오면 내가 꼭 해 주고 싶은 말이 있었거든. 걱정마 내가 있잖아. 이 말. 그런데 당신은 일등으로 들어 왔고 박수와 환호 속에 묻힌 당신을 보며 그 날 난 좀 쓸쓸했어."

남편은 나를 처음 만났을 때부터 '그래서' 사랑이 아닌 '그럼에도 불구하고'의 사랑을 내게 주고 싶었던 것이다.

예뻐서 똑똑해서 잘나서 그래서 사랑하는 게 아니라 제대로 잘 하는 것 없음에도 덜렁거림에도 잘 익은 델몬드 바나나처럼 얼굴에 검버섯이 내려 앉았음에도 불구하고 사랑하는 것이다.

남편의 말은 탁구대회 예선 탈락보다 더 나를 부끄럽게 했다.

스물 몇 살 첫 눈 오는 어느 해 사랑하는 남자와 영화를 봤다. 잉그리트 버그만과 험프리보가드 주연의 '카사블랑카의 안녕'. 나는 목숨 건 그 사랑이 너무 부러웠다. 사랑하는 여자의 자유를 위해서 자신의 목숨을 버리는 선택을 하고 돌아선 험프리 보가드의 버버리코트 깃과 담배 연기.

나도 그런 사랑을 받고 싶었다.

그런데 내가 사랑하는 남자는 엉뚱한 말을 했다.

"어느 순간 열정에 휩싸여 사랑하는 이를 위해 목숨을 버리는 건 쉬운 일인지 몰라. 그보다 더 어려운 일은 평생 살면서 첫 마음을 잃지 않고 한결 같이 사랑하는 일일 거야."

스물 몇 살의 내가 사랑한 젊은 남자는 이제 머리 희끗한 남자가 되어 방금 자신이 오랜 시간 공들여 고른 운동화를 내게 신게 하며 즐거워하고 있다. 목숨을 버리는 사랑보다 더 어렵다는 한결 같은 사랑을 하는 남편을 바라보며 나는 부끄럽고 행복하다.

아직도 그대는 내 사랑, 영원히 그대는 내 사랑.

비누 향기

이미연
| 수필가, 영문학과 80 |

그를 처음 만났던 해는 대통령이 갑자기 돌아가신 1979년이고, 나는 4학년이었다. 그 해가 시작될 무렵 세상은 고요하고 적막했다. 간간히 대강당 앞 계단에서 모인 학우들이 유신 철폐 구호를 외치고는 있었지만, 대부분의 여학생들은 가벼운 구두소리들을 더 많이 울리며 교정을 누볐다. 나는 일상처럼 유지되는 긴장감 속에 큰 사건이 없다는 것에 평온하다고까지 느끼며 개인적인 일로 바쁜 일상을 보내던 때였다. 나의 최대 관심사는 나랏일도 아닌 졸업 후 무엇을 하고 살아야 좋을지 고민에 빠져 지내던 시기였다.

누구의 소개였는지 기억도 남아있지 않은데, 종합상사에 다니는 직장인을 소개 받았다. 첫 대면에 경상도 사투리가 심한 편이고, 남다른 인상을 준 것도 아니어서 마음속으로는 분주한 생각들이 수없이 충돌을 일으키고 있던 나는, 그의 계속되는 데이트 신청을 받아들까 망설이면서 만남을 시작했다. 그 당시 남자 대학생들은 긴 머리로 자유를 상징할 때인지라, 그의 다소 짧게 다듬은 머리와 목덜미의 깔끔함은 새로운 느낌을 주었다. 나는 남자의 깔끔한 모습을 시원한 목덜미를 보는 것으로 대신하곤 하는데, 그런 습관은 그때부터 생긴 것이었다.

나는 누군가를 만나더라도, 나의 미래가 불투명한 상태라 친구로 지낼지 혹은 애인이 될지 나조차 그 답을 알 수 없을 때였다. 그는 군대를 마치고 대학을 졸업 후, 수출전선에서 바삐 뛰는 종합상사 맨이었고, 내게는 키다리 아저씨 같은 푸근한 존재였다. 처음에는 내가 편한대로 만나고 밥 먹고, 음악 듣고, 여가를 보냈다. 그는 나의 앞으로의 할 일을 같이 걱정해주었고, 그 역시 새로 들어간 회사와 사회에 적응하기에 바빴다.

회사가 바쁘다며, 회사 건물 지하 레스토랑에서 만나기도 했다. 남자들이 많은 그곳에서 이방인 같은 나를 이상하게 보는 사람들이 많았다. 학교 앞 거리와 달리 어른들의 세계도 어색했고, 직장동료인 그들의 시선과 인사도 부담이 되었다.

점점 친해지는 것도, 만날 때 많은 사람들이 있는 것도, 일주일에 몇 번은 약속을 정해놓는 것도, 그 모든 게 누구의 여자 친구가 되어가는 느낌이었다. 학교의 축제일이 다가오는 것도 싫었다. 작년의 선배들이 이브닝 드레스를 입고, 남자친구와 무도회에 오는 것을 보았었다. 넓은 홀이 된 학생식당에서 열리는 쌍쌍파티의 화려함과 미래를 약속한 듯 다정한 모습들을 떠올리며, 나는 특별한 사이도 아닌데, 그 무리에 끼어있을 생각에 마음이 답답해 왔다.

그는 집이 부평인 나를 위해서, 주일이면 부평역 앞 다방에서 기다렸다. 별달리 할 말도 없는데, 마주보고 있으면 그는 마음이 편하다고 했다. 비오는 날 우산을 따로 펴려고 하면, 내 우산을 접고, 한 우산을 어깨동무하며 함께 쓰고 싶다고 했다.

서울에는 누나 집에서 지내고 있는데, 누나가 보고싶어 한다고 했다. 나중에 중년이 되면, 고향으로 돌아가서 이것저것 하고 싶은 일들이 많다고 미래설계를 하면서, 그 일을 나와 함께 했으면 한다고 진지하게 이야기 했다.

내가 내 걱정을 늘어놓으면, 일자리도 알아봐주고 싶다고도 하고, 대학원 진학도 고려해 보라고 권했다. 진심어린 말에 솔깃하면서도, 내 마음속에 진실한 애정 한 가닥이 생기지 않았음에, 미안한 마음은 더 커졌다.

선물도 주었다. 선물은 아직 이르다며, 나는 사양을 했고, 더 친해지면 받고 싶다고 했다. 그가 준 선물은 회사의 신상품이었는데, 앞으로 자기 회사의 전략상품이라며 내게 선물로 주고 싶다고 했다. 장미향기가 나는 비누세트였다. 청량감과 함께 향긋한 장미향이 진하게 풍겼다.

좋은 사람인 것도 내게 잘해주는 것도, 편한 것도 알겠는데, 내가 줄 마음이 없으니, 더 이상 만나는 것은 안 되겠다고 마음을 정하자, 나는 다음 만나는 자리에서 솔직하게 말했다. 앞자리에 앉은 그는, 멍하니 있다가 많은 이야기를 내게 했다. 나는 다 듣지도 않고, 빨리 이 자리를 뜨려고 했다. 그 때 그의 눈에서 눈물이 주르륵 흐르는 것을 보았다. 다시 앉은 나는 이어지는 그의 다음 말을 듣고, 나는 가슴이 막막해졌다.

조금 후, 나는 뒤돌아 나왔다. 그때 내 인생을 정할 단계도 누군가를 동반할 때도 아니라는 생각이 더욱 강하게 나는 만남을 정리하기를 잘했다고 생각했다.

그 해에 데모는 더욱 심해졌고, 대통령은 서거했고, 오일쇼크로 세계경제는 흔들렸다. 세상이 뒤죽박죽인 시기에, 나는 학교를 졸업했고, 세상에 나왔다. 주변을 둘러보니, 혼자 빈 들판에 서 있었다. 힘든 이십 대의 고개를 넘기고 있었다.

몇 년 후, 나는 평범한 직장인을 소개받고 곧 결혼을 했다. 그 결혼생활 내내, 나는 민감한 내 피부에 잘 맞고 장미꽃 향기뿐 아니라, 추가로 더 생긴 백합과 라벤더 향까지 골라 사용할 수 있는 비누를 사용해 왔다. 이 모든 향기가 인생에 섞여있을 것이란 막연한 느낌도 들었다.

비가 오는 날 우산 하나에 같이 쓰려고 하면, 남편은 우산 하나 더 가져다주는 친절을 베푼다. 남의 속도 모르고, 나는 남편이 준 우산을 그냥 따로 쓰고 간다. 그러면서 가끔 남편의 팔짱을 끼려고, 시도해 보곤 한다. 아직도 남편은 눈치 없이 따로 가야 비도 덜 맞는데, 왜 그러나 하며 핀잔을 준다.

지금은 화장품회사마다 세안크림들과 바디샤워 제품들이 쏟아져 나오고 있다. 비누는 그 옛날의 자리를 지키지도 못하고, 그 사용할 기회도 적어지고 있다. 그러나 나는 젊은 날의 추억을 쉼없이 생각나게 하는 그 비누를 늘 곁에 두고 지낸다. 그가 마지막으로 내게 말한 것처럼, 나 때문에 결혼 못하는 일은 없었기를 바란다. 나는 그때나 지금이나 그 말을 믿지 않지만, 그가 가진 나에 대한, 그 시절에 대한 간절함만은 향기처럼 내 곁에 남길 것이다. 다 쓰고 난 빈 화장품 용기에서 나는 알싸한 향기를.

연애, 연애 소설 그리고 인생

고은주
| 소설가, 국문학과 90 |

"어떤 작품에 가장 애착이 가나요?"

등단한 지 14년이 지나는 동안 8권의 책을 펴내다 보니 이런 질문을 자주 받게 된다. 장편소설 6권, 단편집 1권, 그리고 어린이 소설 1권……. 내가 펴낸 책들을 되돌아보면, 열 손가락 깨물어 안 아픈 손가락 없다는 말이 이 경우에도 딱 들어맞는 것 같다.

하지만 그 중에서도 유난히 자주 생각나는 작품은 있다. 정확히 말하자면, 자주 떠오르는 인물이 있다. 내가 만든 인물이지만 자꾸 생각나고 그 현재가 궁금해지는……. 나의 세 번째 장편소설 『현기증』의 주인공 오민영이 바로 그러한 인물이다.

사실, 오민영은 주인공이라기보다 관찰자이다. 『현기증』의 주인공은 '사랑'이며, 오민영이 지켜보는 사랑의 주인공은 따로 있다. 연애 감정만큼 소모적인 것은 없다고 말하는 김서인. 그 집중, 그 희열, 그 격동이 소모에 불과하다면 우리 인생에 소모가 아닌 것이 어디 있겠냐고 말하는 신유진. 바로 그 두 사람이다.

모든 사랑은 위험하다. 진정으로 빠지는 순간, 위험해진다. 정신없이 휘몰아치다가 결국엔 모든 것을 빼앗고 사라져버리는 그 혼돈, 그 허망함……. 그러한 사랑의 실체를 알기에 머뭇거리는 김서인에게 신유진은 말한다.

"나 역시 당신과 나의 마지막 결과를 알아요. 마지막엔 결국 격랑이 가라앉겠죠. 어쩌면 그땐 내가 먼저 떠날지도 몰라요."

"결과가 뻔히 보이는데 왜 쓸데없이 에너지를 낭비하지?"

"그 결과로 향하는 과정을 생략할 수 없으니까요. 그런 과정의 총합이 곧 인생이기도 할 테니까요. 어쩌면 결과는 그다지 중요하지 않은 것인지도 몰라요. 그렇다면 그 결과에 이르는 거리를 최대한 길게 만드는 것도 의미있는 일이겠죠."

그것 이외에 대체 뭘 기대할 수 있겠냐고 신유진은 말한다. 순간의 몰두, 순간의 평화, 순간의 쾌락. 어차피 사랑은 그런 것들의 총합일 뿐이라고. 영원을 기대할 수 없다면 순간을 늘여가는 수밖에, 순간에 취해서 살아가는 수밖에 없다고.

그렇게 말하던 신유진은 불의의 사고로 세상을 떠나고 오민영은 그녀의 일기와 김서인의 편지를 읽게 된다. 그리고 그들의 사랑에 아찔한 현기증을 느끼게 된다. 축축한 것, 눅눅한 것, 뜨거운 것, 끓어 넘치는 것을 태생적으로 견디지 못하는 오민영. 무엇에도 완전히 몰두하지 못하고, 항상 적당한 거리를 유지하고, 실용적인 목적만을 추구하는 오민영에게는 그들의 격렬한 사랑이 더욱더 치명적으로 다가올 수밖에 없었다.

"연애도 엄연한 생활의 한 부분인데, 뭐 그렇게 대단한 게 있겠니? 생활 자체가 대단하지 않은데 말이야. 그 대단치 않은 생활을 조금이라도 즐겁게 만들기 위해서 연애가 필요한 거 아니겠어?"

오민영의 애인은 늘 그렇게 말했고 그녀 또한 그 말에 동의하고 있었다. 하지만 신유진의 행적을 뒤쫓고 김서인까지 만나고 난 뒤, 오민영은 애인과의 관계를 정리하게 된다. 그저 괜찮고 무난한, 그저 습관과 관습에 불과할 뿐인 관계를……. 신유진과 김서인의 삶을 들여다보면서 자신의 삶을 돌아보게 된 셈이다.

그리하여 그녀, 오민영은 지금 어떻게 살아가고 있을까? 새로운 사람을 만나 연애를 시작했을까? 그렇다면 그는 어떤 사람일까? 새로운 연애는 과연 어떤 형태로 이어지고 있을까?

사랑하기엔 우리가 너무 영악해졌다고, 더불어 사랑은 싸구려가 되었다고, 세상에는 사랑의 가면을 쓴 환상만이 존재한다고 생각할 때가 많았다. 하지만 '그럼에도 불구하고' 빠져드는 비실용적인 사랑은 뜻밖에도 도처에서 넘쳐나는 것 같았다. 환상이라고만 치부하기에는 너무 광범위하게…….

그래서 나는 『현기증』을 썼다. 사랑이란 결국 상대의 한 부분을 발췌하고 과장해서 거두절미 몰두해버리는 것, 전후 상황은 전혀 고려하지 않고 오로지 자기가 보고 싶은 쪽만을 바라보는 것, 그 심각한 자기중심적 환각 상태일 뿐이라는 것을 알면서도 그러한 '사랑'에 대해 정면으로 써보고 싶었다.

내가 믿는 것이 한낱 미혹에 불과하다 해도, 실체가 없는 것이라 해도, 이 순간에 나는 분명 이곳에 존재한다. 사랑은 존재하지 않아도 사랑하는 인간은 어디에든 존재한다. 한 사람의 삶을 마구 흔들어 놓으면서 마침내 그가 어떤 사람인지 드러내고야 마는 사랑. 두렵고도 달콤한 그 한순간의 현기증에 대해서 나는 써보고 싶었다.

하지만 소설을 쓰고 책을 펴낸 지 6년이 지나도록 나는 여전히 '사랑'에 대해서 제대로 알지 못한다. 우리가 알 수 있는 건 결국 아무 것도 없는 게 아닐까. 삶이 유한하다는 것, 때로는 서둘러 죽음이 다가올 수도 있다는 것. 신유진이 우리에게 알려주고 떠난 그 사실 이외에는……. 저마다의 자아가 꿈틀거리고 있는 한 사랑이라는 이름의 현기증도 사라지지 않으리라는 사실과 더불어서 말이다.

'창작은 사랑과 비슷하다. 무언가 새로운 것의 씨앗이 내 속에 있다는 생각이 드는 그 순간이 가장 기쁘다. 그 다음은 고통뿐이다.'

내가 써놓은 소설을 다시 펼쳐볼 때면 이스마엘 카다레의 말이 늘 떠오른다. 애초에 생각했던 대로 소설이 풀리지 않아 고통스러워하던 순간들과 함께…….

모든 작가가 평생에 한번은 써보기를 꿈꾼다는 연애 소설을 표방하며 『현기증』을 쓰기 시작하였으나 돌아보면 그저 아쉬움뿐이다. 연애라는 것이, 소설이란 것이, 어쩌면 우리의 인생이란 것이 그런 것인지도 모르겠다. 돌아보면 아쉬움만 가득한, 영원히 만족할 수 없는 그런 것. 만족하며 무언가를 완성하는 순간 모든 것이 끝나버리는 것.

그러고 보니, 운명과도 같은 아쉬움을 예견한 듯 『현기증』의 첫머리 '작가의 말'에 나는 이렇게 써놓았다. 오민영의 현재를 궁금해하다가 다시 들춰보니 여기에 그 답이 있는 것도 같다.

"살아갈수록 '결과'는 그다지 중요하지 않다는 생각이 든다. 겉으로 드러난 것은 더욱 그렇다. 본질은 그 과정에 있으며 실체는 보이지 않는 다른 곳에 있는 것이 아닐지……. 그러므로 이 소설 또한 하나의 '과정'에 대한 이야기가 될 것이다. 살아가는, 깨닫는, 발견하는 과정. 무언가의 존재를 찾아 두리번거리는 과정. 그리고 그 모든 것들의 흔적."

사랑은 아무나 한다

1쇄 발행일 | 2009년 11월 10일

지은이 | 이대동창문인회
펴낸이 | 정화숙
펴낸곳 | 개미

출판등록 | 제1999－3호 1992. 6. 11
주소 | (121－736) 서울시 마포구 마포동 136－1 한신빌딩 1412호
전화 | (02)704－2546, 704－2235
팩스 | (02)714－2365
E-mail | lily12140@hanmail.net

값 11,000원

ISBN 978－89－87038－97－1 03810